ULLSTEIN

Das Buch

Berlin 1943. Der jüdische Junge Michael Degen und seine Mutter müssen in den Untergrund. Während die Stadt immer wieder bombardiert wird, tauchen sie bei wechselnden Helfern unter. Es sind Freunde, aber auch völlig Fremde, die sie verstecken und dabei täglich ihr eigenes Leben riskieren. Ständig auf der Flucht vor Verrat, Entdeckung und dem sicheren Tod verbringt Michael Degen seine Kindheit.

Mit seinem Jahrzehnte später geschriebenen Buch setzt er seinen Helfern ein Denkmal. Mit dem Blick des Jungen und dem Wissen des Erwachsenen erinnert sich der bekannte Schauspieler an mutige Menschen, denen er sein Leben verdankt. Ein glänzend geschriebenes Buch, das unsere unfaßbare Geschichte anders erzählt.

Der Autor

Michael Degen, 1932 in Chemnitz geboren, überlebte mit seiner Mutter die Nazi-Zeit im Berliner Untergrund. Er absolvierte seine Ausbildung an der Schauspielschule des Deutschen Theaters in Berlin und spielte später an allen großen deutschsprachigen Bühnen. Er arbeitete u.a. mit Ingmar Bergman, Peter Zadek und George Tabori zusammen, drehte Filme u.a. mit Claude Chabrol und Romuald Karmakar. Einem breiten Publikum ist er vor allem durch seine populären Fernsehrollen in *Diese Drombuschs* und *Eine ungehorsame Frau*, aber auch durch TV-Filme wie *Die Bombe* oder *Geheime Reichssache*, in dem er Adolf Hitler spielte, bekannt.

MICHAEL DEGEN

Nicht alle waren Mörder

Eine Kindheit in Berlin

Ullstein

Für meine Mutter und Suse

Umwelthinweis:
Dieses Buch wurde auf chlor- und säurefreiem Papier gedruckt.

Besuchen Sie uns im Internet: www.ullstein-taschenbuch.de

Jubiläumsausgabe Januar 2003
Ullstein Verlag
Ullstein ist ein Verlag des Verlagshauses Ullstein Heyne List GmbH & Co. KG

Umschlagkonzept: Sabine Wimmer, München
Umschlaggestaltung: Thomas Jarzina, Köln
Titelabbildung: Erika Fernschild, Hof / Tony Stone, München
Gesetzt aus der Horley Old Style
Satz: Franzis print & media GmbH, München
Druck und Bindearbeiten: Ebner & Spiegel, Ulm
Printed in Germany
ISBN 3-548-36415-2

Die Männer kamen um fünf Uhr früh. Fast noch im Dunkeln. Es war im September 1939, und sie waren sehr höflich. Vater durfte sogar eine Hose zum Wechseln und seine Waschsachen einpacken. Er war staatenlos, und man konnte mit ihm machen, was man wollte.

»Konzentrationslager«, überlegte ich mir, »sind Lager, in denen man Konzentration lernt.«

Als ich meinen Vater kurz vor seinem Tod im Jüdischen Krankenhaus besuchte und ihn ansah, mit seinem zum Babykopf geschrumpften Schädel, traute ich mich nicht, ihn zu fragen, was für eine Art Konzentration er dort gelernt hatte.

Nach seinem Tod, am 26. April 1940, landete mein Bruder Adolf glücklich in Schweden. Mutter hatte ihn mit Hilfe einer jüdischen Organisation noch nach Dänemark schleusen können, von wo er über Schweden, die Sowjetunion, die Türkei und Syrien nach Palästina fahren sollte. Eine tolle Reise! Ich beneidete meinen Bruder darum.

Er war vier Jahre älter als ich, und deshalb auch gefährdeter. Ich soll nächtelang durchgeweint haben, weil ich zu jung war und nicht mitdurfte, erzählte mir meine Mutter nach dem Krieg.

Zwei Jahre später wurden auch die jüdischen Schulen geschlossen, und ich lernte meine erste Liebe kennen. Auf dem jüdischen Friedhof in Berlin Weißensee. Die noch existierende Jüdische Gemeinde hatte uns zu Arbeiten dorthin eingeteilt, »damit wir Kinder von der Straße weg waren«. Sie war ein Jahr älter als ich und schaute mit ihren zwölf Jahren auf mich herunter. Später wurden wir unzertrennlich. Wir organisierten Spiele für die ganze Gruppe. Grabsteine und deren eingravierte Namen dienten uns als Gedächtnisaufgabe. Wir mußten die Steine so gut kennen, daß wir die Namen auswendig hersagen konnten. Mein Freund Günter Messow, einer der schlechtesten Schüler unserer Klasse, stieg dabei zum absoluten As auf. Er konnte sogar die Geburtsdaten der Verstorbenen herunterleiern und gewann jeden Wettbewerb.

Brigitte, so hieß meine Freundin, hatte wunderschöne Augen mit ganz langen Wimpern und dickes schwarzes Haar, das sie sich von ihrer Mutter meistens zu einem Zopf flechten ließ. Ich fand es viel schöner, wenn sie mit gerade mal gekämmten, offenen Haaren zum Friedhof kam, weil sie verschlafen hatte.

Meinen ersten Schock und eine Ahnung von dem, was uns bevorstand, bekam ich, als ich sie an einem arbeitsfreien Samstag besuchen wollte. Wie immer ohne Judenstern, weil ihr das angst machte. Ich sah, wie sie mit ihren Eltern aus dem Haus getrieben wurde. Sie sah mich sofort, winkte mir aber keinen Gruß zu und schaute gleich wieder weg. Ich glaube, sie wollte mich schützen. Ich habe sie nie wiedergesehen.

Roosevelt hatte in einer Radiosendung erklärt: »1943 werden wir uns die Ärmel aufkrempeln, Herr Hitler!« So kam es denn auch. Anfang März 43 bombardierten die Amerikaner zum ersten Mal Berlin. Sie kamen mit riesigen Kampfverbänden und legten ganze Stadtteile flach. Vorher waren es meistens nur ein paar englische Flugzeuge. Da ging dann schon einmal ein Haus zu Bruch, unter anderem das Haus uns gegenüber, in dem unser Milchmann seinen Laden hatte. Schicketanz hieß er. Und mein Vater pflegte stets, wenn wir den Namen nannten, zu sagen: »Schicketanz – auch ein Name!«

Wir lebten tagelang unter einer Staubglocke, und vom Hansaviertel wehte süßlicher Leichengeruch herüber. Im selben Monat steigerte Hitler seinen privaten Krieg gegen uns.

Meine Mutter arbeitete in einem kleinen Rüstungsbetrieb. Als sie eines Morgens an ihre Arbeitsbank trat, hielt sie ein Vorarbeiter auf, der die jüdischen Arbeiterinnen beaufsichtigte. »Sie sehen so blaß aus«, sagte er, »sind Sie krank?«

»Nein«, sagte meine Mutter, »mir geht's gut.«

»Doch, Sie sind krank, und wenn Sie Grippe haben oder sonstwas, womit Sie einen von unserer Belegschaft anstecken, dann können Sie was erleben.«

»Ich bin nicht krank«, beharrte meine Mutter, »ich bin völlig in Ordnung.«

»Das sind Sie nicht. Das fehlte noch, daß ich mich hier von einer Jüdin anstecken lasse. Sie gehen sofort nach Hause. Fangen Sie heute erst gar nicht an. Haben Sie Kinder?«

»Ja«, sagte meine Mutter.

»Wieviel?«

»Einen Jungen.«

Er muß sie sehr merkwürdig angeschaut haben, dann drehte er sich um und sagte im Weggehen: »Na ja, dann seht mal zu, daß ihr zusammenbleibt. Los, mach, daß du wegkommst«, schrie er plötzlich für alle hörbar und verschwand.

Meiner Mutter muß der Auftritt furchtbar peinlich gewesen sein. Außerdem, wer nicht arbeiten konnte, aus welchem Grund auch immer, war in Gefahr, sofort abgeholt zu werden. Jedenfalls stand sie plötzlich in der Küche und sah käsebleich aus.

»Bist du krank?« fragte ich.

»Jetzt fängst du auch noch an«, schrie sie und ließ sich auf einen Stuhl fallen. Dann fing sie hemmungslos an zu weinen. Ich versuchte sie zu streicheln, aber sie stieß mich weg. »Man hat mich nach Hause geschickt, weil ich angeblich krank bin. Weißt du, was das bedeutet?«

Ich konnte nur nicken. Dann sagte ich: »Du mußt Lona anrufen.«

»Lona wird uns helfen«, sagte sie sarkastisch.

»Klar wird sie uns helfen«, sagte ich, »der fällt immer was ein. Sie besucht uns doch auch ganz offen, geht mit dir sogar raus.«

»Und bittet mich, meine Handtasche vor den Stern zu halten«, sagte Mutter.

Ich wußte nicht, was ich darauf antworten sollte. Ich konnte Lona verstehen.

Lona hieß richtig Lotte Furkert und war eng mit Vater und Mutter befreundet. Sie führte ein Textilwarengeschäft, Wolle und Trikotagen, in der Kaiser-Wilhelm-Straße, das sie von meinem Vater übernommen hatte, als der es nicht mehr führen durfte. Sie teilte korrekt mit meiner Mutter die monatlichen Einkünfte. Eine tolle Person. War dreimal verheiratet. Furkert war ihr dritter Mann. Ein

Krimineller, der sie wohl sehr gern hatte. Er war extra ihretwegen in ein Pelzgeschäft eingebrochen, um ihr einen Nerz zu schenken, und saß zu der Zeit gerade am Alex ein. Als sie ihn einmal besuchte, gestand er ihr, daß Pelze gar nicht seine Spezialität gewesen seien. Er hätte es eben für sie getan. Er muß sie immer wieder zu Tränen gerührt haben, denn noch nach dem Krieg half sie ihm weiter, wenn er mal wieder aus dem Knast kam und nichts zu beißen hatte, wie er sich ausdrückte. Später kehrte sie zu ihrem eigentlichen Namen Lotte zurück, trug stolz und offiziell den Namen ihrer drei Männer Beege-Faude-Furkert und wurde lesbisch.

Ich glaube, ihre große Liebe war mein Vater, aber ich glaube nicht, daß zwischen den beiden was gelaufen ist. Meine Mutter war da anderer Meinung. Verständlich.

Mutter erreichte Lona im Geschäft, und Lona beruhigte sie erst einmal, indem sie ihr sagte, sie werde noch am späten Abend vorbeikommen. Wir warteten, und sie kam nicht.

Dafür kam der junge SS-Mann. Meine Mutter hatte ihn auf ziemlich abenteuerliche Weise kennengelernt. Da lebte mein Vater noch. Im Konzentrationslager Sachsenhausen bei Berlin. Wir wohnten damals in einer kleinen Hinterhofwohnung im Tiergartenviertel. Immer, wenn sie sich unserem Haus näherte, hatte sie ihn plötzlich hinter sich, in voller Montur. Er war ein arisch und gut aussehender junger Mann. Kurz vor unserer Haustür blieb er dann stehen, wartete, bis meine Mutter sich zu ihm umdrehte, machte eine höfliche Verbeugung und ging davon. Das ging ein paar Wochen so, nicht jeden Tag, aber doch ziemlich oft. Mutter hatte in der ersten Zeit ziemliche Angst und versuchte, ihm zu entwischen. Mal kam sie früher, mal später heim. Aber er wartete geduldig oder kam plötzlich angelaufen, sah sie an und verbeugte sich.

Eines Tages hatte meine Mutter die Nase voll und sprach ihn an: »Wissen Sie, wem Sie da nachsteigen?«

»Nein.«

»Ich bin Jüdin, mein Mann befindet sich im Konzentrationslager, und ich bin, bis auf diese Tatsache, glücklich verheiratet.«

Er muß sie lange und wortlos angestarrt haben. Dann verbeugte er sich knapp.

Sie sah ihn eine ganze Zeit nicht wieder, aber eines Tages lag vor unserer Wohnungstür ein ziemlich großes Paket. Wir wollten es erst gar nicht mit hineinnehmen, überlegten, ob wir es einfach vor eine andere Wohnungstür legen sollten. Weder Adresse noch Absender standen drauf. Aber dann nahmen wir es doch, rührten es den ganzen Abend nicht an und öffneten es erst am nächsten Morgen. Butter, Wurst, ein großer geräucherter Schinken, Mehl, Schokolade, Haferflocken, das war so der Inhalt.

»Schinken? Woher weiß er, daß wir nicht koscher essen?« sagte meine Mutter grinsend.

»Woher weißt du, daß es von ihm kommt?« fragte ich naiv.

»Ja, woher?« sagte sie. »Jedenfalls ist er verrückt.«

Seitdem hieß er bei uns »der meschuggene SS-Mann«. Eines Abends mußte er seinen ganzen Mut zusammengenommen haben. Er läutete bei uns an der Wohnungstür, drängte meine Mutter, die ihn überhaupt nicht hineinlassen wollte, zur Seite und schloß rasch die Tür. Er war in Zivil. Ich kam gerade dazu, als er ihr äußerst intensiv die Hand schüttelte und den Zeigefinger der anderen Hand an die Lippen legte. Ich hatte sofort den Eindruck, er ist ein Kumpel, er ist in meinem Alter, er spielt Trapper und

Indianer oder so was Ähnliches. Mutter hatte immer von einem strammen SS-Mann erzählt, aber für mich war er in meinem Alter. Mutter ging einfach ins Wohnzimmer, und er folgte ihr, völlig verunsichert. Von hinten war er sehr groß. Aber von vorn schien er nicht größer als ich zu sein.

Wir wohnten damals in einer Zweizimmerwohnung in der Elberfelder Straße ziemlich ärmlich, und ich genierte mich ein bißchen. Aber Mutter konnte hinreißend arrogant sein. Sie setzte sich auf die äußerste Stuhlkante, als wollte sie sagen: »Sagen Sie, was Sie zu sagen haben, und dann gehen Sie.« Er tat mir richtig leid. Ich hatte ihn ja nie in Uniform gesehen, und so in Zivil sah er ganz normal und ein bißchen spießig aus. Ich versuchte, ihn mir in der schwarzen Uniform vorzustellen, aber es gelang mir nicht. Und ich konnte nur mit Mühe die aufsteigende Wut gegen das ablehnende Verhalten meiner Mutter unterdrücken.

Nach einer langen Pause, während der er sich aufsetzte, begann er.

»Mein Name ist Manfred Schenk, meine Eltern wohnen auf einem Gut bei Stettin, und ich bin hier in Berlin stationiert. Ich möchte Ihnen irgendwie helfen.«

»Warum?«

»Äh, ja.«

»Warum wollen Sie mir helfen? Sie wissen, daß Sie sich damit sehr gefährden«, warnte Mutter, »und meinen Sohn und mich gefährden Sie damit auch.«

»Ich weiß«, sagte er plötzlich sehr bestimmt, »ich möchte es aber trotzdem tun. Ich sehe es, sagen wir mal, als meine Pflicht an.«

Mutter lachte. »Haben Sie vergessen, daß ich Sie in Ihrer Uniform gesehen habe?«

»Nein, habe ich nicht.«

»Gut. Und was soll ich davon halten? Ein Mitglied der

SS und also überzeugter Nationalsozialist hält es für seine Pflicht, mir, einer Jüdin, zu helfen. Glauben Sie nicht, daß mir das ein bißchen absurd vorkommen muß, um nicht zu sagen: verrückt? Für Sie als SS-Mann bin ich der Staatsfeind Nummer eins. Das wiederholt Ihr Führer bei jeder Gelegenheit. Mein Mann sitzt im KZ, weil er Jude ist. Ich kriege alle vier Wochen zwanzig Zeilen von ihm geschickt. Ihre Kollegen bewachen ihn dort, und ich weiß nicht, was sie sonst noch mit ihm anstellen.« Plötzlich fing sie an zu weinen. Sie wollte nicht weinen, aber sie hatte sich in eine immer größere Wut hineingeredet (ich mußte fast lachen, als sie seine SS-Kameraden Kollegen nannte). Sie fing an zu schluchzen. Es schüttelte sie förmlich. Die Tränen tropften ihr vom Kinn. Sie sah plötzlich gar nicht mehr sehr dekorativ aus, wie ich meinte, und sprach mit einer geradezu verbissenen Wut immer weiter. Eine Wut, die sich scheinbar auch gegen ihre Heulerei richtete.

»Wer garantiert mir denn, daß ich ihn wiedersehe? Wissen Sie, wie mir zumute war, als mein Mann morgens um fünf Uhr hier abgeholt wurde von Ihren Kollegen? Ich gebe zu, sie waren sehr höflich. Er durfte sogar seine Zahnbürste einpacken. Und wissen Sie, wie ich mich gefühlt habe, als ich meinen älteren Sohn noch fortschicken mußte, weil ihm, schon über vierzehn Jahre alt, im sogenannten Mannesalter das gleiche Schicksal gedroht hätte? Und weiß ich, ob ich ihn je wiedersehen werde? Vielleicht sind Sie ja nur hier, um zu erfahren, wo er sich aufhält. Ich traue Ihnen und Ihren Kollegen jeden infamen Trick zu. Aber von mir werden Sie nichts erfahren. Von mir nicht. Selbst wenn ich es wüßte, von mir werden Sie nichts erfahren.«

»Mutti«, schrie ich einfach dazwischen. Ich hatte sie nur wenige Male so außer sich gesehen und fürchtete, sie würde erzählen müssen, wo mein Bruder sich aufhält. Wenn die es rauskriegen wollten, schafften sie es auch. Sie sah mich plötzlich an, ich setzte mich neben sie und legte einfach meinen Kopf an ihre Schulter, so als wollte ich sie trösten. Aber sie wußte, was ich meinte.

Ganz nüchtern sagte sie noch einmal: »Aber ich weiß es leider auch nicht.«

Ich kam mir auf einmal sehr erwachsen vor. Die Szene ist mir auch darum noch so im Gedächtnis, weil ich mir bis dahin nie hätte vorstellen können, daß sich drei Menschen in einem Raum so lange anschweigen konnten. Er war ganz blaß, sah aus, als müsse er sich jeden Augenblick übergeben. »Sie müssen nicht glauben, daß ich herkam, um Sie über Ihren Sohn auszuhorchen. Das würden wir auf ganz andere Weise tun. Hätten wir doch gar nicht nötig, und das wissen Sie auch.«

Stille. Ich starrte ihn neugierig an. Der Mann hatte Macht, so jung er war, hätte uns einfach mitnehmen können. Statt dessen saß er da wie kleingehackt, und es war meine Mutter, die ihn so zugerichtet hatte. Ich war ganz stolz auf sie.

Sie schaute verbissen zu Boden, hatte die Oberlippe zwischen die Zähne gezogen (das tat sie übrigens auch, wenn sie sich das Lachen verbeißen wollte) und wartete ab.

»Ich bin Ihnen einfach nachgelaufen, weil ich Sie attraktiv fand. Mehr war ja gar nicht. Und als Sie sagten, Sie wären jüdisch, bin ich erst mal weggelaufen. Das war natürlich feige, ich geb' das zu. Nach dem ersten Schrecken habe ich versucht, Ihnen etwas zukommen zu lassen. Ich weiß ja nur, daß Sie nicht die Lebensmittelkarten zugeteilt bekommen wie ein normaler Deutscher. Und dann bin ich nach Hause zu meinen Eltern gefahren und habe ihnen alles erzählt.«

»Ich könnte fast Ihre Mutter sein«, unterbrach sie ihn.

»Was haben Sie gegen ältere Damen, ich meine, älter als ich. Ich meine – nicht, daß Sie alt sind.«

Er war erst ganz erschrocken und grinste mich dann verlegen an, so als wollte er fragen: »Hab' ich jetzt Mist gebaut?«, dann sprach er schnell weiter. »Sie brauchen keine Angst zu haben. Meine Eltern sind keine Nationalsozialisten. Sie waren immer dagegen, daß ich in die Partei eingetreten bin, in die SS. Aber ich war begeistert von unserem Verein. Ich bin es heute noch. Obwohl, das mit den Juden, was wir mit ihnen vorhaben, das verstehe ich nicht ganz. Man muß sie ja nicht gerade an Ministerposten ranlassen, rassisch sind sie ja nicht immer ungefährlich, aber wer ist das schon? Mein Vater sagt immer, was wir allein an rassischer Minderwertigkeit in unserer Familie haben, würde uns schon zu Untermenschen stempeln. Mein Urgroßvater ist Pole gewesen.«

Er redete plötzlich wie ein Wasserfall. »Ich hab' ihm gesagt, daß das mit den Juden anders wäre. Einer meiner Vorgesetzten, ein sehr gebildeter und studierter Mann, hat mir mal erklärt, Juden sind nicht deshalb unsere schlimmsten Feinde, weil sie rassisch verkorkst sind, sondern weil sie Rassenfanatiker wie wir sind und keine Verbindung mit anderen, höher stehenden Rassen eingehen wollen, wenn die ihre nicht dominieren kann. Und darum kann es nur zur Vernichtung der einen oder der anderen Rasse kommen. Meine Eltern haben sehr darüber gelacht, und mein Vater hat sich dann noch über mich aufgeregt. ›Weißt du, daß es jüdische Offiziere mit hohen Tapferkeitsauszeichnungen im Krieg 14/18 in unserer Armee gab? Daß viele für ihr deutsches Vaterland ihr Leben ließen? So einen Schwachsinn kann auch nur ein ungebildeter Tapezierer erfinden!‹ Mein Vater ist Deutschnationaler und kaisertreu. Er kann unsere neue Zeit einfach nicht mehr begreifen. Und ich muß ihn immer wieder davon abhalten, bei anderen solche Reden zu schwingen. ›Du bist kein konsequenter Nationalsozialist, sonst müßtest du mich längst angezeigt haben‹, hat er jedesmal bei unseren Auseinandersetzungen gesagt. ›Das tröstet mich noch‹, fügte er hinzu. Und vielleicht hat er nicht so ganz unrecht. Seit ich über euch nachdenke, weiß ich überhaupt nicht mehr, wer ich bin und was ich tue.«

Wir schwiegen und sahen ihn an. Dann fragte ich nach einer Weile: »Warum denken Sie denn über uns nach?«

»Weil deine Mama vielleicht zu hübsch für unsere Rassentheorie ist«, versuchte er zu witzeln.

»Reden Sie jetzt Quatsch?« fragte ich wieder.

»Ja.«

Er besuchte uns immer wieder, obwohl ihn meine Mutter ständig darauf aufmerksam machte, wie gefährlich das sei. Da wir kein Telefon haben durften, mußte er sich nach dem Dunkelwerden anschleichen. Irgendwann sprachen sie über meinen Vater. Sie saßen ganz normal am Tisch vor einer Flasche Wein, die er mitgebracht hatte. »Einen Gruß von meinen Eltern an Sie«, sagte er, indem er ihr die Flasche überreichte.

Mutter trank nur aus Höflichkeit mit, und er schien gar nicht zu merken, wieviel er sich immer wieder eingoß. Sie versuchte sachlich zu bleiben, während sie von meinem Vater sprach, aber ich hörte, wie ihre Stimme zitterte, und betete, daß sie nicht wieder zu heulen anfing.

»Ich weiß ja nicht, wie man die Häftlinge dort behandelt und verpflegt, aber man hört teilweise Schreckliches darüber«, sagte sie.

»Von wem?«

»Man hört es eben.« Mutter sah mich angstvoll an. Hatte sie schon wieder was Unvorsichtiges gesagt?

»Es kann durchaus sein«, sagte er.

»Moishe Wichtig«, dachte ich, »jetzt plustert er sich auf, kann endlich über etwas sprechen, wovon er etwas versteht.«

»Wissen Sie«, fuhr er fort, »man kann sich die Lagerkommandanten nicht immer aussuchen. Sie sind zwar alle gute Nationalsozialisten, aber manchmal auch ziemlich primitiv. Den Kommandanten von Sachsenhausen kenne ich. Das ist ein intelligenter, sachlicher Mann mit guten Manieren. Einer von der neueren Garde. Ich glaube, da brauchen Sie keine Sorge zu haben. Wenn Ihr Gatte sich entsprechend verhält, kann ihm gar nichts passieren.«

»Es gibt noch etwas, das ich Sie fragen möchte«, sagte Mutter vorsichtig. »Mein Mann hat eine Einwanderungserlaubnis nach Shanghai. Sie kam, kurz nachdem er verhaftet worden war. Ich habe gehört, Juden, die eine Auswanderungsmöglichkeit haben, auch wenn sie sich im Lager aufhalten, bekommen die Auswanderungserlaubnis beziehungsweise werden dazu sogar aus dem Lager entlassen. Ist das wirklich so?«

Er schüttelte den Kopf. »Soweit ich weiß, ist das seit Kriegsbeginn nicht mehr möglich.«

»Es soll aber eine Möglichkeit geben, ganz legal über Schweden und Rußland auszuwandern«, sagte sie hartnäckig.

»Davon ist mir nichts bekannt.« Plötzlich sprach er reserviert wie ein Beamter. »Ich arbeite in der Prinz-Albrecht-Straße, und wenn es das gäbe, wovon Sie reden, wüßte ich es.«

»Freunde meines Mannes haben den Weg genommen.«

»Und, sind sie auch angekommen?« fragte er zynisch.

Meine Mutter schwieg. Ich war sprachlos.

Und er sprach weiter. »Ich glaube nicht, daß Ihre Bekannten über die Sowjetunion nach China einreisen können. Wenn wir sie rausgelassen haben, bleiben sie in Rußland bestimmt hängen. Aber ich will Ihnen gern den Gefallen tun und mich erkundigen.«

Ein andermal, als er kam, um ihr mitzuteilen, er könne ihr eine Audienz bei einem »hohen Tier«, wie er sich ausdrückte, verschaffen und daß es noch so eine ähnliche Auswanderungsflucht gäbe, wie sie beschrieben hatte, schien er furchtbar nervös zu sein. Und als Mutter ihn fragte, was er hätte, ließ er sich aufs Sofa fallen und begann hemmungslos zu schluchzen. In seinem Konfirmandenanzug wirkte er wie ein hilfloser Junge. Mutter setzte sich neben ihn und begann ihm über den Kopf zu streichen. Und er drückte sich an sie, umklammerte sie und schluchzte immer lauter. Sie redete beruhigend auf ihn ein und versuchte, sich aus der Umklammerung zu lösen. Es half nichts. Sie mußte ihn sich ausheulen lassen. Dann berichtete er, was er gesehen hatte. In Buchenwald und in Dachau, glaube ich. Und Mutter wurde weiß wie die Wand. Ich muß zugeben, ich glaubte das nicht. Ich dachte, der macht sich wichtig, will meiner Mutter imponieren, vielleicht den großen Helden und Retter spielen. Und ein bißchen glaube ich das heute noch. Im Grunde wollte er wahrscheinlich selber Schutz suchen, und er hatte ihn nötig.

»Mein Vater hat recht behalten«, sagte er, »ich bin Mitglied einer überdimensionalen Mörderbande und komme da nicht mehr raus. Ich stamme aber aus einer christlichen Familie, die auch immer so gelebt hat. Das müssen Sie mir glauben. Deshalb will ich alles tun, was in meiner Macht steht, um Ihnen zu helfen. ›Du mußt deine Position benutzen, um ihnen zu helfen‹, das hat auch mein Vater gesagt, ›nur wenn du das tust, hast du die richtige Frontseite gewählt.‹«

Wie er es geschafft hat, meine Mutter bis ins Vorzimmer des »hohen Tieres« zu lotsen, ist mir unbekannt. Jedenfalls stand sie da und wartete über zwei Stunden in einem leeren Raum. Sie konnte sich nicht einmal setzen. Nicht ein Möbelstück, nur die nackten vier Wände. Das Fenster führte in einen ebenfalls leeren Innenhof. So wie sie darüber berichtete, muß sie panische Angst gehabt haben, dauernd auf dem Sprung gewesen sein, dauernd überlegt haben, sich einfach davonzuschleichen, zu versuchen, ohne unterschriebenen Passierschein nach draußen zu kommen. Sie dachte wohl auch an meinen Vater. Jedenfalls blieb sie.

Nach etwa zwei Stunden wurde die zweite Tür aufgerissen, und eine Stimme schrie: »Reinkommen!«

Sie hat nie begriffen, wer diese Tür aufgerissen haben konnte, es war niemand weiter zu sehen. Nur der Mann hinter dem Schreibtisch. Und der hatte auch geschrien. Sie kam in ein großes helles und, wie sie glaubte, elegant eingerichtetes Zimmer. Genau konnte sie sich nie erinnern. Ich fragte sie später oft danach, aber sie erinnerte sich nur an einen fürchterlichen Druck im Kopf, und als ob ihre Augen fast zugeschwollen waren. An den Mann hinter dem Schreibtisch konnte sie sich gut erinnern. Sie war fest davon überzeugt, daß es Heydrich war. Mir war Heydrich damals kein Begriff, aber so wie sie ihn beschrieb, mußte er wohl der Oberste der Obersten gewesen sein. Später erfuhr ich dann zur Genüge, wer er war, und war davon überzeugt, daß der Schreibtischmensch wohl eher eine ihm unterstellte Charge, höchstens aber sein Adjutant oder so was Ähnliches gewesen sein mußte.

»Na, Judenmädchen, was ist los?« fragte er freundlich. Mutter fing sofort an zu weinen und am ganzen Körper zu zittern.

Er wurde ungeduldig und schnauzte sie an: »Wenn du dich nicht zusammennimmst, fliegst du raus!«

Das muß gewirkt haben. Sie fragte wohl, ob man meinen Vater nicht aus Sachsenhausen entlassen könne. Er hätte eine Auswanderungserlaubnis nach Shanghai, und man wolle doch, daß alle Juden Deutschland verließen.

Er lachte: »Ja, aber auf unsere Weise.«

Er hatte ein schmales, fad-blondes Gesicht mit kleinen, grauen Augen und machte auf sie den Eindruck, als wolle er jeden Moment seine Pistole ziehen. Irgendwie hatte sie auch das Gefühl, als bewundere er sie im stillen. Ob es ihr Aussehen oder ihr Mut war? Ich glaube, es war ihr Aussehen. Sie war eine schöne Frau, und sie konnte auch temperamentvoll tanzen, was sie vor ihm ja wohl nicht getan haben wird. Auf alle Fälle fragte er nach den Personalien meines Vaters und sagte, er würde sich den Fall bei Gelegenheit vorknöpfen. Dann verstummte er und beschäftigte sich mit irgendwelchen Papieren auf dem Tisch. Er schien meine Mutter völlig vergessen zu haben. Sie wartete noch eine Weile und sagte dann, sie käme ohne den unterschriebenen Passierschein hier nicht raus.

Er blickte hoch: »Na und? Gefällt's dir nicht bei uns?« Sie reichte ihm wortlos den Zettel. Er unterschrieb, und sie verschwand ganz normal durch die Tür, die sich vorher noch so mysteriös geöffnet hatte, kam unangefochten bis zum Tor, gab ihren Zettel ab und stand auf der sonnenhellen Straße. Ihr war, als sei sie aus tausend Metern Tiefe ans Licht geschwommen.

Dann warteten wir. Unser SS-Mann ließ sich auch nicht mehr sehen. Erst Anfang Januar 1940 stand er wieder vor der Tür. In Uniform. Er überreichte uns wortlos einen Brief und stieg sofort die Treppen hinunter.

»Ich mache den Brief nicht auf. Es ist die Todesanzeige von deinem Vater. Ich mache ihn nicht auf. Er war zu feige, mir das mündlich mitzuteilen, deshalb ist er sofort wieder gegangen.«

Sie hatte das ganz tonlos gesagt, saß völlig ausdruckslos auf dem Sofa und starrte auf den Fußboden. Ich weiß noch, daß ich die Idee hatte, sie zum Lachen zu bringen. Vielleicht auf dieselbe Stelle zu starren und so zu tun, als würde der meschuggene SS-Mann unter den Dielen hervorkriechen.

»Soll ich ihn aufmachen?« fragte ich nach einer Weile.

»Ja«, sagte sie. »Geh in die Küche, und mach ihn auf.«

Ich ging in die Küche. An den genauen Wortlaut kann ich mich nicht mehr erinnern, aber in etwa stand da, daß mein Vater Ende Januar entlassen werden würde. Meine Mutter müsse einen Krankenwagen organisieren und mit ihm bis vor das Tor des Lagers fahren. Der genaue Termin würde ihr noch bekanntgegeben. Außerdem sei es Bedingung, daß Vater in die Polizeistation des Jüdischen Krankenhauses in der Iranischen Straße eingeliefert werde, welches auch den Krankenwagen zu stellen habe.

Die Anforderung des Krankenwagens war ein böses Zeichen. Aber Mutter war wie elektrisiert. Sie stritt mit der Krankenhausverwaltung, die ihr das einfach nicht abnehmen wollte, da der Brief nur »halboffiziell« war, wie sie sich ausdrückten. Und es müsse erst noch eine offizielle Aufforderung mit genauer Terminangabe abgewartet werden. Dann erst könne man daran denken, den Transport zu organisieren, und so weiter.

Gott sei Dank meldete sich nach Tagen unser SE-Mann – Schutzengel-Mann, so nannte ich ihn jetzt heimlich – und brachte das rasch in Ordnung.

Am 1. Februar 1940 fuhr meine Mutter im Krankenwagen nach Sachsenhausen. Der Fahrer mußte den Wagen vor dem Tor abstellen. Mutter stieg aus und wurde nach wenigen Minuten von einem eleganten SS-Offizier begrüßt, der ihr aus dem Tor entgegenkam. Er bat sie, wieder einzusteigen, einer von der Wachmannschaft in seiner Begleitung setzte sich ans Steuer, und sie fuhren ins Lager hinein.

Vor der Kommandantur stoppte man, ließ meine Mutter aussteigen und geleitete sie in ein freundliches Wartezimmer. Der Offizier fragte sie, ob er ihr was anbieten könne.

Als meine Mutter verneinte, sagte er ihr, daß mein Vater ziemlich krank sei, schon seit Wochen an einer Magen- und Darmstörung leide und nur mit Mühe dazu gebracht werden könne, wenigstens Flüssiges zu sich zu nehmen. Deshalb sei auch der Wagen angefordert worden. Er werde jetzt persönlich den Wagen bis zur Baracke begleiten und auch noch eine Decke hineinlegen lassen, denn die Ausrüstung im Wagen erscheine ihm doch ziemlich mangelhaft.

Mutter muß bis zum letzten Augenblick gedacht haben, man erlaube sich einen schlechten Scherz mit ihr, doch dann kam der Wagen zurück. Der Offizier stieg aus und verabschiedete sich äußerst höflich von ihr. Sie wurde vom Fahrer aufgefordert, »hinten zum Bettlägerigen« zuzusteigen. Sie stieg ein und glaubte, sie müsse sofort tot umfallen.

Sie erkannte meinen Vater nur noch an den Augen.

Ich sah meinen Vater nur noch einmal, als ich im Krankenhaus zu ihm durfte. Sein Kopf war so klein wie der eines Babys. Später berichtete meine Mutter, was man mit ihm getrieben hatte. Noch im Krankenhaus wollte er es ihr nur ins Ohr flüstern. Er hatte unterschreiben müssen, draußen nicht über das zu sprechen, was er im Lager erlebt hatte.

Was hatte der Offizier gesagt? Er könne nur mit Mühe dazu gebracht werden, Flüssiges zu sich zu nehmen. Vier Wochen nach seiner Einlieferung, es muß, glaube ich, der Tag der polnischen Kapitulation gewesen sein, erlaubte sich der Kommandant den Spaß, die Baracke der Juden »dicht« zu machen. Man nagelte Türen und Fenster zu und überließ die Häftlinge - die Baracke war überbelegt ihrem Schicksal. Nach drei Tagen riß man alles auf, der Kommandant stand auf dem Vorplatz, Eimer voll Wasser standen neben ihm, und er rief: »Raustreten, wer einen Eimer Wasser aussaufen kann! Wer es nicht schafft, wer vorher aufgibt, kann sich seine Knochen einzeln zusammensuchen.«

Mein Vater meldete sich als erster und schaffte es natürlich nicht. Sie haben ihm den Brustkorb eingetreten, den Unterleib, und ihn nur entlassen, weil sie wußten, daß er es nicht überleben würde. Er starb nach zwei Monaten unter schrecklichen Qualen.

Meine Mutter konnte ihn manchmal schreien hören, wenn sie über den Hof des Krankenhauses lief.

Ich sah Mutter zu dieser Zeit überhaupt nicht mehr. Meine Tante, ihre Schwester, versorgte mich, so gut sie konnte. Sie war ziemlich geizig, und als ich ihr zwanzig Mark aus der Geldbörse klaute, um mir dafür ein Luftgewehr zu kaufen, erzählte sie das voller Empörung meiner Mutter. Und die erzählte es, fassungslos und voller Wut, meinem Vater. Danach wollte mich Vater bis zu seinem

Tod nicht mehr sehen, obwohl meine Mutter ihn anflehte und versuchte, das Ganze herunterzuspielen. Nichts zu machen.

Ich habe ihn nie wieder gesehen.

Später an seinem Sarg, der nur aus Brettern bestand, wollte ich nicht glauben, daß er darin lag. Und als man mich aufforderte, Sand auf die Kiste zu werfen, tat ich es. Mutter schrie: »Du wirfst Dreck auf deinen Vater, du!« Dann sprang sie, völlig außer sich, in die Grube. Man mußte sie mit Gewalt wieder hochholen, und ich wußte nicht, wo ich hinschauen sollte. Am liebsten wäre ich weggelaufen, aber ich stand wie festgenagelt. Ein Freund der Familie, Grundschullehrer Hans Kochmann, hat sie danach ins Gebet genommen. Zu spät.

Wir sprachen lange Zeit nur das Nötigste miteinander, und selbst als wir später in der Eisenacher Straße 58 in Berlin Schöneberg in einem Zimmer schlafen und wohnen mußten, gingen wir uns noch, so gut wir konnten, aus dem Weg. Ich habe sehr an meinem Vater gehangen. Mehr als an meiner Mutter. Oder scheint mir das heute nur so? Nach all dem?

1943, am Abend des Tages, an dem Mutter aus dem Betrieb nach Hause geschickt worden war, sahen wir unseren SS-Mann wieder. Er kam in Zivil, wirkte äußerst nervös und sagte, es sei etwas im Gange. Man würde am nächsten Morgen alle jüdischen Arbeiter aus den Betrieben verhaften und zur Sammelstelle in die Große Hamburger Straße bringen. Von dort sollten sie dann abgeschoben werden. In den Osten.

Mutter blieb sehr ruhig und berichtete von dem Vorarbeiter, der sie heimgeschickt habe.

»Dem sind Sie einigen Dank schuldig«, sagte er. Und

bat sie, die nächsten Tage zu Hause zu bleiben und die weitere Entwicklung abzuwarten. Dann verabschiedete er sich, und wir wußten, daß wir ihn nicht wiedersehen würden.

Nach dem Krieg haben uns seine Eltern in Berlin ausfindig gemacht und wohnten eine Zeitlang bei uns. Sie erzählten, daß er kurz danach um Austritt aus der Partei nachgesucht habe, verhaftet und nach quälenden Verhören mit einem Himmelfahrtskommando an die Ostfront vor Staraja Russia gebracht worden sei. Dort ist er bald gefallen.

Nachdem er gegangen war, kam Lona. »Auf dem Kriminalgericht am Alex ist der Teufel los«, sagte sie, »man spricht von großen Aktionen der Gestapo, aber wann, wie und wo, wußte man nicht.«

Sie nahm mich in den Arm und bat mich, morgen nicht zur Arbeit zu gehen. Ja, ich arbeitete. Ich war elf Jahre alt und arbeitete im Jüdischen Krankenhaus. Man hatte alle jüdischen Schulen geschlossen und uns Kinder zur Arbeit eingeteilt. Erst auf dem Jüdischen Friedhof in Weißensee und später im Krankenhaus.

Auf dem Friedhof fühlten wir uns nicht schlecht. Gute Luft und annehmbares Essen. In der Iranischen Straße stank es dafür um so mehr, aber es war auch spannend. Die Gestapo hatte natürlich auch hier die Finger drin, und einige Krankenaufseher machten sich den Spaß, uns für besonders aufregende Arbeiten einzuteilen.

Beispielsweise hatten wir die Aufgabe, in der geschlossenen TBC-Abteilung die Schieber voll mit Kot und Urin rauszutragen, die Kranken zu waschen und uns ihr Gejammer oder ihren Spott anzuhören.

Oder wir hatten Verstorbene aus den Abteilungen in die im Keller gelegene Leichenhalle zu transportieren. Das sah dann so aus, daß wir die Bahren mit den Körpern aus den Stationsgängen abholten und mit ihnen in einem großen Fahrstuhl nach unten fuhren. Die Leichen waren mit grünen Tüchern zugedeckt, die meist zu kurz waren. Fast immer blickten einen die Wachsfüße an. Ich bin ja auch heute nicht sehr groß und schaute damals nur mühsam über die Bahre hinweg, mußte, wenn ich sie vor mir herschob, seitwärts nach vorn sehen, um mich zu orientieren.

Dazu kam, daß die Aufseher plötzlich das Licht in den Kellergängen abschalteten, und nun glühten die Wachsfüße vor mir, und es war nichts zu hören, bis auf das Summen der Heizungsröhren an den Kellerdecken. Erst habe ich wie verrückt geschrien, aber mit der Zeit gewöhnte man sich an die Späßchen.

Später haben wir ganze Rennen veranstaltet. Einmal kam es sogar zur Karambolage mit einem meiner Schulkameraden. Sein Toter kippte von der Bahre, und wir hatten große Mühe, ihn wieder hinaufzuhieven.

Der Leichenwärter in der Halle bekam das fast immer mit, schimpfte und ließ uns in Ruhe. »Gut so«, wird er gedacht haben, »je schneller sie sich dran gewöhnen, desto besser.«

Er war es auch, der uns am nächsten Tag – Lonas Warnung wurde ignoriert – das Leben rettete.

Mein Kumpel Günther Messow und ich kamen gerade mit zwei Leichenfuhren in die Halle, da schloß er hinter uns die Tür. »Hört mal zu«, begann er, »hier wird ausgemistet, wie die das nennen. Das ganze Judenpersonal soll von hier abgeschoben werden. Ihr kommt nicht mehr raus. Wollt ihr euch abschieben lassen, oder wollt ihr wenigstens noch zu euren Leuten zurück?«

Wir nickten.

»Könnt ihr klettern?«

Wir nickten wieder.

»Also paßt auf. Ihr nehmt keinen der Fahrstühle. Ihr geht diese Treppe hoch. Die führt zu einer Tür, und die mündet in die Ausfahrt für die Leichentransporte. Das Tor ist zwar immer geschlossen, aber es ist ein schmiedeeisernes Gitter. Ihr könnt obendrüber klettern und auf der Straßenseite hinunter. Traut ihr euch das zu?«

Wir sahen uns an und nickten wieder. »Wann soll's denn losgehen?« fragte ich.

»Sofort. Wenn ihr euren Gang zurückgeht, seid ihr in der Scheiße.«

»Auf welche Straße führt denn die Ausfahrt?«

»Auf die Schulstraße«, sagte er.

»Ziemlicher Verkehr, wenn man uns da klettern sieht.«

»Euer Bier. Mehr kann ich nicht für euch tun.«

Wir sahen einander an. Mir ging alles mögliche durch den Kopf. Was dachte der wirklich? Wollte er uns ins offene Messer laufen lassen? Gab es gar keine Sperre für uns? Sollte es wie eine Flucht aussehen, und draußen wartete man schon, um uns in Empfang zu nehmen? Ich bin überzeugt, mein Kumpel muß ähnliches gedacht haben. Aber wenn es stimmte und ich machte nicht einmal den Versuch, dann würde ich meine Mutter wahrscheinlich nie wiedersehen.

»Viel Zeit habt ihr nicht mehr. Denen fällt auch bald noch die Ausfahrt ein, und dann ist's zappenduster.«

Er brachte uns noch bis zur Tür, öffnete sie vorsichtig und sah hinaus. »Reißt die Dinger ab«, sagte er und zeigte auf unsere Judensterne. Dann gab er uns ein Zeichen und verschwand, ohne sich umzusehen, die Treppe nach unten.

Wir kletterten das Gitter hoch, als machten wir uns einen Sport daraus, blieben oben sogar noch ein bißchen hängen, als wollten wir wieder zurück und ließen uns dann auf die Straße hinunter. Es gingen einige Leute vorbei. Niemand nahm Notiz von uns. Wir gaben uns nur die Hand. Dann drehte Günther sich um und ging zögernd die Schulstraße hinab. Ich habe ihn nie wieder gesehen.

Als ich nach Hause kam, traf ich meine Mutter beim Pakken an.

»Warum?« fragte ich.

»Es kann jeden Augenblick losgehen, und ich möchte wenigstens das Nötigste mitnehmen.«

»Können wir nicht hierbleiben? Lona würde uns erst mal aufnehmen.«

»Lona wird den Teufel tun. Die wissen, daß wir miteinander befreundet sind. Wir waren ja ganz offiziell Geschäftspartner. Bei ihr suchen sie zuerst. Und im Moment weiß sie auch niemanden, an den sie uns weiterreichen könnte.«

Lona hatte mir mal gesagt, sie würde, wenn es so weit käme, schon einen Unterschlupf für uns finden. Sie hätte auch »dem Vati« versprochen, auf uns aufzupassen. Als ich meiner Mutter von diesem Gespräch erzählte, gluckste sie nur freudlos vor sich hin und sagte nichts. Packte aber weiter. Vom Krankenhaus berichtete ich ihr nichts. Ich hatte nicht den Mut dazu. Aber ich sagte, daß ich mich nicht abschieben lassen wolle.

»Ich auch nicht«, erwiderte sie. »Man muß aber jetzt auf alles gefaßt sein. Ich habe durch Lona einen Herrn kennengelernt, der uns vielleicht helfen würde. Meint Lona. Er ist Kommunist und würde jedem helfen, der gegen die Nazis ist oder von ihnen verfolgt wird.«

»Du hast mir nie was davon erzählt.«

»Ich dürfte es eigentlich auch jetzt nicht. Außerdem ist er ein ziemlich blöder Kerl, der furchtbar angibt. Er tut so geheimnisumwittert, als würde er nächstens gegen Hitler und seine Bande losschlagen und das ganze Problem in einem Aufwasch lösen.«

»Aber vielleicht kann er uns ja wirklich unterbringen. Erst mal. Und dann kann man ja weitersehen.«

»Ich hab' nichts mehr von ihm gehört. Bei Lona habe ich mich manchmal nach ihm erkundigt. ›Er wird sich schon melden, wenn er eine Idee hat‹, hat sie gesagt. ›Aber mache dir nicht zu viel Hoffnung, er ist ein ziemlicher Schlawiner. Und den Frauen verspricht er das Blaue vom Himmel, wenn er ..., na ja, wenn sie ihm gefallen.‹«

»Du gefällst ihm bestimmt«, sagte ich. »Du bist doch meine schöne Mami.«

»Jaja, und du bist ein kleiner Kuppler.« Sie kriegte sich nicht wieder ein vor Lachen. »Was glaubst du, soll ich ihn heiraten? Er hat eine Gärtnerei, irgendwo im Osten. Züchtet auch viel Gemüse. Man könnte sogar davon leben. Ohne Lebensmittelkarten. Im Moment könnte er uns nicht zu sich nehmen, hat er gesagt, die Gestapo habe ein Auge auf ihn, weil sie von seiner ehemaligen Zugehörigkeit zur Kommunistischen Partei informiert sei. Aber vielleicht hätte er ja Freunde, die uns unterbringen könnten, und wenn der Krieg weiter so verliefe, würde er, bei sich steigernden chaotischen Verhältnissen, nicht mehr darauf Rücksicht nehmen müssen. Die Gestapo hätte dann hoffentlich andere Sorgen. Ich habe ihm kein Wort geglaubt. Der Herr Kommunist und Unternehmer! Herr Großprotz von Neureich! Dauernd fragte er mich, ob ich vielleicht ein paar Rücklagen hätte. Man müsse wahrscheinlich damit rechnen, daß Leute sich nur gegen Bezahlung zu einer Unterbringung bereit fänden.«

Ich fragte Mutter, ob er etwa sich damit meine, ob er selber nur gegen Geld unterbringen wolle.

»Ein Schwätzer«, winkte sie ab. »Er ist verheiratet und froh, wenn er's Leben hat.« Sie mußte wieder lachen.

Ich liebte meine Mutter, wenn sie lachte. Sie lachte mit dem ganzen Körper und bis zu den Beinen hinunter. Wenn sie richtig lachte, bewegte sich alles an ihr.

Mein Vater muß sie oft zum Lachen gebracht haben. Eigentlich paßten sie gar nicht zusammen, er und meine schöne Mutter. Er war kleiner als sie, hatte eine »Habsburger Unterlippe«, graue Augen und schütteres, aschblondes Haar.

Ich fragte sie einmal, warum sie gerade meinen Vater geheiratet hätte. Und sie erzählte mir, sie wäre bereits verlobt gewesen, mit einem anderen, steinreichen Jungen. Am Tag der Verlobungsfeier tauchte mein Vater auf. Ein Bekannter ihres Verlobten hatte ihn mitgebracht. Er sei ein Spaßvogel und könne eine ganze Gesellschaft zum Brüllen bringen, hieß es.

»Er saß uns gegenüber – es war eine lange, weißgedeckte Tafel – und schwor uns, er werde keinen zum Essen kommen lassen. Das tat er dann auch. Er erzählte eine komische Anekdote nach der anderen, nannte auch immer den angeblichen Verfasser der jeweiligen Geschichten. Man brüllte also vor Lachen über Kafka, Tolstoi, Turgenjew, Mark Twain und machte sich keine Gedanken darüber, daß diese Autoren samt und sonders vom »Städtel« und ihren jüdischen Einwohnern erzählten und daß zum Beispiel Mark Twain den jüdischen Witz so gut handhaben konnte. Er brachte alle zu Kreischanfällen und machte sich gleichzeitig lustig über ihre Unbildung. Er war ein Genie, dein Vater.

Ich habe ihn nur angestarrt und hatte auch das Gefühl, daß er seine ganzen von ihm selbst erfundenen Geschichten nur mir erzählte. Wir kamen gar nicht mehr voneinander los. Die anderen schienen das überhaupt nicht zu merken. Dann streckte er seine Hand über den Tisch, ich kam ihm mit der meinen entgegen, und wir gingen, ohne uns loszulassen – die anderen Gäste mußten deshalb teilweise mit dem Kopf bis auf die Tischplatte hinunter –, auf den Ausgang zu. Auch das nahm man noch für einen lustigen Einfall deines Vaters. Jaja, er war schon ein ganz verrückter Kerl! Ein kleiner, mickriger, verrückter Kerl!«

Sie weinte plötzlich und sagte: »Ich habe ihn sehr, sehr liebgehabt, deinen Vater. Manchmal denke ich, wenn ich ihn nicht getroffen hätte, säße ich jetzt geschützt in Amerika, hätte keine Sorgen und sehr viel Geld.«

»Aber mich hättest du dann nie kennengelernt.«

»Richtig«, sagte sie und umarmte mich, »was ist Amerika schon gegen dich?«

Am nächsten Morgen wachte ich durch ganz ungewohnten Lärm auf. Meine Mutter stand am Fenster und starrte auf den Hof hinunter. Dann drehte sie sich um und sah mich an: »Sie holen gerade die Leute aus den Gartenhäusern raus«, sagte sie.

Ich sprang aus dem Bett und lief ans Fenster. Sie standen in voller Uniform, mit Stahlhelm und aufgepflanztem Bajonett und trieben die Leute zur Eile an.

»Wir müssen uns schnell anziehen«, sagte ich. Dann wandte ich mich zu meiner Mutter um und bekam einen ziemlichen Schrecken.

Sie saß auf dem Bett und weinte lautlos vor sich hin. Sie sah plötzlich ganz mitgenommen aus, ganz alt.

»Mama, zieh dich an, bitte. Wir müssen weg.«

»Wohin«, schrie sie, »wo sollen wir hin? Weißt du, wo wir hinkönnen?«

Dann kreischte sie wie eine Tobsüchtige. Ich hatte sie noch nie so gesehen. Sie sah völlig fremd aus, beinahe verrückt. Und so knallte ich ihr eine. Ich schlug ihr mit aller Kraft ins Gesicht. Ich tat es, ohne zu wissen, was ich tat. Dann schlug ich mir die Hand vor den Mund und muß sie entsetzt angestarrt haben.

Denn sie fragte ganz ruhig, ganz übergangslos: »Du schlägst deine Mutter?«

Ich konnte gar nicht antworten, und sie strich mir kurz über die Haare. »Los, anziehen, nichts mitnehmen. Laß alles liegen. Los, los, los! Nur Geld und meinen Schmuck«, befahl sie sich selbst, während sie die Matratze hochriß.

Sie stopfte alles in ihre Aktentasche, zog sich fast gleichzeitig weiter an, so schien es mir, und trieb mich zu noch größerer Eile an.

Sie riß mir die Sterne von Mantel und Jacke, die waren sowieso bloß an den Ecken angeheftet, tat bei ihrem Kostüm und Wintermantel dasselbe, und wir rannten an der Küche vorbei zur Wohnungstür. Unsere Mitmieter ließen sich nicht blicken, dabei mußten sie uns einfach gesehen haben. Entweder aus der Küche oder von ihrem Zimmer aus, dessen Tür weit offenstand. Ich jedenfalls sah nichts außer meiner Mutter und dem Treppenhaus. Es war ein wunderschönes altes Treppenhaus mit viel Holz und einem Fahrstuhl, der fabelhaft funktionierte. Nur schnell war er eben nicht. Ich drückte zwar sofort auf den Knopf, und wir hörten auch, daß er sich in Bewegung setzte, aber er ließ sich Zeit, viel Zeit, während meine Mutter über das Geländer nach unten starrte.

Und dann kamen sie. Unmöglich, sie zu überhören, mit ihren eisenbeschlagenen Stiefeln.

Ich ließ die Hand nicht vom Knopf. »Scheiß Antisemit«, fluchte ich leise.

»Was?« fragte meine Mutter. Sie war vollkommen gefaßt und ruhig.

»Der Fahrstuhl kommt nicht.«

»Mal sehen, wer eher da ist«, flüsterte sie fast grinsend. Und dann kam der Fahrstuhl. Wir gingen hinein, drückten auf den Parterre-Knopf, und während Mutter mich ganz fest an sich gepreßt hielt, sagte sie: »Doch kein Antisemit.«

Wir hörten sie weiter hochsteigen und an die Türen donnern, während wir im Parterre ausstiegen. An der Haustür standen Männer in Uniform, und Mutter ging sofort auf sie zu: »Was ist denn hier los?«

Der Mann fixierte uns nur kurz, sagte nicht unhöflich, aber bestimmt: »Gehen Sie weiter!«

Das ließen wir uns nicht noch mal sagen. Und dann tat meine Mutter etwas, was mir bis zum heutigen Tag noch Herzklopfen verursacht, wenn ich daran denke.

Wir hatten das Haustor passiert, waren auf der Straße, da ließ Mutter meine Hand los, ging zurück, schaute in den Hausflur hinein und wandte sich an den Uniformierten. Doch der winkte ab, und sie kam langsam auf mich zu. Ob sie ihn noch ansprach oder was sie ihn fragte, wenn überhaupt – wir haben nie darüber gesprochen.

Dann gingen wir die Eisenacher Straße hinunter, überquerten die Grunewaldstraße, gingen immer weiter und sahen in der Rosenheimer Straße einen ziemlichen Menschenauflauf.

Wir gingen darauf zu, wie bewußtlos, reihten uns in die Menge ein, ja stießen fast bis in die erste Reihe vor, so daß wir gut beobachten konnten, was vorging.

Die Rosenheimer Straße in Berlin Schöneberg war eine

von jüdischen Menschen ziemlich stark bewohnte Straße, und man holte sie aus verschiedenen Häusern heraus. Einige offene Lastautos mit kurzen Treppchen davor standen bereit, und die Menschen – Männer, Frauen, Kinder – wurden grob in die Wagen getrieben. Eine alte Dame mit einem etwa sechsjährigen Mädchen an der Hand kam ebenfalls aus einem der Häuser heraus.

Plötzlich riß sich das Mädchen los und lief die Straße hinunter. »Ich will zu meiner Mutter, ich will zu meinen Eltern«, rief sie, während sie lief. Sie rief es immer wieder.

Und dann legte einer der Uniformierten kurz an und schoß. Das Mädchen stolperte und fiel hin. Dann gingen zwei SS-Leute auf sie zu, griffen sie und brachten sie zum Wagen, in den die alte Dame schon eingestiegen war. Sie mußte am Bein getroffen worden sein, denn sie griff sich immer wieder ans Knie, ohne einen Laut von sich zu geben. Die Klappe wurde verschlossen, und der Wagen fuhr ab.

»Wie kann denn der Mann auf ein kleines Mädchen schießen? Mit ein paar Schritten hätte er sie doch eingeholt«, sagte Mutter laut.

»Na, wenn se weglooft«, antwortete eine Frau neben ihr und starrte sie an.

Ich zog meine Mutter weg. Ich hatte plötzlich große Angst. Zum ersten Mal wurde ich mit der ganzen Brutalität konfrontiert, die sich nicht nur in den Aktionen der Uniformierten offenbarte.

Wir gingen zur Grunewaldstraße zurück, Martin-Luther-Straße, Lietzenburger Straße, standen vor dem UFA-Palast am Zoo und gingen hinein.

Es muß eine Nachmittagsvorstellung gewesen sein. Es gab »Die goldene Stadt«, mit Kristina Söderbaum, der Reichswasserleiche, weil sie in jedem Film ins Wasser ging oder sonstwie ersoff. Ich fand den Film damals sehr aufregend und sah ihn mir deshalb nach dem Krieg irgendwann noch einmal an. Mit so viel Kitsch hatte ich allerdings nicht gerechnet. Nach dem Kino wanderten wir durch den ganzen Tiergarten bis zum Brandenburger Tor. Mutter war der Meinung, wir sollten mit der S-Bahn in die Außenbezirke fahren, etwa nach Erkner oder Straußberg. Dort könnten wir bei eventuellen Luftangriffen in einem Splitterbunker unterkommen.

Splitterbunker nannte man Gräben, die von allen Gartenbesitzern errichtet werden mußten, wenn ihr Haus zu weit von einem öffentlichen Bunker entfernt lag. Überdachte Gräben, mit Holzbalken abgestützt, in die auch jeder hineingelassen werden mußte, den ein Luftangriff zufällig in der jeweiligen Gegend überrascht hatte. »Da wird nicht nach Ausweisen gefragt, und man kann danach verschwinden, ohne Fragen beantworten zu müssen.«

Direkt vor dem Bahnhof Börse erwischte uns dann die Alarmsirene. Hier hätten wir in einen Bunker laufen müssen. Es gab einige in der Nähe. Aber wir verkrochen uns in einem Hausflur.

In den alten Berliner Häusern gab es im Hochparterre einen Absatz, der sich bis unter die weiter nach oben führende Treppe hinzog. Dadurch entstand eine Nische, in die man sich verkriechen konnte, wenn man den Kopf einzog.

Mutter zog mich ganz dicht an sich, und wir horchten. Leute kamen von oben herunter, auf dem Weg zu ihrem Luftschutzkeller oder in den öffentlichen Bunker nach draußen. Manchmal sahen wir ihre Beine, und wenn sie stehenblieben, dachten wir schon, sie hätten uns entdeckt. Sie hatten nicht.

Dann wurde es still im Haus. Es war inzwischen stockdunkel. Jetzt kamen sie. Zuerst ballerte die Flak, Flugabwehrkanonen, ganz entfernt. Mit der Zeit setzten Flakbatterien aus immer größerer Nähe ein, und nun hörten wir das Brummen der Motoren. Das weit hallende Flakfeuer konnte sie nicht mehr ganz übertönen.

»Mein Gott«, dachte ich, »da sitzen die Leute in ihren Flugzeugen, haben andere Uniformen an, sprechen eine andere Sprache, und wir sitzen hier unten zwischen dieser beschissenen Mörderbande mit ihrem beschissenen Onkel Adolf und seiner beschissenen Ausrotter-SS. Gleich werden die da oben ihre Bomben runterschmeißen auf diese miese Bande. Aber sie können auch uns töten. Uns beide unter dem Treppenabsatz. Und keiner wird wissen, wer wir waren. Wenn die Hausbewohner in ihrem Keller überlebten, werden sie Teile von uns aus dem Schutt ziehen und uns in ein anständiges deutsches Kriegsmassengrab legen. Nicht wissend, daß sie Judenleichen neben deutschen Arierleichen begraben haben. Rassenmassengrabschande. Heil Hitler!«

Ich hatte einen richtigen Lachanfall. Mutter drückte mich noch fester und flüsterte, ich solle aufhören. Aber da krachte es auch schon. Ganze Wagenladungen kamen da runter.

»Die Amis verstehen keinen Spaß«, dachte ich, »die ziehen ab, und dann geht's rund. Die reißen euch den Arsch auf mitsamt den teuren Uniformen. Die zeigen's euch!«

Noch heute erinnere ich mich an diesen Jubel in mir. An diesen Triumph. Es wäre mir egal gewesen, wenn es mich auch erwischt hätte. Nach jedem Einschlag hätte ich applaudieren mögen. »Und noch mal, wenn's recht ist«, hätte ich rufen wollen.

Mutter brachte mich wieder ins Gleichgewicht: »Sie kommen näher«, flüsterte sie ruhig und lauschte. »Das sind die Amerikaner mit ihren riesigen Fliegern, und wenn wir Pech haben, sitzt einer von Vaters Cousins drin und schmeißt uns kaputt.«

Sie sah mich an. »Jetzt siehst du fast schon so alt aus wie ich«, sagte sie, »Angst und Gedanken mache ich mir selber, dazu bin ich da. Du hör auf damit. Es wird schon gutgehen. Irgendwie werden wir durchkommen. Das verspreche ich dir.«

Sie strahlte eine solche Willenskraft aus, daß ich ihr jedes Wort glaubte. Die akute Gefahr hatte ihr eine Energie eingeimpft, die sie den ganzen Krieg über nicht mehr verlor.

Die Einschläge kamen immer näher, und die Flak schoß immer wilder, und dann krachte es, daß ich glaubte, das Haus stürzt über uns zusammen. Wir schwankten wie auf einem Dampfer. Im Treppenhaus wurde es taghell.

»Es hat bestimmt im Nebenhaus eingeschlagen. Jedenfalls nicht sehr viel weiter entfernt«, sagte Mutter. Zu dieser Zeit konnte ich die verschiedenen Explosionsgeräusche noch nicht unterscheiden. Später wußte ich, daß die schweren Koffer sehr viel länger pfiffen, bevor sie einschlugen, als beispielsweise die Luftminen, die nur ganz kurz zu hören waren. Da war es dann meistens schon zu spät.

Der Angriff hatte Überlänge. Mutter sah auf ihre kleine Uhr, die sie einmal von Vater geschenkt bekommen hatte und die sie niemals ablegte. »Die lassen sich Zeit. Oder sind sie schon alle abgeschossen?« sagte sie. Es war ganz still geworden, aber man hörte noch keine Entwarnungssirenen. »Wir müssen hier raus, bevor die Hausbewohner wiederkommen«, flüsterte sie wieder. »Andererseits, wenn wir uns jetzt auf der Straße blicken lassen, ist das auch nicht gut: Mutter mit Kind, bevor der Alarm zu Ende ist?«

Ich zuckte mit den Schultern. »Abhauen, es ist doch

wieder ganz dunkel draußen. In der Verdunkelung kann uns nicht viel passieren.« Besser, als wenn sie aus dem Keller raufkommen und uns hier hocken sehen. Die holen sofort den Blockwart und lassen uns verhaften. Aber das sagte ich nicht. Meine Mutter würde schon wissen, wofür sie sich entschied.

Endlich kam dann doch die Entwarnung. Mutter rannte mit ihrer Aktentasche vor mir her, die halbe Treppe hinunter und zur Haustür hinaus. Es brannte überall. Sogar die Straße brannte. Hausbalken stürzten brennend auf das Pflaster, und eine Stimme schrie: »Vorsicht, Vorsicht! Da kommt das Dach runter!«

Überall knisterte es hinterhältig. Man wußte nicht, wo etwas gleich explodieren oder einstürzen würde. Dann kamen die ersten Feuerwehrautos mit ihren abgedunkelten Scheinwerfern auf uns zu. »Runter von der Straße!« brüllten sie. »Seid ihr lebensmüde?«

Wir rannten, so schnell wir konnten, zum nächsten Hauseingang. Immer mehr Menschen kamen jetzt von überall her aus den Häusern, schauten zum Himmel und diskutierten, welcher Stadtteil diesmal dran war.

»Na hier«, meinten einige.

»Nee, die hinterm Alex muß es heute erwischt haben, seht euch den Himmel da drüben an. Das ist Prenzelberg und die Frankfurter Allee, fast bis nach Lichtenberg.«

»Warum holen sie denn die nicht runter, bevor sie das hier alles zertöppern?«

»Na und, dann wären sie mit ihren Bomben zusammen runtergekommen. Macht doch keinen Unterschied.«

»Der dicke Hermann hat versprochen, er läßt keine feindlichen Bomber nach Deutschland rein. Eher heißt er Franz.«

»Franz Göring klingt auch nicht besser!«

Alle lachten, und Mutter krümmte sich. »Wo kommen Sie denn her?« fragte einer.

»Aus Lichtenberg«, antwortete Mutter. »Wir waren hier in der Nähe zu Besuch. Hoffentlich finden wir unsere Wohnung noch vor.«

»Wie wollen Sie denn da jetzt hinkommen?«

»Wir müssen eben abwarten, bis die S-Bahn wieder fährt.«

»Na, denn kommen Sie mal rauf zu uns. Uff'n Pott Blümchenkaffee. Sie können ja hier nicht die ganze Nacht rumstehen. Und der Kleene muß sich ja wohl'n bißchen hinlegen, oder nicht?«

Vor uns stand eine rundliche, dunkelhaarige Frau und grinste mich mitleidig an.

»Nein, wir können Sie doch nicht einfach so belästigen«, sagte Mutter, »die S-Bahn muß ja auch bald wieder fahren. Und an Schule ist morgen auch nicht zu denken, da kann er sich ausschlafen.«

»Wenn's Haus noch steht«, sagte der Mann dazu. »Nu kommen Se erst mal ruff, und wenn die Bahn wieder fährt, können Se ja wieder los.«

Karl Hotze, so hieß der kommunistische Gärtner, hat uns dann wirklich geholfen. Als wir am nächsten Morgen mit der S-Bahn nach Lichtenberg fuhren, weil unsere Gastgeber es sich nicht nehmen lassen wollten, uns zur Bahn zu bringen (was sollten wir bloß in Lichtenberg?), rief meine Mutter Lona an. Sie war sofort am Telefon und nannte meine Mutter »Frau Gemberg«. Wo sie denn die ganze Zeit gesteckt hätte. Sie wäre schon im Glauben gewesen, uns wäre eine Bombe auf den Kopf gefallen. Sie wollte uns in unserem Lieblingscafé treffen, wenn es nicht ausgebombt sei. Mutter legte auf.

Unser Lieblingscafé nannten wir den U-Bahnhof Krumme Lanke. Das schienen die beiden Frauen schon früh miteinander ausgemacht zu haben. Wir fuhren den langen Weg von Lichtenberg zurück nach Krumme Lanke und konnten von Glück reden, daß wir nicht kontrolliert wurden. Das hatten wir wahrscheinlich nur dem Chaos nach dem Bombenangriff zu verdanken.

Auf dem Bahnsteig sahen wir Lona, die uns zu verstehen gab, auf die andere Seite des Perrons zu gehen und in den nächsten Zug stadteinwärts zu steigen. Wir blieben Lona dicht auf den Fersen, stiegen dann an der nächsten Station, Onkel Toms Hütte, hinter ihr aus und folgten ihr die Straße hinunter, bis sie plötzlich stehenblieb, sich noch einmal vergewisserte, daß niemand Verdächtiger zu sehen war und uns ansprach. Sie schien sehr aufgeregt zu sein.

»Wo habt ihr denn gesteckt?« fragte sie. »Ich dachte schon, ihr seid in die Große Hamburger Straße verladen worden, und bin da noch hingefahren.«

»Na, dann hättest du uns auch nicht mehr helfen können«, sagte meine Mutter.

»Aber 'ne Rieseneinkaufstasche mit etwas zu futtern habe ich dabei«, sagte sie und nahm mich in den Arm.

»Hotze hat eine Unterkunft für euch. Ich glaube, ihr müßt da was zahlen. Aber für die nächsten paar Tage seid ihr erst mal von der Straße. Hör zu, Rosa, das ist eine Russin, keine Kommunistin. Eine adlige Emigrantin, die vor den Kommunisten geflüchtet ist. Wohnt seit 23 Jahren da, wo sie jetzt wohnt, und ich fahre mit euch dorthin. Rosa«, Mutter hieß bei ihr immer nur Rosa Gemberg, und ich haßte diesen Namen, »sie wohnt allein, hatte vielleicht ein Verhältnis mit Hotze, also paß auf, was du erzählst.«

Sie ging mit uns eine Riesenstrecke bis zum U-Bahnhof

Oskar-Helene-Heim, und wir fuhren bis zum Wittenbergplatz. Von da liefen wir wieder zum Savignyplatz und stiegen dort in die S-Bahn. Auf der nächsten Station, Bahnhof Charlottenburg, wieder raus und zu Fuß bis zum Kurfürstendamm und bogen irgendwann in die Hektorstraße ein. Spuren verwischen, nannte Lona das. Heute noch erinnere ich mich an die Schmerzen in den Füßen. Ich wollte mich nur noch irgendwo hinlegen und schlafen. Selbst wenn sie uns verhaftet und in die Große Hamburger gebracht hätten, wäre mir das egal gewesen, wenn es da nur eine Matratze gegeben hätte. Und wer weiß, was es mit der Russin auf sich hatte.

Ludmilla Dimitrieff sah unglaublich adelig aus. Schmales Gesicht, blaue mandelförmige Augen, dunkle Haare (ich weiß nicht, ob sie gefärbt waren, denn ihre Haut war schon ziemlich knitterig) und ein schmaler vornehmer Mund, aus dem sie nur während des Schlafens die Zigarettenspitze herausnahm. Eine schöne Zigarettenspitze, mit schwarzem Mundstück und langem Silberende. Sie paffte ununterbrochen, während sie uns drei lässig durch ihre Wohnung führte.

Eine typische Berliner Wohnung. Durch ein großes Entree betrat man rechts eine Flucht von geräumigen Zimmern, die durch Schiebetüren voneinander getrennt waren. Am meisten beeindruckte mich das Klavierzimmer, in dem es nur einen riesigen Flügel und einen großen Teppich gab. Die Zimmerflucht endete vor einer einfachen Tür, die in einen langen Korridor führte. Rechts kam dann gleich ein Schlafzimmer für die Dienstboten, dann Küche, Bad, noch ein halbes Zimmer, und dann schloß der Korridor durch eine Tür ab. Eine Tür mit kleinem Milchglasfenster und entsprechend kleinem Gitter davor.

»Das ist der zweite Zugang zur Wohnung«, sagte Ludmilla Dimitrieff, »das war der Dienstboteneingang.«

Dabei schaute sie meine Mutter an. Ihre Stimme war sehr tief, und ihre Augen beobachteten teilnahmslos. Mutter lächelte sanft und nickte nur, als ob sie dergleichen in besseren Zeiten auch gekannt hätte.

»Sie werden sich in dem hinteren Schlafzimmer aufhalten und Ihr Sohn in dem vorderen. Sie können das auch untereinander tauschen, aber ich halte es für sinnvoller, wenn Sie in der Nähe der Fluchttür übernachten. Ich nehme an, Sie haben einen etwas leichteren Schlaf als Ihr Herr Sohn.«

Zum ersten Mal ließ sie ihre Augen auf mir ruhen. Mit dem gleichen teilnahmslosen Ausdruck, mit dem sie auch meine Mutter betrachtet hatte. Ein widerlich unaufgeregter Blick, der mich richtig einschüchterte. Aber ihre Stimme und ihr Akzent faszinierten mich, das klang wie aus einer anderen Welt.

Lona schien auch tief beeindruckt. Jedenfalls sagte sie nichts. Nur Mutter ließ sich nicht irremachen. Sie erwiderte, daß sie einen ziemlich gesunden Schlaf hätte und als erwachsener Mensch doch vielleicht ein etwas größeres Zimmer bräuchte als das Kind, aber der Vorschlag hätte wohl sicher seine triftigen Gründe, und sie würde sich selbstverständlich diesem Wunsch beugen. Ludmilla Dimitrieff akzeptierte dieses Einverständnis und marschierte, stumm paffend, zum Musikzimmer zurück. Dort standen wir wieder herum, und Ludmilla startete mit weiteren Unterweisungen. »Die Tür links im Entree führt in meine privaten Räume. Dort werde ich auch öfter Besuch empfangen. Ich bitte Sie, diese Tür unter allen Umständen zu ignorieren. Außerdem werden hier im Musiksalon häufig Konzerte stattfinden, dann müssen Sie unbedingt in Ihren

Zimmern bleiben und dürfen sich so wenig wie möglich bewegen. Ich werde die Tür bei dieser Gelegenheit abschließen und den Schlüssel an mich nehmen. Den zur Küchentür ebenfalls. Und erst am Ende des Abends, wenn alle Gäste die Wohnung verlassen haben, werde ich Ihnen erlauben, die Türen wieder zu öffnen. Daran müssen Sie sich halten, denn unter den Gästen werden mitunter auch Herrschaften von der Partei sein. Mitunter«, fügte sie noch einmal hinzu. Und zum ersten Mal sah ich den Verdacht eines Lächelns in ihren Augen. »Der Herr Sohn kann jetzt in sein Zimmer gehen, während wir uns noch über einige pekuniäre Dinge verständigen sollten.« Damit war ich entlassen.

So sprach sie immer. Und wir fingen in ihrer Gegenwart an, auch so zu reden. Mutter drückte sich zuweilen so gewählt aus, daß sie »Zungenstolpern« bekam, so nannte sie das. Sie konnte kein Wort mehr aussprechen, ohne die Vokale zu verbiegen. Wenn wir allein waren, übertrieb sie das noch, und ich bog mich vor Lachen, weil sie dabei auch noch den Ludmilla-Akzent mitschwingen ließ. Heute noch habe ich die Angewohnheit, Spott mit diesen Lautverbiegungen auszudrücken. Ein »i« wird dann zum »ö«, »nicht« klingt dann wie »nöcht«.

Alles in allem war es im Grunde die angenehmste Zeit in der Illegalität. Soweit man überhaupt von angenehm sprechen konnte. Und sie ging auch ziemlich rasch zu Ende. Mutter freundete sich schnell mit Ludmilla an. Unsere Vermieterin war großzügig, was die finanzielle Regelung betraf, und man entwickelte quasi einen gemeinsamen Haushalt, in den jeder investierte, was er hatte und konnte. Nur an den Konzertabenden wurden wir uns wieder unserer Situation bewußt. Wir saßen dann ganz still und hörten dem gedämpften Klavierspiel zu. Manchmal mischte auch eine Geige oder Bratsche mit. Immer war es klassische Musik, die dann in Nazi-Gesänge mündete. Oft wurde »Wir fliegen gegen Engelland« gegrölt. Wenn draußen die Alarmsirenen dröhnten, versuchten sie dagegen anzubrüllen und marschierten sofort in den Luftschutzkeller, wenn der Blockwart klingelte und die Gesellschaft höflich aufforderte, die Wohnung in Richtung Schutzbunker zu verlassen. Es dauerte dann eine ganze Weile, bis es endlich still wurde. Wir blieben allein zurück und warteten auf das erste Flakfeuer und die ersten Bomben-Explosionen.

Es heißt, man gewöhnt sich an alles. Aber ich habe mich nie daran gewöhnt. Das metallisch hallende Geräusch der Flakabwehr, das Einschlagen der Bomben, das Pfeifen der Luftminen. Dann die plötzlich einsetzende Stille, in der man das Brummen der »fliegenden Festungen« hören konnte, und das erneut einsetzende Abwehrfeuer, die Explosionsgeräusche, die sich zur höllischen Hysterie steigerten. Nein, daran konnte ich mich nie gewöhnen. Ich versuchte, ruhig zu bleiben, in unserem Zimmerchen, mich zusammenzureißen, und das ist mir wohl äußerlich auch gelungen. Meine Mutter machte jedenfalls keinerlei Anstalten, mich in den Arm zu nehmen und zu trösten. Aber dieses innere Zittern, diese Auskältung, steigerte sich und hielt noch Stunden nach dem Angriff an. Wenn ich dann plötzlich anfing, mit den Zähnen zu klappern, meinte meine Mutter, ich hätte mich erkältet und sie müsse sofort etwas dagegen unternehmen.

Kaum war die Entwarnung vorüber, hörten wir auch schon Ludmilla Dimitrieff die Wohnungstür aufschließen. Aus dem Musiksalon rief sie uns zu, ob wir alles gut überstanden hätten, kam dann in die Küche und kochte Tee.

Ihren Tee trank sie mit viel Schnaps, bot aber meiner Mutter nie etwas davon an. Mit Schnaps war sie geizig. Je mehr sie davon trank, desto fröhlicher erzählte sie von Rußland und ihrem Zaren. Sie soll dort Hofdame bei der Zarin gewesen sein, und adlig war sie auch. Von riesigen Festen erzählte sie, von Champagner- und Kaviarorgien, bei denen sich die hübschen Hoffräuleins mit nackten Ärschen in die Kaviarschüsseln setzen mußten, um von den jungen Hofherren den Hintern abgeleckt zu bekommen. »Das war ein Leben«, pflegte sie dann zu seufzen und sah mich mit feuchten Augen an.

Ich fand sie immer widerlicher und quälte meine Mutter, wann Karl Hotze uns endlich hier herausholen würde. Sie sah mich dann erstaunt an.

»Laß uns zu Gott beten, daß wir es hier noch lange gut haben werden.«

»Und die Bomben«, fragte ich, »wir sind hier mitten in der Stadt. Einmal trifft es uns bestimmt in unserem Zimmer hier. In den Vororten kann man doch leichter unterkriechen, in Splitterbunkern vielleicht?«

»Bomben fallen überall.«

»Aber in den Vororten nur aus Versehen.«

»Woher weißt du eigentlich, daß Hotze uns in den Vororten unterbringen will? Wenn überhaupt.«

»Er wohnt doch selber in einem Vorort, hast du gesagt.«

»Ja, aber woher weißt du, daß er uns in den Vororten unterbringen möchte? Vielleicht will er uns hier lassen, bis zum Kriegsende. Wer weiß? Es soll uns nichts Schlimmeres passieren.«

Sie lächelte, nahm mich in den Arm, und ich mochte nichts mehr sagen. Sie war glücklich. Für sie konnte es keine bessere Möglichkeit des Überlebens geben.

Ludmilla war eine glänzende Klavierspielerin, spielte Chopin bis zum Gehtnichtmehr. Anfangs ließ sie die Tür zu unseren Hinterzimmern offen, und wir konnten sie nur hören. Mir war das sehr angenehm. Später forderte sie uns dann auf, in den Musiksalon zu kommen, stellte zwei Stühle hin, goß uns Tee ein, und wir stellten die Tassen auf den Boden. Mutter machte verträumte Augen und spielte ganz Dame.

Ich langweilte mich und zitterte vor dem Einsetzen der Alarmsirenen. Manchmal erzählte Ludmilla auch aus ihrem Leben, während sie leise vor sich hin klimperte. Sie hatte aus irgendeinem Grund, ich glaube, es war wegen einer unglücklichen Liebe, um ihre Entlassung bei Hofe gebeten und einen reichen Juden namens Epstein geheiratet, mit dem sie dann nach Berlin ging. Mit ihm bezog sie diese Wohnung, ließ sich Anfang der dreißiger Jahre sehr vorteilhaft von ihm scheiden. Er wanderte nach Amerika aus und schickte ihr bis zum Kriegsausbruch immer noch Geld und Geschenke, obwohl sie von ihm sowieso schon gut versorgt war.

Sie erzählte mit einer so unbekümmerten Leichtigkeit, daß meine Mutter hemmungslos zu lachen anfing. Mein Gesicht muß während dieser spaßhaften Berichte immer grauer geworden sein, denn Ludmilla fragte mich eines Tages, nachdem sie sich, wie ich im stillen meinte, wieder einmal über Epstein lustig gemacht hatte, warum ich bei ihren Geschichten immer so traurig aussähe.

»Er tut mir einfach leid«, sagte ich.

»Warum?« fragte sie.

»Ich weiß nicht, warum, aber er tut mir leid.«

Sie lachte und griff in die Tasten. »Tschaikowsky«, erklärte sie, »aus einem Klavierkonzert.«

Eines Nachts stand sie vor meinem Bett. Ich erschrak furchtbar, und sie hielt mir rasch den Mund zu. Sie roch nach Schnaps und Rauch. Aber nicht unangenehm. Als sie merkte, daß die Spannung in meinem Körper nachließ, setzte sie sich auf die Bettkante und sah mich ruhig an. »Möchtest du nicht ein bißchen zu mir kommen? Ich hatte auch einen kleinen Jungen, er war in deinem Alter, als er starb. Ich habe ihn sehr liebgehabt. Wir haben immer zusammen im Bett gelegen, und ich mußte ihm Geschichten zum Einschlafen erzählen, das hatte er sehr gern. Hättest du das nicht auch gern?«

»Ich bin zwölf!«

»Ich weiß.«

»Ich werde jetzt dreizehn«, ich weiß gar nicht, wie ich das herausbekommen habe.

»Ich sag' dir doch, er war auch so alt«, sie wurde schon ungeduldiger, »ich kann heute nacht nicht allein sein, das ist ein wichtiges Datum für mich. Verstehst du? Der Tag, an dem ich meinen Mann gezwungen habe, sich von mir scheiden zu lassen.«

»Warum denn?«

»Ich erzähle es dir. Ich möchte es jemandem erzählen, der es noch nicht so recht versteht.«

Sie war stockbesoffen, und ich wurde immer neugieriger, aber ich hatte auch Angst. Und Mutter schlief doch im Nebenzimmer. Als mich Ludmilla sanft aus dem Bett zog, ließ ich es widerwillig zu. Hätte ich schreien sollen? Hätte ich meine Mutter wecken sollen? Nicht auszudenken, welche Probleme es zwischen den beiden hätte geben können. Und am Ende hätte uns die Dimitrieff auf die Straße gesetzt.

Nun gut, dachte ich, einen Revolver wird sie schon nicht im Bett versteckt haben. Bei der Vorstellung mußte ich plötzlich lachen. Sie hielt mir erneut den Mund zu und fragte mich, was es da zu lachen gäbe. Ich wäre mir nicht sicher, sagte ich, ob sie nicht einen Revolver im Bett versteckt hätte. Darüber mußte sie nun lachen, und wir schlichen an Mutters Zimmer vorbei durch den Musiksalon in die Privatgemächer.

Dann lagen wir im Bett nebeneinander und wärmten uns. Das Zimmer war erstaunlich spartanisch möbliert. Allerdings mit einem breiten Bett. Sonst aber, wenn ich heute darüber nachdenke, würde ich es für das Zimmer eines Junggesellen gehalten haben. Geheizt wurde damals kaum noch, mit einem Wort, es war ziemlich ungemütlich, und auch mit ihr war es erst mal ziemlich eklig.

Sie wollte plötzlich wissen, ob ich beschnitten sei, dabei kicherte sie jungmädchenhaft, und ich war froh, daß ich ihr Gesicht in der Dunkelheit nicht richtig sehen konnte. Wieder mußte ihr Mann herhalten, der auch beschnitten war, was ihr immer so gut gefallen hätte. Am liebsten würde sie nur mit beschnittenen Männern schlafen. Aber in einem Land wie Deutschland könnte man sich das nun weiß Gott nicht aussuchen. Zwischendurch nahm sie manchmal einen Schluck aus der Flasche, die neben ihrem Bett stand, und ich versuchte mich an den Bettrand zu schieben. Aber dann kroch ich doch langsam wieder unter die Decke, weil sie sie, bewußt oder unbewußt, festhielt und ich gräßlich fror.

Plötzlich zog sie mich an sich heran und drückte sich an mich. »Du bist ja eiskalt«, sagte sie und fing an, mich sanft zu massieren. Daraus wurde ein Streicheln, und schließlich hatte sie ihre Hand an meinem Pimmel.

»Schön?« fragte sie, und ihre Stimme zitterte etwas. Ich fand's eklig und schön, sagte aber nichts. Ich wollte auf keinen Fall ihr Gesicht sehen und ließ sie stumm weitermachen. Es war ganz still, und dann nahm sie meine Hand und führte sie überall dorthin, wo sie sie haben wollte. Nachdem sie sich entspannt hatte, sagte sie wieder in ihrem Jungmädchenton: »Du bist ja schon ein kleiner Mann.«

»Kann ich jetzt in mein Zimmer gehen? Ich bin ziemlich müde, und meine Mutter sieht manchmal in der Nacht nach mir.«

»Ich denke, sie hat einen gesunden Schlaf«, kicherte sie, »du warst doch dabei, als sie es sagte.«

»Ich glaube, sie hat das nur gesagt, um Sie zu beruhigen. Wer hat heutzutage schon einen gesunden Schlaf?«

»Du bist aber ziemlich altklug. Gib mir wenigstens noch einen Kuß«, sagte sie, und jetzt sah ich sie. Das Zimmer war irgendwie heller geworden.

»Nur weg«, dachte ich, »gib ihr einen Kuß, und dann weg.« Ich war schon aus dem Bett, und sie sah mich mit ihrem ruhigen Blick an. Ich beugte mich über sie und gab ihr einen Kuß auf die Wange.

»Richtig«, verlangte sie.

Ich küßte sie auf den Mund und hätte kotzen können. Dann rannte ich, so schnell und so leise ich konnte, aus dem Zimmer. Hinter mir hörte ich wieder ihr Jungmädchenkichern.

Ich weiß gar nicht, wie ich in mein Zimmer gekommen bin. Ich betete nur, daß ich ohne Zwischenfall am Zimmer meiner Mutter vorbeikäme, dann schlief ich bis spät in den Vormittag.

Meine Mutter rüttelte mich wach. »Anziehen, schnell, Tagesangriff!«

Ich hatte keine Sirene gehört.

»Was ist los? Zieh dich an, schnell!«

»Wo sollen wir denn hin?« schrie ich zurück. »Ob sie

mich angezogen oder so erwischen, ist doch scheißegal. Eine Bombe läßt sowieso nur wenig von mir übrig.«

Mutter starrte mich sprachlos an. »Was sind denn das für Ausdrücke? Wie redest du denn mit mir?«

Dann drehte sie sich weg und schlich in ihr Zimmer.

Waren wir zu laut gewesen? Wenn jemand uns gehört hatte, meldete, daß noch Leute in den Wohnungen waren, wären wir dran gewesen. Und die Dimitrieff auch.

Wir hatten Glück. Es rührte sich nichts. Nur die Flak meldete sich von ferne. Ich hörte auch keine Bomben. Sie hatten sich diesmal wohl einen anderen Stadtteil vorgenommen. Dann kam die Entwarnung, und meine Mutter kam zu mir ins Zimmer. Sie setzte sich auf mein Bett und sah mich an. Sie hatte geweint. Obwohl sie ganz kühl tat.

»Du hast noch nie so zu mir geredet«, fing sie an, »glaubst du, dein Vater hätte das geduldet, was du dir erlaubt hast? Und glaubst du, daß du so mit deiner Mutter reden kannst? Glaubst du das? Antworte!«

Ich antwortete nicht, ich sah nur weg. Was sollte ich auch sagen. Ich hätte mich stundenlang übergeben wollen, wenn ich nur gekonnt hätte. Ich war stinksauer auf mich, daß mir die letzte Nacht nicht mehr angetan hatte, daß ich mich im Grunde ganz normal fühlte. »Ich muß schon ein ziemliches Stück Scheiße sein«, dachte ich. Und hatte Spaß an dieser Ausdrucksweise. Ich hätte nicht einmal Angst gehabt, es der Mutter ins Gesicht zu sagen, aber ich wollte sie nicht noch unglücklicher machen. Und auf einmal hörte ich ihr wieder zu.

»Du kannst mir doch sagen, was dich so mitnimmt. Es ist doch auch ganz natürlich, daß selbst Kinder in deinem Alter an Depressionen leiden, wenn sie so leben müssen. Aber du mußt darüber reden, sonst wird's immer schlimmer. Du mußt dich aussprechen. Komm, red mit deiner Mutter. Was macht dir angst?«

Sie rückte näher an mich heran.

»Mein Gott«, dachte ich, »ein Glück, daß ich mich danach noch gewaschen und abgerubbelt habe.«

»Also, was ist?«

Sie legte den Arm um meine Schultern und zog mich an sich. Ich fing plötzlich an zu heulen und redete und redete. Ich weiß nicht mehr so ganz, was und wieviel und wovon, ich weiß nur, daß ich log und log und log. Von den Bomben redete ich, von der Gestapo, von der Versteckerei und daß man nur noch ganz selten auf die Straße an die Luft könne.

Mutter wiegte mich wie ein Baby. Das sei eine Art Koller und ziemlich normal in solchen Situationen. Und sie versprach mir, dafür zu sorgen, daß mir nichts geschehen würde, soweit das natürlich in ihrer Macht stünde und daß wir den Krieg überleben würden. Ich erinnere mich nur noch, daß ich mich ziemlich heftig aufs Bett warf und furchtbar müde wurde. Mutter weckte mich mit einer Tasse Wirsingkohlsuppe in der Hand. »Hier, eine Tazze Millach«, sagte sie und grinste. Meine Oma, Mutters Mutter, hatte das gesagt, wenn sie den Babysitter bei uns machte und uns morgens mit einer großen Tasse Milch weckte. Wir Kinder hatten uns über ihren polnisch-jüdischen Akzent lustig gemacht, »Tazze Millach« wurde in der ganzen Familie zum geflügelten Wort.

»Oma ist tot«, sagte ich, und Mutter erstarrte.

»Woher willst du das wissen?« Sie versuchte, ihre Fassung zu bewahren.

»Oma ist tot«, wiederholte ich, »sie ist abgeholt worden von diesen Mörderköpfen. Von meinem Vater ist ja auch nicht viel übriggeblieben.«

Meine Mutter stellte die Tasse auf einen Stuhl neben dem Bett und verließ das Zimmer. Ich hätte mich umbringen können, aber ich konnte mich nie dafür entschuldigen.

Nach einigen Wochen, während deren ich noch ein paarmal zu Dimitrieff ins Bett »durfte«, kam der große Knall. Bei einem Nachtangriff hagelte es nur so auf unsere Gegend herunter. Wir waren wieder allein in der großen Wohnung, und wir hörten eine gewaltige Explosion. Stille. Dann hörten wir Schreie. Durch die verdunkelten Fenster brach immer mehr Licht durch. Die Verdunkelungsrollos hingen in Fetzen, die Scheiben lagen auf dem Boden, und das Licht kam vom Feuer, das sich an der gegenüberliegenden Hauswand hochfraß.

»Ruhig«, rief meine Mutter, obwohl ich gar nichts gesagt hatte.

Jetzt hörte ich es auch. Es knisterte. Es knisterte in der Wohnung. Rauch drang vom Musiksalon her durch die Tür, die in unseren Korridor führte. Mutter rannte in ihr Zimmer, griff als erstes ihre Aktentasche, die Kleider hatten wir ja sämtlich bei jedem Angriff am Körper, und kam zu mir zurück. »Durch die Wohnung können wir nicht mehr. Wir müssen versuchen, durch die Dienstbotentür rauszukommen. Ich weiß bloß nicht, wo die hinführt. In ein schäbiges Treppenhaus, denke ich mal.«

Es war eine mit Metallplatten verkleidete Tür, und wir brauchten ziemlich lange, bis wir den Schlüssel umdrehen konnten. Wahrscheinlich hatten sich die Platten wegen der Hitze schon verzogen. Dann waren wir draußen und kamen durch eine kleinere Nebentür auf die Straße. Von mir war jede Panik abgefallen. Endlich hatte es bei uns gekracht, bei uns eingeschlagen. Die Spannung war verschwunden, und ich war von diesem Moment an zutiefst überzeugt, daß uns nichts passieren konnte.

Es war ein unheimlicher Anblick. Überall kam Feuer aus den Fenstern, der Qualm wurde immer finsterer, und die Explosionen hörten nicht auf. Merkwürdig, daß die Flak überhaupt nicht mehr schoß. Man hörte nur das tiefe Brummen von Flugzeugmotoren und sah die »Weihnachtsbäume«. So nannte man die Lichtraketen, mit denen die Anglo-Amerikaner ihren Abwurfbezirk absteckten. Dann krachte es wieder. Der ganze von uns einzusehende Ku'damm schien zu wackeln. Mit den Flammen kam Wind auf, vertrieb Qualm und Staub, und wir konnten Teile des Ku'damms sehen, die man bis jetzt, von da, wo wir standen, nicht hatte einsehen können. Die großen Eckhäuser waren einfach verschwunden. Es waren fast keine Menschen auf der Straße zu sehen. Nur ein paar Blockwarte aus den umliegenden Häusern rannten wie aufgescheuchtes Geflügel herum und wußten nicht, wo sie anzufangen hatten. Außer Mutter und mir gab es nichts. Wir standen ganz allein und schauten.

Es krachte, knisterte, ballerte, und wir sahen zu, ohne Angst, mit einer ganz tiefen Befriedigung. Jeder der umherfliegenden Granatsplitter hätte uns treffen können, jede Luftmine hätte uns wegschleudern können, aber wir wußten, es würde uns nichts passieren.

Ich kenne dieses Gefühl bis zum heutigen Tag. Es verblaßt langsam, aber ich kann es immer noch riechen und schmecken. Diesen süßlichen Gestank und den Staub in der Mundhöhle. Ich fühlte mich unverwundbar, und das ließ mich einiges, wenn schon nicht vergessen, so doch ertragen.

Wie lange wir dort gestanden hatten, weiß ich nicht mehr. Ich weiß nur, daß die Dimitrieff plötzlich auftauchte und leise auf uns einsprach. Und ich weiß auch, daß ich von meiner Umgebung absolut fasziniert war und gar nicht hinhörte. Erst als meine Mutter anfing, genauso leise zu antworten, wachte ich wieder auf. »Lona kann uns nicht aufnehmen. Sie sagt, die Verbindung mit uns sei der Gestapo viel zu gut bekannt. Man wisse dort zumindest, daß sie das Geschäft von uns übernommen habe, und sie sei sich auch nicht sicher, ob sie nicht ständig unter Beobachtung stehe.«

»Ich glaube das nicht«, sagte Ludmilla, »sie würde sicher schon ein paarmal verhört worden sein, und nicht nur observiert werden. Die Praktiken der Gestapo sind rigoros verschärft worden. Seit der Krieg eine solche Wendung genommen hat, machen die kurzen Prozeß mit Leuten, die ihnen verdächtig sind. Ich halte das für eine Ausrede. Wie auch immer, ich verstehe, daß sie Angst hat, euch bei sich unterzubringen. Ich brauche etwa zehn bis vierzehn Tage, dann kann ich euch wieder aufnehmen. Könnt ihr euch nicht an Karl Hotze wenden? Das ist ein sehr findiger Mann. Habt ihr seine Telefonnummer?«

»Nein«, sagte Mutter, »er hat immer nur Kontakt über Beege-Faude-Furkert zu uns aufgenommen.«

»Wer ist das?« fragte Ludmilla.

»Lona«, antwortete Mutter, »sie war dreimal verheiratet.«

Ich starrte die Dimitrieff an. Sie hatte wieder dieses versteckte Grinsen in den Augen und keine Zigarettenspitze im Mund. Sie sah richtig nackt aus.

»Woher«, dachte ich, »war sie so genau über das Verhalten der Gestapo informiert? Woher wußte sie, wen die bespitzelten und wen nicht? Klar, sie hatte ja gleich zu Anfang kein Geheimnis daraus gemacht, Kontakte zu Parteiangehörigen zu haben. Aber wie intensiv, wie eng waren diese Kontakte? Warum half sie uns? Und warum, wenn sie ein Spitzel der Gestapo war, waren wir nicht schon längst hopsgegangen?«

Ich hatte von Zeit zu Zeit versucht, Ludmilla Dimitrieff meiner Mutter madig zu machen. Nicht nur aus diesem Grund, aber ich konnte den Spitzelverdacht meiner Mutter gegenüber immer nur andeuten. Und Mutter lehnte jedes Gespräch darüber ab.

»Wohnen wir hier oder nicht?« pflegte sie zu sagen, »hat sie uns hochgehen lassen? Benutzt sie uns zu irgendwelchen Schlepperdiensten? Also, was soll das? Wir spielen hier keine Indianerspiele. Ich will gar nicht davon reden, wie gefährlich es auch für Ludmilla ist, uns zu verstecken. Als geschiedene Frau eines Juden und russischer Herkunft.«

Ich dachte auch nicht an Indianerspiele. Na schön, mir waren die Hände gebunden. Oder vielmehr die Zunge.

»Ich darf euch die Telefonnummer von Hotze eigentlich nicht geben, aber ich riskiere es.«

Sie suchte aus ihrer Krokodilledertasche ein kleines Adreßbuch und einen Silberstift heraus, riß ein Zettelchen ab, schrieb und gab es meiner Mutter. »Ihr habt wenigstens all eure Sachen ständig bei euch.« Wieder dieses Grinsen. »Mir tut's nur um meinen Flügel leid. Ein echter Bechstein.«

Mutter kriegte keine Verbindung zu Hotze und versuchte es über Lona. Nichts lief. Schon gar nicht über öffentliche Telefonzellen. Es war ganz still geworden. Wir standen zu dritt vor dem Telefonhäuschen und versuchten nachzudenken.

Überall lagen irgendwelche brennenden Sachen auf der Straße. Die Leute fingen an, Möbel auf den Fahrdamm zu werfen, um sie vor dem Feuer zu retten. Einer kam mit völlig irrem Blick auf die Telefonzelle zugelaufen, schrie dauernd »Sanitäter!« und begann, an dem Telefon rumzuarbeiten. In seiner Wut stemmte er sich gegen die Zellenwand, riß den Apparat heraus und schleuderte ihn aufs Trottoir. Dann rannte er weiter, immer noch »Sanitäter!« schreiend. Wir machten jetzt auch, daß wir weiterkamen. Auf Zerstörung von Volksgut stand die Todesstrafe. Das fehlte noch zu unserem Glück. Außerdem hätte man das mal den Amis erzählen sollen.

Wir fingen fast an zu rennen, völlig ziellos, waren plötzlich in der Mommsenstraße, keuchten wie die Langstreckenläufer und merkten, daß neben uns noch jemand mitkeuchte. Eine Frau, Mittelalter etwa, brabbelte dabei vor sich hin. »Sanitäter! – Der Mann hat 'nen Dachschaden. Der muß von der Front kommen. Hier gibt's doch keine Sanitäter. Dem hat's wahrscheinlich seine ganze Familie zerschmissen.«

Wir blieben stehen. Wir konnten einfach nicht mehr. Aber ich muß zugeben, die Dimitrieff japste am wenigsten.

»Fehlt nur noch, daß sie ihre Zigarettenspitze rausklaubt«, dachte ich.

Die Frau redete und redete, lief dabei aber immer weiter. Auf der Stelle. Japste und redete. Keiner von uns sah sie an.

»Kommt nach Hause, ist auf Urlaub, und dann zerschmeißt es ihm die ganze Familie. Jetzt kriegt er mal mit, was er da draußen verteidigen soll. Der wird doch so schnell wie möglich wieder zurückmachen. Da draußen hat er's besser.«

»Schreien Sie doch nicht so laut«, sagte die Dimitrieff.

»War ja noch keine Entwarnung«, antwortete die Frau, »glauben Sie, einer von den Bonzen traut sich auf die Straße, bevor es Entwarnung gibt?«

»Gehen Sie weiter! Sie bringen uns in Teufels Küche«, sagte die Dimitrieff. Plötzlich war ihr Akzent ganz deutlich zu hören.

Aber die Frau schien nichts davon zu merken. »Kann ich eine Zigarette haben?«

»Meine letzte«, sagte Ludmilla.

»Aber ziehen könnten sie mich mal lassen.«

Ich war gespannt, wie Dimitrieff darauf reagieren würde. Ruhig nahm sie den Stummel aus der Spitze und gab ihn ihr. »Rauchen Sie zu Ende«, sagte sie ruhig, »aber gehen Sie in einen Keller oder Bunker.«

»Und Sie?« fragte die Frau zurück.

»Wir sind gerade ausgebombt worden.«

Die Frau starrte uns an. Dann hob sie etwas unentschlossen die rechte Hand und drehte ab.

»Ausgebombt!« – das war das Stichwort.

»Ich habe eine Idee«, sagte Dimitrieff und kramte eine neue Zigarette aus der Handtasche. Wir traten in den Schatten eines Haustors, und sie steckte sie in die Spitze.

»Ich weiß im Augenblick selbst nicht, wohin, aber es gibt ein Hotel hier in der Nähe, in dem ich oft Freunde von mir untergebracht habe. Wenn wir Glück haben, können wir erst mal den Rest der Nacht dort verbringen. Dann muß ich mich als ausgebombt melden, und ihr habt vielleicht bis dahin Kontakt. Entweder mit Hotze oder mit Lona.«

»Erst mal müssen wir die Entwarnung abwarten«, sagte Mutter.

Wie lange wir da im Hausflur gestanden haben, weiß ich nicht mehr, doch dann kam endlich die Entwarnung, und wir marschierten los.

Das Hotel war in der Kantstraße, und wir beteten nur, daß es noch stand. Es stand. Wir drückten die Hotelglokke. Es rührte sich nichts. Doch plötzlich standen, wie aus dem Boden gewachsen, zwei Uniformierte vor uns. »Kettenhunde« nannte man sie, weil sie Schilder auf der Brust trugen, die mit einer Kette um den Hals befestigt waren.

»Wohnen Sie hier?« fragte der eine.

»Nein, aber wir möchten gerne«, sagte Dimitrieff.

Der Soldat horchte sofort auf.

»Sind Sie Ausländerin?« fragte er.

»Ich lebe seit 23 Jahren in Deutschland, besitze die deutsche Staatsangehörigkeit und bin vor etwa einer Stunde ausgebombt worden.«

»Ihre Ausweispapiere!«

Da hatten wir's. Ich war wie im Fieber. Sollte ich losrennen? Sollte ich bewußtlos werden? Einfach umfallen? Ich sah Mutter an, und sie schüttelte fast unmerklich den Kopf. Was hieß das?

»Warum bleibt sie so ruhig?« dachte ich, während Ludmilla gelassen ihren Ausweis aus der Tasche nahm.

Er sah ihn sich lange an und gab ihn dann zurück. »Und Sie«, wandte er sich an Mutter, »ebenfalls ausgebombt?«

»Wir wohnen im gleichen Haus.« Sie stellte die Aktentasche auf die Straße, suchte in ihrer Manteltasche und fragte Ludmilla, »hast du meinen Schlüssel?«

»Wie soll ich zu deinem Schlüssel kommen?« antwortete sie. »Komm, laß mich mal nachschauen.«

Sie durchsuchte umständlich Mutters sämtliche Manteltaschen, und Mutter gluckste, als ob sie etwas kitzelte.

Was führten die beiden Frauen da auf? Es sah aus wie eine Clownsnummer. Mutter schrie vor Vergnügen, hob den Rock hoch und schaute in ihre Liebestöter. »Nein«, lispelte sie, »da ist er auch nicht.«

Ludmilla setzte sich mit gespreizten Beinen auf den Gehsteig, zog mit elegant-lässigen Bewegungen ihre Schuhe aus, schüttelte sie und kippte sie auf die Straße, während Mutter anfing, um sie herumzutanzen. Ich fühlte, sie war dem Weinen nahe. Ihr Gesicht verzerrte sich zu einem ganz blödsinnigen Grinsen, während die beiden »Kettenhunde« anfingen zu grienen.

Dimitrieff muß die Panik meiner Mutter gespürt haben, denn plötzlich sprang sie auf und hielt einen kleinen Schlüssel in der Hand. »Da ist er ja«, rief sie und riß die Hand ganz nach oben. Stellte sich sogar auf die Zehenspitzen. »Da ist er ja«, rief sie noch einmal mit ganz hoher Piepsstimme.

Ich mußte laut loslachen. Sie hatte immer noch die Zigarettenspitze im Mund, und ihre vornehme Haltung bekam etwas völlig Schräges. Ich lachte weiter, Mutter lachte immer hysterischer, und dann fingen die Uniformierten auch an zu lachen. Dimitrieff brach abrupt ab, übergab meiner Mutter den Schlüssel und sagte: »Komm, zeig deine Papiere, und ich drücke noch mal auf die Klingel.«

Mutter bückte sich zur Tasche hinunter, und mir wurde schlecht. Sollte ich jetzt ablenken? Den Clown spielen? Ich war wie gelähmt.

Und dann sagte der zweite Soldat, der bis dahin noch kein Wort gesprochen hatte, »Lassen Sie nur, ist ja gut. Wo sind Sie denn ausgebombt?«

»In der Hektorstraße«, sagte Mutter.

»Ja«, sagte er, »da ist ganz schön was runtergefallen. Die machen nicht auf. Sie brechen sich noch den Finger ab«, wandte er sich jetzt an Dimitrieff, »kommen Sie, wir haben unseren Wagen hier in der Nähe. Wir müssen Sie alle einsammeln.«

»Wo bringen Sie uns hin?« fragte Mutter.

»Zum Lehniner Platz. Eine Art Sammelstelle für Bombengeschädigte. Da gibt's erst mal was zu essen und eine

Matratze. Morgen können Sie dann zu Verwandten, oder Sie kriegen Wohnraum zugewiesen.«

Später im Wagen fragte er Dimitrieff, ob sie was mit Zirkus zu tun gehabt hätte.

»Früher mal. Jetzt bin ich pensioniert«, grinste sie und sah mich an. Ich mußte einfach über sie lachen.

Am Lehniner Platz hatten sie ein ganzes Kino leergeräumt. Wir standen Schlange und bekamen Becher mit heißem Wasser in die Hand gedrückt.

»Feines Süppchen«, sagte Dimitrieff. Dann flüsterte sie: »Da gehört ein Schuß Wodka rein.«

Mutter war gar nicht mehr zum Lachen. »Wie geht's jetzt weiter?« fragte sie leise.

»Ihr verdrückt euch. Das werdet ihr doch noch schaffen«, lächelte Dimitrieff und ließ sich ganz brav in der Schlange nach vorn schieben. Sie hatte keinen Blick mehr für uns. Verhielt sich, als wollte sie sagen: »Ich hab' genug für euch getan. Seht zu, wie ihr allein weiterkommt.«

Ich war sprachlos. Sie ließ uns stehen, tat so, als kenne sie uns nicht mehr, und selbst ihr Rücken, den sie uns zuwandte, strömte noch Fremdheit und Eiseskälte aus.

Mutter und ich sahen uns an. »Donnerwetter«, dachte ich, »tolle Frau, und mit so was freundest du dich an.« Ohne daß wir uns weiter verständigen konnten, schoß eine dickliche NSV-Schwester auf uns zu und drückte mich an sich. »Keine Angehörigen, bist du allein?«

»Das ist mein Kind«, sagte Mutter und zog mich weg.

»Kinder werden hier extra behandelt. Er braucht nicht in der Schlange zu stehen. Ich nehme ihn gleich mit. Sie brauchen sich und ihn nur registrieren zu lassen, wenn Sie dran sind. Und wenn er geschlafen hat, kriegen Sie ihn wieder.«

Sie lachte und schob mich mit nach vorn. Ich sah zur Mutter zurück. Sie zog die Schultern hoch und machte eine beruhigende Geste.

Und dann sah ich Ludmilla. Ich kam an ihr vorbei, und sie sah mich an. »Gute Nacht«, sagte ich freundlich.

»Wer ist denn das?« fragte die NSV-Schwester.

»Freundin meiner Mutter«, antwortete ich.

»Auch ausgebombt?«

»Wir wohnten im selben Haus.«

»Na schön. Morgen seht ihr euch alle wieder.«

Sie zerrte mich an den Leuten vorbei zur Tür ins Haus, an einem Tisch vorüber, an dem ebenfalls NSV-Schwestern standen und Suppe aus einem Kessel verteilten. Hinter ihnen standen Wehrmachtsangehörige und ein paar Leute in Zivil. Sie hatten einen ähnlich gleichgültigen Blick wie Dimitrieff und schienen an nichts interessiert zu sein. Aber ich hatte das Gefühl, daß sie uns äußerst wachsam beobachteten.

»Wenn ich so alt bin wie die, gehe ich auch zur SS.«

Ich schaute zu ihnen hinüber.

»Wo siehst du denn hier SS?« fragte meine NSV-Schwester und schubste mich weiter. »Die sind doch alle an der Front«, grinste sie.

»He, Frau Schulze-Kling, ich bin doch nicht blöd«, grinste ich zurück, »unter den Wintermänteln, haben Sie die Uniformen nicht gesehen?«

Ich konnte einfach nicht widerstehen. Ich wollte das jetzt ausreizen. Was würde geschehen, wenn ich ihr alles sagte?

»Ich bin eine Judensau, eine kleine Judensau, und wenn die Amis mich heute nicht ausgebombt hätten, säße ich immer noch in einer vornehmen Wohnung, und du alte Schachtel hättest keinen blassen Schimmer. Nie hättet ihr mich erwischt, wenn die Amis mich nicht auf die Straße gebombt hätten. Selbst dazu seid ihr zu blöd.«

Sie blieb abrupt stehen und sah mich an. Ich wußte nicht – hatte ich das alles nur gedacht oder schon gesagt? Was würde sie tun, wenn ich es gesagt hätte? Würde sie mich am Kragen packen und zu den Gestapofritzen schleifen? Dafür sah sie eigentlich zu gemütlich aus.

»Sag mal, du wirst doch jetzt nicht anfangen auszurasten? Wenn du heulst, schicke ich dich zu deiner Mutter in die Schlange zurück. Da kannst du bleiben, bis du schwarz wirst.«

»Oder gelb«, grinste ich.

»Wie kommst du denn auf Gelb?« fragte sie irritiert.

»Der Judenstern ist gelb«, dachte ich, zuckte mit den Schultern und sah sie weiter an. Ich konnte sehen, wie ihre Augen feucht wurden. Hatte sie Mitleid? Mit mir?

»Ein deutscher Junge heult nicht. Oder wenigstens nicht offen.« Ihre Lippen fingen an zu zittern.

Ich sagte: »Wenn einem schlecht ist, wird man doch gelb im Gesicht.«

Sie blickte nun völlig verstört. Dann zog sie mich an sich. »Mein Gott«, sagte sie, »ich hätte dir eine andere Kindheit gewünscht.«

Sie stieß eine Tür auf und schob mich in einen ziemlich großen Raum. Auf dem Boden lagen Matratzen und Haufen noch nicht auseinandergenommener Decken.

»Kinder kriegen Milch oder Erbsensuppe, und wenn sie pupsen, kriegen sie was hintendrauf«, versuchte sie zu scherzen.

Ich ging auf eine Matratze zu. Ich war so todmüde, ich hätte im Stehen schlafen können.

»Nee, nee«, fing sie mich wieder ein, »erst wird gewaschen und Zähne geputzt.«

Sie zeigte auf eine Tür an der gegenüberliegenden Wand.

»Ich hab' aber keine Zahnbürste«, sagte ich mürrisch. Ich war jetzt ganz mies gelaunt.

»In solchen Zeiten macht man das mit dem Finger«, meinte sie. »Los, rein da! Und zieh die Klamotten aus. Ich bringe dir ein Handtuch.«

Sie ließ die Tür offen. Als sie zurückkam, stand ich immer noch da.

»Die Zähne hab' ich schon geputzt«, sagte ich und zeigte ihr meinen Finger.

Sie blieb ungerührt. »Zieh die Klamotten aus, und häng sie an den Türhaken.«

Ich rührte mich nicht. Es dauerte eine Weile, doch dann verstand sie. »Ach so, du schämst dich. Also, mach voran. Wenn ich zurückkomme, bist du fertig. Dann kriegst du was zu essen und kannst schlafen. Los, fix!«

Damit verschwand sie, ließ aber die Tür angelehnt.

Was hatte Mutter einmal gesagt? »Nie vor fremden Leuten die Hosen aufmachen. Immer zusehen, daß man alleine in der Toilette ist. Am Schniepelchen erkennen sie, wer du bist.«

Ich beeilte mich, so schnell ich konnte. Als sie zurückkam, zog ich mir gerade wieder den Mantel an.

»Den kannst du weglassen. Roll ihn zusammen, und mach ein Kopfkissen draus.«

Sie brachte mich zu einer Matratze ganz nahe an einer Wand, vor der schon eine Schüssel stand.

»Essen«, sagte sie.

Ich schüttelte den Kopf. »Ich bin nur müde.«

»Wenigstens ein paar Löffel.« Sie hatte schon wieder den feuchten Mitleidsblick.

Ich tat ihr den Gefallen. Sie strich mir kurz übers Haar und verschwand.

Überall lagen Kinder herum. Ich schien schon zu den älteren Jahrgängen zu gehören. Andere liefen umher, spielten mit alten, zusammengeknoteten Decken Fußball, warfen sich auf die Matratzen und schrien wie die Irren. Ich hätte nie geglaubt, daß ich bei einem solchen Höllenlärm schlafen könnte.

Ich versuchte mich in den Schlaf zu wiegen. Das hatte ich mir angewöhnt, wenn ich nicht einschlafen konnte, schaukelte wie auf einem Dampfer und merkte nur allmählich, daß mich jemand schüttelte. Jemand versuchte, mich hochzuheben. Ich schrie wie am Spieß, und meine Mutter hielt mir den Mund zu.

»Wir müssen«, flüsterte sie und fügte dann laut hinzu, »wir treffen Tante Lona. Sie kann uns eine Weile unterbringen.«

»Deshalb hätten Sie Ihren Jungen doch nicht zu wecken brauchen, Frau Gemberg.« Hinter ihr stand meine NSV-Schwester. »Hübsches Kerlchen, sieht aus wie ein Italiener. Bist du Italiener?«

Sie lächelte, und ich fühlte, wie Mutters Hand zitterte. »Na ja«, sagte sie, »bei seiner Tante Lona hat er doch schon eine gewohntere Umgebung. Und schlafen kann er da bis in die Puppen.«

»Wenn's nicht wieder Alarm gibt.« Meine NSV-Schwester lächelte immer noch. »Also gut, ihr werdet das schon richtig machen.« Sie beugte sich zu mir herunter. »Ach, und mit dem Eintritt in die SS nimmst du dir noch ein bißchen Zeit, nicht wahr?«

Sie sah mich beängstigend lange an. Dann strich sie mir wieder über den Kopf und verschwand.

Mutter setzte sich auf die Matratze. »Was meinte sie mit dem Eintritt in die SS?« Mutter schien sehr nervös zu sein.

»Sie hat mich gefragt, was ich später einmal werden will, und ich habe geantwortet, wenn ich alt genug bin, will ich in die SS eintreten«, beruhigte ich sie.

»Dein Humor wird immer merkwürdiger«, sagte sie und streckte sich neben mir aus. »Nur ein paar Sekunden. Ich habe überhaupt nicht geschlafen.«

»Das ist mein Ernst. Ich würde gern zu dem Verein gehören. Schicke Uniformen. Die Elite des Führers. Die Macht wäre auf meiner Seite. Was meinst du, wie viele von unseren Leuten in der Partei wären, wenn sie keinen Stern tragen müßten. Mein bester Freund Heinz Kramasch« – »der bei uns in der Elberfelder Straße gewohnt hat?« unterbrach sie mich.

»Im Vorderhaus. Im vierten Stock.«

»Der!« Sie sah mich an. »Und? Was hat er gesagt?« fragte sie nach einer Weile.

»Warum sind wir bloß als Scheißjuden geboren worden? – Das hat er gesagt!«

Ich hatte nur geflüstert, aber sie hielt mir sofort den Mund zu. Dann sah sie in den Saal. Um uns herum war immer noch Lärm und Gewusel, aber niemand schien sich um uns zu kümmern.

Ich fing an zu heulen. Mit ihrer Hand auf meinem Mund heulte ich. Ich war mit einem Mal völlig erledigt.

»Sieh mal«, sagte sie leise, »die sind doch bald hinüber. Die haben den Krieg so gut wie verloren. Die Russen stehen kurz vor der polnischen Grenze, und die Engländer und Amerikaner sind schon in Italien.« Sie nahm mich in den Arm.

»Und wenn der doch seine Wunderwaffe kriegt?« schluchzte ich.

»Die kann der doch gar nicht mehr bauen. Die Es und die As zertöppern ja alles«, flüsterte sie.

»Aber ich habe es satt, immer davonzulaufen. Die müssen das nie.«

»Doch, die müssen uns hinterherlaufen. Das ist genauso anstrengend. Und vielleicht ändert sich das ja bald. Dann spurten die, und wir spurten denen hinterher.«

Ich sah meine Mutter an und fing an zu lachen. Wir lachten, bis uns die Tränen kamen. Und weil wir unterdrückt lachen mußten, taten uns so die Seiten weh, daß wir uns vor Lachen und Schmerzen krümmten. Wir konnten gar nicht mehr aufhören.

Mutter versuchte aufzustehen. »Schluß, Ende!« keuchte sie, und dann schüttelte es sie wieder.

Plötzlich bekam sie einen Hustenanfall, der nicht wieder aufhören wollte. Die Leute wurden auf uns aufmerksam, und um uns herum wurde es stiller. Mutter winkte ab und hustete.

»Nichts Schlimmes«, stöhnte sie. »Ich hab' mich nur verschluckt.«

Dann machten wir, daß wir aus dem Saal kamen. Mutter trat kurz an den Tisch vor dem Ausgang und schob mich vor.

»Gemberg«, sagte sie, »und das ist mein Sohn. Wir sind schon bei Ihnen registriert und versuchen jetzt, uns auf eigene Faust Wohnraum zu organisieren.«

Ich kicherte weiter.

»Viel Glück«, sagte der Mann hinter dem Tisch und fixierte mich streng.

Ich lief auf die Straße, und Mutter kam hinterher. Sie überzeugte sich davon, daß niemand uns hören konnte und sagte, während sie immer noch hüstelte: »Wir müssen genau verabreden, was wir sagen, wenn Not am Mann ist.«

»Klar«, sagte ich und fing wieder an zu lachen.

»Schluß jetzt, wie heißt du«, fragte sie streng.

»Michael Degen«, kicherte ich.

»Wie heißt du?« Sie schrie jetzt fast.

Ich sah mich um und legte den Finger auf den Mund. Sie erschrak und hatte wieder dieses verletzliche Frauengesicht.

»Ist ja gut. Ich heiße Max Gemberg, bin aus Lichtenberg, Hermann-Göring-Platz und ausgebombt.«

»Welche Hausnummer?«

»Keine Ahnung.«

»Siehste!«

»Weißt du sie denn?«

»Keine Ahnung.« Sie lachte wieder.

»Gibt's da überhaupt einen Hermann-Göring-Platz?«

»Woher soll ich das wissen?«

Jetzt lachten wir schallend los, während wir den Ku'damm runtertrabten. Ich habe meine Mutter nie wieder so geliebt. Da war es wieder. Dieses alte Gefühl der Sicherheit. Es war ein strahlender Tag. Mit Sonne und blauem Himmel. Ganz friedensmäßig.

Überall stank es nach verkohltem Zeug. Die Gegend sah aus, als hätte eine riesige Dampfwalze alles platt gemacht. Und ich glaube, dieser widerliche süße Leichengeruch hing auch wieder in der Luft.

Aber das alles machte uns nichts aus. Es war warm, wir froren nicht, und je größer das Chaos, desto ungefährdeter schienen wir zu sein.

»Am liebsten würde ich jetzt baden gehen. So was von Wärme! Weißt du noch, wie wir mit Tante Regina am Grunewaldsee waren? Sie konnte nicht schwimmen, oder? Aber sie hat mit den Armen riesige Schwimmbewegungen gemacht, dabei stand ihr das Wasser gerade mal bis zu den Knien.«

»Mach dich nicht lustig über sie!«

»Ich mache mich nicht lustig. Es war komisch. Also, gehen wir jetzt schwimmen?« fragte ich. Nur nicht wieder meine düstere Mutter, dachte ich, nur keine Probleme im Moment. Aber sie war nicht aufzuhalten.

»Ja, komm«, sagte sie, »gehen wir zum Grunewaldsee. Und wenn wir dort nichts zum Übernachten finden, dann können wir uns wenigstens ersäufen.«

Ich blieb stehen.

»Ach, Verzeihung«, knurrte sie und nahm mich bei der Hand. »Wir müssen versuchen, Lona zu erwischen. Hoffentlich ist sie nicht auch ausgebombt.«

»Vielleicht hätten wir da noch was zu essen bekommen, wenn wir noch ein bißchen gewartet hätten«, sagte ich vorsichtig.

»Die sind so erbarmungslos ordentlich«, antwortete sie. »Meistens retten sie, trotz schwerster Luftangriffe, als erstes immer ihre Akten und Ordner.«

Wir waren am Olivaer Platz angelangt und gingen in ein Café Ecke Xantener Straße. Es gab nur Lorke, Blümchenkaffee.

»Zu mehr hätte es sowieso nicht gereicht«, sagte meine Mutter, »aber heiß ist er wenigstens.« Dann fragte sie, ob sie mal telefonieren könne.

»Versuchen Sie es«, antwortete die Bedienung.

Ich saß da, hatte einen Riesenhunger und schlürfte langsam heißes, schwarzes Wasser. Im Raum war es sehr düster, obwohl es erst später Nachmittag war. Man hatte die Verdunklungsrollos teilweise noch unten und sparte Licht. Ich fror, und die schwarze Soße tat mir gut.

»Kann ich noch eine Tasse haben?« fragte ich.

»Na, na, junger Mann, zwei Tassen Kaffee in deinem Alter? Das geht auf die Gesundheit.«

Wir lachten, und die Bedienung goß mir aus einer Thermosflasche noch mal ein. Dann setzte sie sich an den Tisch und sah mir beim Schlürfen zu.

»Kannste denn auch zahlen?«

»Was kostet denn so 'n Schwarzwasser?« fragte ich.

Sie betrachtete mich amüsiert. Offensichtlich schien sie sich zu langweilen.

»Ich hab' noch 'n Stück Kuchen unterm Ladentisch. Nur für Stammkunden. Willste, oder nich?«

»Ich weiß nicht, ob meine Mutter das zahlen kann. Wir sind ausgebombt. Und ich war doch noch nie hier.«

»Mach dir keine Sorgen«, sie ging auf die Theke zu, »geht auf Kosten des Hauses.«

Meine Mutter kam ziemlich rasch zurück. »Schnell, wir treffen uns mit Hotze«, sagte sie.

»Möchten Sie auch ein Stück?« kam es aus Richtung Theke. »Ihr Junge hat mir erzählt, daß Sie ausgebombt sind. Ihr seht ja auch beide ziemlich mitgenommen aus. Und Ihren Kaffee haben Sie auch noch nicht getrunken.«

Mutter trank hastig ihren Kaffee und stopfte sich den Sandkuchen in den Mund. »Was macht das?« fragte sie zwischendurch.

»Sie zahlen bloß drei Tassen Kaffee. Der Rest ist auf Kosten des Hauses. Ich habe Ihren Sohnematz eingeladen und Sie natürlich auch.«

»Drei?« Meine Mutter sah mich an.

»Mir war so kalt«, sagte ich.

»Umfallen wird er davon bestimmt nicht«, lachte die Bedienung.

Mutter zahlte, bedankte sich, und ich gab der Frau die Hand. Sie hatte mir richtig wohl getan. Ich erinnere mich an ein Gefühl von Normalität, von Gleichberechtigung. Es war wie ein flüchtiges Streicheln.

Bis zum heutigen Tage werde ich das Gefühl von Minderwertigkeit nicht los, das ich als Kind eingeimpft bekam. Und während ich hinter Mutter herlief, dachte ich wieder an Heinz Kramasch. »Scheißjuden«, sagte ich laut.

»Was?« Meine Mutter blieb wie angewurzelt stehen.

Ich schwieg.

»Was hast du da eben gesagt?«

»Ach nichts.«

Sie packte mich am Arm und riß mich mit sich fort. »Du blöder Kerl, du weißt ja nicht mehr, was du sagst!«

Mutter legte immer mehr Tempo zu, und wir liefen im Sturmschritt die Uhlandstraße hinunter. »Du wirst bald stolz darauf sein, das hier überstanden zu haben!«

»Wenn wir überleben«, keuchte ich.

Jetzt rannten wir fast.

»Ja, wenn wir überleben«, wiederholte sie.

»Ich habe Hunger«, quengelte ich.

»Du hast ein Stück Kuchen gegessen.«

»Ich habe Hunger!«

Auf so etwas reagierte Mutter panisch. Sie konnte es nicht ertragen, wenn ich Hunger hatte oder müde war, ohne daß sie mir helfen konnte. Ich wußte das und spielte es gelegentlich aus. Ich muß sie sehr damit gequält haben. Sie bekam dann immer ihr »muskulöses Gesicht«, um nicht heulen zu müssen. Und wurde meistens grob. Sie packte mein Handgelenk und riß mich vorwärts.

»Ich habe nur noch wenig Geld und muß erst Schmuck verscherbeln«, knurrte sie. »Du wirst ja wohl warten können. Vielleicht können wir dann wieder Lebensmittelkarten kaufen.«

»Oder Lona kommt mit Naturalien rüber.«

»Ja«, sagte sie und wurde langsamer. »Wem zuerst der Magen knurrt, der hat verloren!«

Sie lachte kurz auf und umarmte mich. »Los, der Weg ist weiter, als ich dachte.«

»Wir hätten doch fahren können.«

»Lona hat mir ausrichten lassen, wir sollten keine Verkehrsmittel benutzen, weil die Kontrollen verschärft worden seien.«

Wir waren am Hohenzollerndamm angekommen und sahen auf der anderen Straßenseite, ziemlich entfernt, neben einem Schutthaufen Lona stehen. Sie machte uns Zeichen, in Richtung Fehrbelliner Platz weiterzugehen, und schlug auf der anderen Seite die gleiche Richtung ein. Sie hatte ein Kopftuch um und sah aus der Ferne ziemlich viereckig aus.

Und dann kam ein Mann auf uns zu, begrüßte meine Mutter wie eine langjährige Bekannte, indem er ihr ausgiebig die Hand schüttelte. Irgendwann konnte meine Mutter sich von ihm lösen, und ich glaubte schon, er hätte ihren Arm in der Hand. Dann bat er uns, ihn ein Stück zu begleiten, nahm aus seiner Joppentasche eine Tüte Rosinen und bot sie uns an. Mutter lehnte ab, aber ich nahm an.

Das war Karl Hotze. Für mich war er ein älterer Herr. Er muß damals Anfang vierzig gewesen sein, trug eine Drillichhose, deren Beine an den Knöcheln von Fahrradklemmen gehalten wurden. Seine Joppe war braun und hatte viele Flecken. Er schob ein altes Fahrrad neben sich her, das er, wann immer er stehenblieb, an seine Hüfte lehnte. Das sah komisch und sehr selbstverständlich aus. Groß war er und schlank, sehr drahtig, fast dünn. Sein Kopf sah aus wie poliert. Spiegelglatt. Kein einziges Haar. Und seine Augen blickten einen bedeutend und auch etwas bedrohlich an. Wenn man genau hinsah, wußte man, woher das kam. Er hatte ein Glasauge.

Karl Hotze strahlte viel Ruhe und Selbstbewußtsein aus, sprach sehr präzise und hatte die Gabe, einen mit wenigen Worten genügend zu informieren.

»Endlich einer, der zur Sache kommt«, dachte ich. »Nach all den Weibern eine echte Erholung.«

Ich sah auf die andere Straßenseite hinüber, während Hotze leise auf Mutter einsprach. Lona ging drüben immer noch auf gleicher Höhe entlang und sah nicht einmal zu uns her.

Wenn wir stehenblieben, blieb sie auch stehen, kramte in ihrer Tasche oder sah um sich herum auf den Boden, als ob sie etwas verloren hätte. Dann hörte ich, wie Hotze sagte, daß er mit Frau Dimitrieff gesprochen habe, Grüße überbringen und mitteilen solle, sie habe eine Wohnung in der Bayerischen Straße, Nähe Olivaer Platz, in Aussicht, wisse aber noch nicht, wie sie und womit sie sie einrichten könne. Aber das Problem ließe sich sicher lösen. Mit seiner, Hotzes Hilfe. Es müßten nur etwa zehn bis vierzehn Tage überbrückt werden. Und für diese Zeit könnten wir bei Bekannten von Herrn Furkert untergebracht werden.

»Ich werde Sie beide jetzt dorthin bringen«, sagte er. »Ich kenne diese Leute nicht, aber Lona wird auch dort sein. Wir treffen uns alle bei den Teubers, so heißen sie. Wir müssen in die Gubener Straße, in der Nähe der Warschauer Straße. Mit der U-Bahn ohne Probleme zu erreichen, wenn sie fährt, aber es wäre besser, sie nicht zu benutzen. Die Kontrollen sollen sehr gründlich sein. Und ich weiß nicht, ob wir die überleben würden. Mit Ihrem alten Postausweis wäre das zumindest ein Risiko.«

Er wußte einfach alles. Er sagte, er schätze, es sei eine Wegstrecke von mindestens zwei Stunden, wenn man flott ginge. Er hielte das selber für beschwerlich, aber man müsse es wenigstens versuchen. Mutter stimmte mit einem resignierten Achselzucken zu.

Hotze legte ihr den Arm um die Schulter und sagte, daß man ja zur Not immer noch das Risiko mit der U-Bahn eingehen könne. Dann nickte er zu Lona rüber, und sie verschwand sofort im U-Bahn-Eingang. Wir bogen jetzt in die Brandenburgische Straße ein, und ich hatte den Eindruck, daß Mutter sich zunehmend gehenließ. Ihr schien alles egal zu sein. Nur irgendwann mal runter von der Straße, wird sie sich vielleicht gedacht haben. Wir gingen und gingen.

Hotze versuchte uns aufzuheitern. »Kurzer«, so nannte er mich von Anfang an, »wenn du müde werden solltest, dann setzt du dich auf den Gepäckträger, und ich schiebe. Das gleiche kann ich auch deiner Mutter anbieten.«

»Und Sie?« fragte ich.

»Ich werde nie müde. Ich bin schon mal vierundzwanzig Stunden hintereinander marschiert. Ohne Pause.«

Ich sah ihn fragend an.

»Im KZ«, sagte er fröhlich. »Da gibt's kein Pardon. Da muß man mit, oder man segnet das Zeitliche.«

Meine Mutter betrachtete ihn sehr aufmerksam. »Sie waren im KZ?« fragte sie.

»Ja.«

»In welchem?«

»Buchenwald.«

»Und warum?«

»Man konnte mir zwar nichts nachweisen, aber man behielt mich trotzdem zweieinhalb Jahre dort. Als Kriminellen zwischen Kriminellen.«

Er lachte. Eine Weile gingen wir stumm nebeneinanderher. Jetzt erst nahm ich die wüste Zerstörung wahr, die diese Stadt getroffen hatte. Lediglich die Hauptverkehrswege hatte man geräumt. Die Seitenstraßen waren teilweise unpassierbar. Berge von Schutt bedeckten sie. Die Feuerwehr suchte in den Ruinen nach Überlebenden, versuchte, durch den Müll in die verschütteten Keller zu dringen.

Überall stank es nach Verbranntem. Balken kokelten in den Ruinen vor sich hin, und mitunter schossen noch Stichflammen von irgendwoher heraus.

»Der Krieg ist uns ganz schön auf den Pelz gerückt«, sagte Hotze. »Ich kann verstehen, daß viele Soldaten ihren Heimaturlaub abbrechen und wieder rauswollen.«

»Draußen sterben Hunderttausende«, meinte Mutter.

»Hier auch«, murmelte Hotze.

»Draußen aber nicht nur Deutsche«, wieder sah Mutter ihn sehr aufmerksam, fast bedauernd an.

»Nicht nur Deutsche«, stimmte er ihr zu. »Sie haben recht. Ich bin sogar der Meinung, daß es bisher viel mehr russische Leichen gab. Aber so was ändert sich ja mitunter«, sagte er leichthin.

Irgendwann waren wir am Nollendorfplatz angekommen und trotteten unter der Hochbahn entlang. Ich setzte mechanisch einen Fuß vor den anderen. Bis heute muß ich mich zum Spazierengehen zwingen. Radfahren, schwimmen – alles, nur nicht gehen! Aber auf den Gepäckträger wollte ich auf keinen Fall. Hotze sah mich immer öfter von der Seite an, als wollte er fragen: »Na, immer noch nicht? Tapfer, tapfer!« Aber ich hielt nicht durch. Ab Bülowstraße wurde ich geschoben.

Viel später standen wir dann in der Gubener Straße vor einem schäbigen Hauseingang. Die übliche Schildertafel mit den Namen der Mieter hing oben an einer Wand, und Hotze schaute sie sich an.

»Wir sind richtig«, sagte er, »erste Etage links.«

Mutter ging mechanisch auf die Treppe zu, und wir folgten ihr.

Auf Hotzes Klingeln hörten wir erst mal ein lautes, heiseres Geschimpfe. Dann wurde die Tür geöffnet, und eine ältere Frau stand vor uns. Sie schien erst nur Hotze zu sehen, denn sie schnauzte gleich los: »Wenn Sie wegen Hilde kommen, die ist heute überhaupt noch nicht hier aufgekreuzt. Ich hab' Hilde doch gesagt, daß sie hier nur abends anschaffen darf. Also sehen Sie zu, daß Sie sie später erwischen.«

Sie wollte die Tür schon wieder schließen, da sah sie uns und zögerte. Sie hatte ganz dicke Brillengläser, mit denen sie uns aus riesigen Eulenaugen anstarrte.

»Wat wollen Sie denn nun alle?«

»Herr Furkert hat uns doch, glaube ich, avisiert. Oder nicht?« Hotze grinste frech und streckte seine Hand aus.

Sie sah ihn lange an und brachte dann zögernd auch ihre Hand hoch. Sie hatte ganz verbogene Finger und schien nur Arm und Handgelenk bewegen zu können. Hotze nahm ihre Hand und schüttelte sie auf seine übliche Art. Sie ließ alles mit sich machen, starrte ihn aber weiter an.

»Sind Sie von der Kripo?« fragte sie, ohne die Augen von ihm zu lassen.

»Nee«, lachte Hotze, »aber nun lassen Sie uns erst mal rein. Ist denn Frau Furkert noch nicht da?«

»Nee«, lachte sie ihrerseits und rührte sich nicht von der Stelle.

»Wenn Sie uns noch lange hier herumstehen lassen, könnte es peinlich werden. Für uns alle.« Hotze konnte sein Glasauge ganz bedrohlich funkeln lassen, wenn er sich richtig ins Licht stellte.

Sie trat langsam zurück und ließ uns an sich vorbei. Hotze schob uns in die Wohnung und schloß hinter sich die Tür. Wir standen in einem langen, dunklen Korridor. An jeder Seite gingen Türen ab. Wie viele es waren, konnte man nicht genau erkennen. Nur die erste an der linken Seite stand offen.

»Ja, und nu?« fragte die Alte.

»Wir werden hier auf Frau Furkert warten«, sagte Hotze. »Hätten Sie vielleicht zwei Stühle für die Leute hier? Sie haben einen langen Marsch hinter sich.«

»Kommen Sie mit.« Sie führte uns durch die offene Tür in eine große Wohnküche und räumte den Tisch ab. »Da haben Sie alle Platz«, sagte sie auf hochdeutsch und deutete auf die Stühle, die um den Tisch herum standen. Damit waren wir abgemeldet. Sie spülte Geschirr und kümmerte sich nicht mehr um uns.

Hotze betrachtete sie amüsiert. »Woher kennen Sie denn Herrn Furkert?« fragte er sie.

»Jeht Ihnen jar nischt an.«

Ich mußte lachen, und sie schaute zu mir herüber. Das war Oma Teuber. Sie hatte drei Töchter, Grete, Hilde und Rosa, die alle auf den Strich gingen, und einen schon sehr senilen Mann, der sich aber äußerst höflich benahm und ziemlich gebildet sprach.

Er schien gar nicht in dieses Milieu zu passen. Wie wir später erfuhren, war er Arzt gewesen, soll aber irgendwelche krummen Touren gedreht und daraufhin seine Zulassung verloren haben. Er tauchte meistens am frühen Morgen in der Küche auf oder kam abends spät nach Hause, ging irgendwelchen mysteriösen Geschäften nach, und wenn ich Mutter Teuber danach fragte, antwortete sie bloß mit ihrer krächzenden Lache oder schob mich zur Küchentür raus und schlug sie zu. Ich glaube, daß sie ihre drei

Töchter regelrecht verkauft hat. »Von irgendwas mecht ma doch leben«, pflegte sie zu sagen.

Ihr Dialekt war eine Mischung aus Ostpreußisch und Berlinerisch. Rauh, gemein und mitleidig. Genau wie eine Puffmutter zu sein hatte.

Ich mochte sie. Ihre Augen konnten einen durch die dicken Gläser ganz listig und hinterhältig-spöttisch ansehen. Man wußte nie so ganz, ob sie auch meinte, was sie sagte. Aber sie hatte Herz, behauptete ich immer. Mutter konnte sie nicht ausstehen.

Lona Beege-Faude-Furkert war über zwei Stunden im U-Bahn-Schacht hängengeblieben und kam völlig erschöpft an. Zweimal war sie bei einer Ausweiskontrolle durchsucht und nach ihren Lebensmittelvorräten in ihrer großen Tasche befragt worden.

»Und, was hast du gesagt?« fragte Oma Teuber.

»Die hab' ich immer bei mir, wenn ich in den Keller muß. Man weiß ja nie, ob man seine Wohnung noch mal wiedersieht und wann man dann was zu essen bekommt.«

»Und die haben dir das abgenommen?«

»Seh' ich wie eine vom Schwarzmarkt aus?«

Wir lachten, und Oma Teuber forschte gierig weiter: »Was haste denn da drin?«

»Happi, happi für die beiden. Für die ganze nächste Woche«, sagte Lona, »und Karl kann vielleicht noch Gemüse beschaffen.«

Hotze nickte grinsend. »Ich habe eine kleine Gärtnerei, da kann man immer was abzweigen.«

»Und was is mit der Penunse?« Oma Teuber starrte Hotze wieder an. Sie schien ganz fasziniert von ihm zu sein.

»Erst mal muß ich mit Rosa hier alleine reden«, sagte

Lona, »dann sprechen wir beide über Penunse. Wo können wir denn mal kurz verschwinden?«

»Ihr könnt in Gretes Zimmer. Da müssen die dann sowieso bleiben. Ganz hinten links.«

Mutter und Lona gingen, und Oma Teuber fing an, in Lonas Tasche zu kramen.

»Finden Sie, daß das korrekt ist?« fragte Hotze spöttisch.

»Ich muß ja schließlich wissen, ob ich damit auskomme«, sagte Oma Teuber.

»Sie doch nicht. Die beiden, Mutter und Sohn sollen damit auskommen«, lachte Hotze und strich mir übers Haar.

»Mein' ich ja«, erwiderte sie. »Da is Kaffee drin. Soll ich einen machen? Det is ja Bohnenkaffee und frisch gemahlen. Hat bestimmt der Furkert organisiert. Der soll bloß uffpassen, daß er nich wieder in'n Knast muß.« Sie lachte wie eine Ratte, und wir mußten einfach mitlachen.

Mutter und Lona kamen wieder in die Küche zurück.

Darauf verschwanden Lona und Oma Teuber. Nach einer Weile schien alles geklärt zu sein. Oma Teuber kam zurück und sagte zu Mutter: »Sie können sich ja nu das Zimmer ansehen. Es ist natürlich Gretes Zimmer und bleibt es auch, aber ihr könnt schon mal eure Klamotten drüben abstellen.«

Dann ging sie mit uns den Korridor entlang bis zur letzten Tür links. Es war ein großes, dunkles Zimmer mit einem Erker. Übliches breites Ehebett, dazu passender Schrank, der eine ganze Seite ausfüllte. Direkt an das Fußende des Ehebettes war ein altes Sofa gestellt, und im Erker stand ein zweites altes Sofa – mit Kopfstütze. Über dem Ehebett hing eine Mutter Gottes mit Baby und Rosenkranz unter Glas, farbig im Goldrahmen. Das war die ganze Einrichtung.

Oma Teuber gab uns zu verstehen, daß wir auf den beiden alten Sofas zu übernachten hätten und Grete im Ehebett schlafen würde.

»Ist Grete verheiratet?« fragte Mutter.

»Manchmal«, grinste Oma Teuber und sah mich an. Ich grinste höflich zurück.

»Wird das denn ihren Mann nicht stören, wenn sich fremde Leute in seinem Schlafzimmer aufhalten?« Mutter fragte immer hartnäckiger.

»Kommt drauf an, mit wem sie gerade verheiratet ist«, sagte Oma Teuber.

Dann kam Lona ins Zimmer, und die Alte verschwand in die Küche.

»Ist das hier ein Privatpuff?« fragte Mutter. Sie wurde immer ungehaltener, aber Lona gab ihr zu verstehen, daß sie die Unterkünfte so nehmen müsse, wie sie sich eben ergäben. Man müsse ja nur eine kurze Zeit überbrücken. Ludmilla würde schon bald wieder eine Wohnung haben und uns dann wieder aufnehmen können. Außerdem hätte Hotze auch noch was in petto. Vielleicht sogar außerhalb Berlins, wo es ruhiger und nicht ganz so gefährlich wäre.

»Mit dem Geld aus den Einnahmen der letzten drei Monate hast du doch erst mal eine Basis und brauchst deinen Schmuck nicht zu verscherbeln. Ich weiß zwar nicht, wie lange das noch so weitergeht – die Warenzuteilungen werden immer sparsamer und die Qualität immer mieser – aber eine Weile wird es wohl noch funktionieren. Einen Lebensmittelladen hätte ich mit Jakob aufmachen sollen. Essen müssen die Leute immer. Aber Wurst aus Schweinefleisch zusammen mit Milch und Käse anzubieten, hätte er das gemacht? Obwohl er ja wie wild hinter gekochtem Schinken her war. Koscheres Schwein hat er es doch immer genannt.«

»Lotte, er hatte TBC und mußte die streng koschere Küche vergessen, das war jetzt nicht sehr witzig.«

»Er war witzig«, erwiderte Lona trocken.

»TBC-Kranke müssen sich nun mal fett und schweinisch ernähren«, fuhr Mutter fort, wobei sie das Wort »schweinisch« überdeutlich aussprach.

»Aber du hast doch auch immer feste mitgegessen, oder hattest du dich bei ihm angesteckt? Red doch keinen Scheiß, Anna Rosalia!«

Lona teilte immer noch die Einnahmen aus dem Trikotagengeschäft mit uns. Dazu konnte sie keiner zwingen. Wir hatten ja keinerlei Anspruch mehr auf den Laden. Lona, als Vollarierin, hätte das Geschäft einfach behalten können und sich einen Dreck um uns zu kümmern brauchen. Im Gegenteil, sie hätte noch ganz anders mit uns umgehen können, der Staat wäre doch immer auf ihrer Seite gewesen. Statt dessen teilte sie jeden Monat die Einnahmen mit uns. Im Gedenken an meinen Vater.

Sie sah Mutter als seine legitime Nachfolgerin an und brachte es darüber hinaus auch noch fertig, uns mit Lebensmitteln und Lebensmittelkarten-Abschnitten zu versorgen. Ich bin überzeugt, daß sie zusammen mit ihrem Mann groß ins Schwarzmarktgeschäft eingestiegen war. Furkert muß glänzende Verbindungen gehabt haben. Uns konnte das egal sein, wir wollten überleben, und Lotte Furkert trug allerhand dazu bei, daß uns das auch gelang.

»Also Mutter«, dachte ich, »sei still.«

»Bist du dir im klaren, was der Junge da zu sehen bekommt?« fragte sie statt dessen. »Wäre das im Sinne Jakobs gewesen?«

»Im Sinne Jakobs ist es, daß ihr durchkommt. Ich habe ihm im Krankenhaus versprochen, euch zu helfen, und du wirst mich nicht davon abbringen!«

Lona hatte das ganz ruhig gesagt. Die beiden Frauen schauten sich lange an. Nicht sehr freundlich, hatte ich den Eindruck. Eher ein bißchen lauernd. Da kam etwas zum Vorschein, was ich bisher gar nicht wahrgenommen hatte. Waren sie wirklich so eng befreundet? Es ging mich einfach nichts an. Ich wollte, daß es mich nichts anging.

Mutter lenkte dann auch ein. Gott sei Dank! Sie fragte, wie sie sich in prekären Situationen verhalten solle, und Lona antwortete, daß sie das nach Maßgabe der jeweiligen Situation entscheiden solle. Das könne ihr keiner abnehmen. Wichtig sei eben, daß man überlebe, und diesem Ziel müsse man auch einiges opfern. Das Erreichen dieses Ziels könne sich ja auch gar nicht mehr so lange hinziehen. Die Russen hätten doch schon beinahe die ganze Ukraine zurückerobert, die Alliierten seien in Süditalien gelandet, und die Amis schleuderten uns ganze Waggonladungen Bomben auf den Kopf. »Wie lange kann man denn das noch aushalten? Da helfen doch die ganzen Durchhalteparolen nichts«, beendete sie ihren Vortrag.

Mutter fragte dann noch nach der politischen Haltung der Teubers.

»Gar keine! Die brauchen Geld und hören auch nicht den englischen Sender, wenn du das meinst. Komm bloß nicht auf den Gedanken, sie danach zu fragen.«

Die Teubers hatten nicht nur die drei Töchter Grete, Hilda und Rosa, die mehr oder weniger auf den Strich gingen, sondern auch noch einen Sohn, der Felix hieß und so jüdisch aussah, daß er dauernd auf der Straße verprügelt wurde. Deshalb zog er auch nie seine Uniform aus, wenn er von der Front nach Hause kam.

Oma Teuber sagte dazu: »Wann habe ich denn bloß mal mit einem Juden gepennt? Hätte mir doch uffallen müssen!«

Grete, die Älteste, hatte vorn drei Zähne, im Unterkiefer steckten nur noch ein paar gelbbraune Stummel, sonst war die Mundhöhle leer. Sie war klein und hatte Beine, die aussahen, als wären sie über die Tonne gebügelt. Ihr Sohn Horst konnte zwischen ihnen durchkriechen, obwohl Grete die Hacken zusammengepreßt hielt.

»Meine Säbelbeene sind mein janzet Kapital! Die Kerle stehen da druff«, pflegte sie zu sagen. »Mitunter zeig' ich den Kerls erst mal die Kriechnummer mit Horst, dann werden die scharf wie 'ne Rasierklinge!«

Hilde, die Mittlere, brachte niemand auf die Bude, wie sie sich ausdrückte. Ihr Sohn sollte gesittet aufwachsen und kein Penner oder Zuhälter werden. Gretes Horst würde ja sicher mal 'ne ganz große Nummer in der Branche. »Der kennt doch jetzt schon alle Stellungen, die die Kerle so anbieten. Und wenn der mal so richtig loslegen kann und sein Pimmel schön weiterwächst, wird der unschlagbar. Aber mein Harry soll mal studieren.«

Tatsache war, daß der kleine Horst fast immer neben seiner Mutter im Bett lag und der Krach um ihn herum nicht unbeträchtlich war. Dennoch ist er ein ganz normaler Mann geworden, hat ein Handwerk gelernt und lebte davon recht gut, während Harry sich ziemlich bald als Krimineller hervortat und irgendwann ins Ausland verschwand.

Rosa, die Jüngste, war die Hübscheste. Immer adrett angezogen, sauber und gut riechend, war sie wohl die erste Frau, in die ich ein bißchen verliebt war. Hin und wieder schlief ich in ihrem Bett, wenn es bei Grete hoch herging, dann streichelte sie mich in den Schlaf und flüsterte dabei ununterbrochen: »Wird schon allet jut werden.«

Gelegentlich verschwand Rosa tagelang, und wir machten uns große Sorgen. Und wenn sie dann wiederkam, ziemlich abgekämpft und zerzaust, schimpfte sie auf die Dreckskerle, auf die miesen Nummern, die sie mit ihnen abziehen mußte, und auf die paar Moneten, die ihr manchmal auch noch vorenthalten wurden.

»Lohnt sich überhaupt nicht, die ganze blöde Fickerei«, murmelte sie dann und streichelte mich besonders zärtlich. Rosa war schon klasse!

Harry und Horst wußten natürlich nicht, wer wir waren. »Unsere ausgebombten Freunde von Frau Beege-Faude-Furkert«, lachte die Alte. Ihre heisere Lache war, glaube ich, im ganzen Haus zu hören.

Eines Nachts war es dann wieder soweit. Mutter bekam einen ihrer Alptraumanfälle und schrie im Schlaf. Sie schrie so unmenschlich, daß wir alle hochfuhren.

Ich dachte, die Grete habe einen Kerl bei sich, der sie gerade verhaut. Manche stehen ja auf so was. Aber es war Mutter.

Grete knipste die Nachttischlampe an und hatte tatsächlich einen Kerl neben sich, und dem standen die Haare zu Berge. Dann rief Grete irgendwas aus dem Bett, lief zu Mutter und schüttelte sie. Wir glotzten uns alle an, und Grete ging in die Küche. Wir tranken dann alle Bohnenkaffee. Sogar der kleine Horst nippelte mit.

Ein anderes Mal machte ein Kunde einen solchen Krach, daß meine Mutter aus ihrem Bett zu mir schlich und mir weinend die Ohren zuhielt. Ich habe sie dann auch umarmt und versucht, sie zu beruhigen, aber sie muß ziemlich am Ende gewesen sein. Jedenfalls zogen wir zwei Tage später in Rosas Zimmer ein. Die beiden Frauen schliefen in Rosas Bett und ich auf einer alten Matratze, die der olle Teuber aus einer zerbombten Wohnung geklaut hatte.

»Dir schießen sie noch mal ins Genick, wenn de die Fledderei nicht seinläßt«, sagte Oma Teuber und schüttelte den Kopf. »Das fehlte noch, daß die deinetwegen hier noch rumschnüffeln!«

Von da an kam Mutter ein bißchen mehr zur Ruhe, und wir konnten wenigstens durchschlafen, wenn es keinen Fliegeralarm gab.

Irgendwann mußten wir dann doch weiterziehen, weil Felix, der Fronturlauber, einen Riesenkrach schlug, als er erfuhr, wer wir waren. Diesmal sprang Lona sofort ein und verschaffte uns eine Bleibe in einem Laubenpieperverein. Eine Bekannte von ihr war dort Mitglied und stellte ihre Laube zur Verfügung, ohne zu wissen, wem und warum. Wahrscheinlich wollte sie es auch gar nicht wissen. Hat vielleicht gedacht, Furkert sei mal wieder auf der Flucht vor den Kriminalern.

Es war ungewöhnlich kalt für Anfang Dezember. Die Laubenpieperkolonie schien völlig unbewohnt zu sein, und wir froren erbärmlich.

Es gab einen alten Ofenherd mit Eisenringen auf den Feuerstellen. Den versuchten wir zu aktivieren. Mit mäßigem Erfolg. Noch dazu durften wir abends kein großes Licht machen. Das wäre um diese Jahreszeit sofort aufgefallen. Nachts froren uns die Münder an den Bettdecken fest. Zum Glück hatten wir alte Daunenplumeaus, und wenn wir in unseren Kleidern darunter lagen, ließ es sich einigermaßen aushalten. Alle drei Tage besuchte uns Lona im Morgengrauen und brachte uns »was zu futtern«, wie sie sich ausdrückte. Dann versuchte sie auch verbissen, die Feuerstelle in Gang zu kriegen. Die Laube füllte sich sofort mit beißendem Qualm, und wir husteten, daß uns die Lungen weh taten. Aber sie schaffte es. Nach zwei Stunden hatte sich der Qualm verzogen, wir konnten das Fenster wieder schließen, und die Bude fing an warm zu werden. Lona grinste triumphierend und sah auf ihre Hände: »Das ist noch echte Proletenqualität«, sagte sie und hielt Mutter ihre Hände hin, »kann man gut gebrauchen in solchen Zeiten.«

Mutter grinste zurück. »Wieviel mehr meine Hände als deine Hände gearbeitet haben, soll dir nicht an der Nase hängen. Du würdest ja nie wieder den Himmel sehen.«

»Und warum konntest du den Herd dann nicht in Gang bekommen? Waren dir deine jüdischen Hände zu schade dazu?«

Die beiden Frauen starrten sich an. Dann sah meine Mutter zu mir herüber, und Lona fing an zu weinen. Lautlos.

»Ich bin ja nicht mehr ganz dicht«, sagte sie mit einer ganz sachlichen Stimme, »ich weiß schon gar nicht mehr, was ich rede. Meine Nerven machen einfach nicht mehr mit. Ich sehe Jakob immer noch vor mir, im Krankenhaus in der Iranischen Straße. Ich hab' mich jedes Mal gewundert, wie aus so einem kleinen Kopf noch eine vernünftige Sprache kommen konnte. Seitdem habe ich gemeinen Schiß vor diesen Bluthunden.«

Sie ging auf Mutter zu, die mich immer noch ansah, und umarmte sie. »Nimm das bitte nicht so ernst, Rosa, ich bin ein Proletenkind, und ein bißchen mehr davon hätte dir auch nicht schaden können. Ihr habt nun mal eure jüdischen Vorurteile gegen uns Proletarier, und das macht mich eben oft sauer. Aber ich bin nie ein Antisemit gewesen, das weißt du doch.«

Sie schüttelte Mutter sanft und drückte sie auf einen Stuhl hinunter.

»So ein klein wenig davon steckt in euch allen drin. Das kommt euch einfach immer wieder hoch.« Mutter sah mich immer noch an.

»Ich reiße mir hier den Hintern wegen euch auf, mach' mir in die Hose, vor Angst in die Mangel genommen zu werden von denen, und du wirfst mir vor, eine Judenfresserin zu sein?«

»Ich habe nicht Judenfresserin gesagt. Ich habe nur gesagt, daß in euch allen ein bißchen Antisemitismus steckt. Hättest du wohl sonst meine jüdischen Finger erwähnt?«

»Habe ich nicht auch meine Proletarierfinger erwähnt?« Lona hielt erneut ihre Hände hoch, und sie schüttelten sich vor Lachen. Ich dachte, wie albern sie doch waren. Gleich würden sie hinausrennen und »Hasch mich, ich bin der Frühling« spielen.

Ich hatte mich noch nie so ausgegrenzt und so alt, so verbraucht gefühlt. Ich war noch keine dreizehn Jahre alt und kam mir unendlich überflüssig vor. Mutter würde es doch ohne mich Anhängsel viel einfacher haben. Lona würde sie wahrscheinlich viel leichter unterbringen können. Und war ich überhaupt so scharf darauf, diesen Krieg zu überleben? Was, wenn die Nazis den Krieg doch gewannen? Wenn sie ihre Wunderwaffe aus dem Ärmel zauberten? Was konnte dann denn noch so Erstrebenswertes am Leben sein? Wie lange konnte man es überhaupt im Untergrund aushalten? Mit diesen albernen Frauen? In dieser Kälte?

Ich sehnte mich nach Rosa Teubers Bett zurück. Nach ihrer berlinernden Schroffheit, nach einem echten Zuhause mit Steinwänden, Holzfußböden und abschließbaren Türen.

Ich stand am Fenster und schaute auf die öde Neuköllner Laubenkolonie hinaus, auf den grauen Dezemberhimmel und ahnte nicht, wie glücklich ich noch sein konnte, auf diese öde Landschaft schauen zu dürfen. Als ich zu heulen anfing, stürzten beide Frauen auf mich zu und versuchten, mich gleichzeitig zu umarmen und zu trösten. Schoben alle Schuld auf sich und versicherten mir, daß solche Auseinandersetzungen nie mehr vorkommen würden.

Ich ließ alles mit mir geschehen und grub mich heimlich immer weiter in meinen Weltschmerz ein. Ganze Tage sprach ich kein Wort. Auch wenn es mich noch so drängte. Nickte höchstens auf Fragen meiner Mutter. Oder verneinte stumm.

Ich sah ihr an, daß sie Schreikrämpfe zu unterdrücken versuchte, was ihr auch bis auf einige Male gelang. Aber ich blieb stur. Ich glaube sogar, ich hatte Vergnügen daran, sie zu quälen.

Lona schickte jetzt immer öfter Herrn Furkert zu uns. Er brachte uns dann die Lebensmittel, dicke Unterwäsche und einmal einen nagelneuen Militärmantel für Mutter. »Das ist Diebesgut«, sagte sie, wenn er gegangen war, und hob den Mantel mit zwei Fingern hoch. »Das müssen wir Lona zurückgeben. Er meint's ja gut, aber das dürfen wir nicht behalten.«

Ich starrte sie an.

»Nein, ich hätte es ihm nicht zurückgeben dürfen. Er wäre gekränkt gewesen, und wer weiß, was so ein Kerl dann alles anstellt.«

Mutter scheint ihm gefallen zu haben, denn er kam immer öfter, auch ohne von seiner Frau geschickt worden zu sein. Manchmal hatte er ganze Koffer mit irgendwelchem Kleiderramsch dabei. »Kannst ja jetzt hier deinen Trikotagenladen weiterführen«, grinste er meine Mutter an. Wir kriegten es langsam mit der Angst.

Und plötzlich blieb er weg. Hatte Lona es ihm verboten? Oder saß er nur wieder im Knast? Jedenfalls wurde es wieder langweilig in unsrer Hütte. Lona schleppte die Trikotagen wieder fort und ließ durchblicken, daß ihr eigener Mann sie beklaut hatte.

Langsam gingen uns die Heizvorräte aus. Die gestapelten Briketts in der Abstellkammer und das Brennholz wurden immer weniger. Mutter hatte Lona zwar darauf aufmerksam gemacht, und Lona hatte auch versprochen, die Besitzerin würde wieder was anrollen lassen, aber es tat sich nichts. Wir versuchten zu sparen, und Mutters Geschicklichkeit, die Glut nicht ausgehen zu lassen, nahm artistische Formen an.

In dieser Zeit kam mir der Gedanke abzuhauen. Ich wollte ihr nicht mehr zur Last fallen, und sie sollte mir nicht mehr zur Last fallen. Ich hatte auch einen Plan. Ich wollte alle noch verbliebenen Konsulate in Berlin abklappern, wobei ich natürlich darauf achten mußte, daß es keine Vertretungen von deutschen Verbündeten waren. Am sichersten, so dachte ich, konnte ich noch bei den Schweden sein. Sie waren nicht besetzt worden, hielten aber doch Distanz zum Deutschen Reich und sollen auch fast keine Antisemiten gewesen sein. »Warum?« hatte mein Vater einmal gefragt und die Antwort gleich folgen lassen. »Zu kalt dort, für uns eingefleischte Orientalen. Die Jüdische Gemeinde dort soll winzig sein.« Damals lachten alle.

Mein Vater ist ein großer Geschichtenerzähler gewesen. Jeden Samstag versammelte sich ein Teil der Verwandtschaft und Freunde meiner Eltern bei uns, um sich seine Geschichten anzuhören. Vater, damals schon mit angegriffener Lunge, mußte viel ruhen und lag auf einem breiten Sofa im Wohnzimmer. Mutter stellte riesige Schüsseln mit Kartoffeln, gekochtem Rindfleisch und viel Meerrettich auf den Tisch. Dazu gab es später Rosinenwein. Alle fielen darüber her, als hätten sie die ganze Woche gefastet.

Vater aß nicht mit und sah begeistert dem Schaufeln der Gäste zu. Ab und zu erzählte er kleine, einleitende Witze, und wenn dann der Rosinenwein kredenzt wurde, holte er zu einer großen Geschichte aus. Manche mußte er immer wieder erzählen, und er erzählte sie jedesmal ein kleines bißchen anders.

Eine Geschichte hieß »Anna und der Hund«. Soweit ich mich erinnere, handelte sie von der Angst meiner Mutter vor Hunden. Ein Pudel kam ihr auf der Straße entgegengelaufen, als sie mit ihren vollen Einkaufstaschen auf dem Weg nach Hause war. Da sie wegen der schweren Taschen ziemlich unbeweglich war und vor allem die Hände nicht frei hatte, blieb sie wie erstarrt stehen, als der Hund an ihr hochsprang. In ihrer Verzweiflung biß sie den Hund in die Nase, worauf der jaulend zu seinem Frauchen zurücklief, die sofort Anzeige erstattete, und Vater einen großen Prozeß führen mußte, in dem es darum ging, daß der jüdische Biß in die Nase eines arischen Pudels mit dem Vergehen der Rassenschande gleichzusetzen war, und mein Vater nur darum die Verhaftung meiner Mutter verhindern konnte, weil er dem amtierenden Richter, einem ausgewiesenen Hundehasser, unter Eid versprach, den Pudel zu vergiften. Das teilte mein Vater der Hundebesitzerin mit, worauf diese Berlin verließ und nach Bayern auswanderte, wo man Hunde mehr zu schätzen wußte. Die »Schwedische Geschichte«, die er auch ewig wiederholen mußte, handelte vom assimilierten Juden Abraham Eklund, der auf verwunderte Fragen, wie er denn zu dem Vornamen Abraham gekommen sei, zur Antwort gab: »Einer meiner Vorfahren war Oberrabbiner bei den Wikingern.«

Nun, ich wollte unbedingt zu den Wikingern, und eines Morgens, Mutter hatte sich mit Lona verabredet, machte ich mich davon. Ich hatte für den Notfall immer ein wenig

Geld in der Tasche und gelangte nach der Suche in Telefonbüchern auf verschiedenen Postämtern – ich wollte mich überall nur kurze Zeit aufhalten – in die Nähe der Trautenaustraße im Bezirk Wilmersdorf. Dort hat sich damals das schwedische Konsulat befunden. Ich weiß noch, daß ich vor einem ziemlich hohen schmiedeeisernen Tor stand und auf mein Klingeln anstandslos eingelassen wurde. Ein Herr in einem Ulster kam ziemlich eilig heraus, sagte in gutem Deutsch, ich solle meine Finger vom Klingelknopf nehmen und stieß mich fast ins Haus. Von außen sah es eher bescheiden aus, aber die Räumlichkeiten schienen doch sehr weitläufig zu sein.

»Was nun?« dachte ich, während mich der Mann im Ulster hastig zu einem gut eingerichteten, warmen Raum führte. Er schloß die Tür hinter sich, zeigte auf einen Sessel, zog seinen Ulster aus und stand jetzt ohne Jackett im Oberhemd da.

»Du hast Glück, daß die Alarmanlage nicht in Betrieb ist«, sagte er. »Dir muß ja der Finger am Klingelknopf festgefroren sein.«

»Was wäre denn passiert, wenn die Alarmanlage funktioniert hätte?« fragte ich mit einem miesen Gefühl in der Magengegend.

»Wir sind mit einem Polizeirevier hier in der Nähe verbunden, und die wären blitzartig angerückt. Da wären aber ein paar heiße Ohren fällig gewesen.«

Er sah mich an. Sprach nicht weiter, und ich sagte auch nichts.

»Ist dir kalt?« fragte er nach einer Weile.

»Ziemlich.«

»Er stand auf und verschwand durch eine Tür hinter seinem Schreibtisch. Ich war allein. Es war warm, und ich fror eigentlich gar nicht mehr. Aber es konnte ja nichts schaden, wenn er Mitleid hatte. Er konnte aber auch jeden Augenblick mit einem von der Polizei erscheinen! Dann hätte ich jedenfalls ziemlich beschissen dagestanden.

Es dauerte immer länger. Da stimmte doch was nicht. Er kannte mich ja gar nicht, durfte mich doch eigentlich nicht allein in seinem Büro lassen. Ich hätte jede Menge klauen und damit abhauen können. Vielleicht gab es draußen irgendwo Wachleute, aber ich hätte beim Hereinkommen niemanden gesehen. Ich wollte gerade aufstehen und machen, daß ich wegkam, da stieß er die Tür auf und trat mit einem großen Tablett in der Hand herein. Er stellte es auf den Couchtisch und sagte, er habe heute auch noch nichts gegessen. Er rief noch etwas, wahrscheinlich auf schwedisch, zur Tür hinaus und schloß sie dann wieder.

»Los, fang an«, sagte er und setzte sich auf die Couch. »Du hast doch Hunger? Darum bist du doch hier, oder?«

Ich sah auf das Tablett. Jede Menge rote Wurst, verschiedene Sorten Käse, Marmelade, einen Brotkorb und Butter gab es da.

»Na los doch«, forderte er mich wieder ungeduldig auf, »kein Gift drin.«

»Warum ist denn die Wurst so rot?« fragte ich.

Er mußte lachen. »Damit sie frischer aussieht«, antwortete er.

Plötzlich ging die Tür wieder auf, und ein junger Mann mit einem zweiten Tablett erschien. Darauf standen Tassen und eine große Kanne. Er stellte es neben dem ersten Tablett ab und verließ den Raum, ohne einen Ton von sich zu geben.

»Tee?« sagte mein Gegenüber und goß mir ein, ohne meine Zustimmung abzuwarten.

Ich fing an zu essen.

»Wir haben hier öfter deutsche Kinder, die mal Sehnsucht nach einem richtigen Frühstück haben. Besonders nach Bombenangriffen. Aber natürlich werden sie vorher angemeldet. Streuner, wie du einer bist, kommen sonst gar nicht erst ins Haus.«

»War das Schwedisch, was Sie vorhin gesprochen haben?«

»Ja, ich bin Schwede.«

»Und woher sprechen Sie so gut Deutsch?«

»Aus der Schule. Und wenn wir in den diplomatischen Dienst treten, kriegen wir noch eine Extraausbildung. Außerdem ist meine Mutter Deutsche, hat aber auf die deutsche Staatsangehörigkeit verzichtet und die schwedische angenommen.«

»Warum?«

»Sie wollte es so. Vielleicht der Ordnung halber. Mein Vater hätte nichts dagegen gehabt, wenn sie Deutsche geblieben wäre.«

Er schien sich über meine Neugier zu amüsieren, während ich doch nur erfahren wollte, wer er wirklich war.

»Warum wollte sie denn nicht Deutsche bleiben?« fragte ich noch einmal.

»Vielleicht der Ordnung halber, das habe ich dir doch schon gesagt.«

»Der Ordnung halber wird man doch nicht Schwedin.«

Ich bekam es immer mehr mit der Angst und wollte nur wieder aus diesem Haus raus. Außerdem wurde ich das Gefühl nicht los, daß jeden Augenblick die Polizei hier auftauchen konnte.

»Warum bohrst du denn so herum? Das geht dich doch nicht sehr viel an, oder? Du ißt jetzt, soviel du magst, trinkst deinen Tee und kannst dann wieder abziehen. Und wenn du glaubst, meine Mutter oder ich haben etwas gegen

Deutschland, dann irrst du dich. Wir finden Deutschland sehr schön.«

»Auch mit den Bomben und dem ganzen Schutt da draußen?«

»Wir kannten Deutschland schon vor dem Bombenschutt.« Er sah mich jetzt prüfend an.

Plötzlich entschloß ich mich, alles zu wagen. »Ich bin nicht wegen der Esserei hier. Ich bin hergekommen, weil Sie mich schützen müssen. Meine Mutter kann mich nicht länger mitschleppen.«

Er sah mich an. Mit diesem ausdruckslosen Trauerblick, den ich damals schon zu hassen anfing.

»Wer ist deine Mutter?« fragte er ruhig.

»Eine Jüdin«, antwortete ich.

»Du bist also Jude? Oder ist dein Vater Deutscher?«

»Mein Vater ist in Sachsenhausen so gut wie umgebracht worden.«

»So gut wie?«

»Er ist im Jüdischen Krankenhaus in der Iranischen Straße gestorben. Meine Mutter hatte ihn noch aus dem KZ rausgeholt.«

»Deine Mutter muß eine tüchtige Frau sein.«

»Ist sie.«

»Ich würde sie gern kennenlernen.«

»Das geht nicht. Sie weiß nicht, daß ich hier bin.«

»Kann ich mir vorstellen!«

»Wir wohnen in einer Gartenlaube und frieren uns fast den Hintern ab. Mit dem Essen sieht's auch nicht gerade rosig aus. Ich dachte, ohne mich kommt sie vielleicht besser durch.«

»Bestimmt nicht!«

Er sah mich ruhig an. Ich konnte überhaupt nicht erkennen, was er dachte.

»Hast du schon mal darüber nachgedacht, daß Mütter sich Sorgen um ihre Kinder machen? Und um wieviel mehr, falls deine Geschichte stimmen sollte?«

»Sie ist bestimmt froh, daß ich weg bin. Sie ist erleichtert«, log ich, »ich glaube, daß jeder für sich alleine besser durchkommt. Sie hätte sich nie getraut hierherzukommen.«

»Iß noch was! Und weißt du, was ich glaube? Ich glaube dir kein Wort. Du wirst bestimmt mal ein guter Märchenerzähler.«

»Können Sie mir sagen, wie ich ausgerechnet auf so ein Märchen kommen sollte?« fragte ich ihn.

»Wie alt bist du?«

»Zwölf.«

»Ganz schön ausgebufft für dein Alter.«

»Ich würde mir auch nicht glauben«, grinste ich.

»Komm mit.«

Er stand auf und packte mich am Arm. Ich versuchte mich zu wehren, aber er zog mich einfach mit. Wir gingen durch die Tür hinter seinem Schreibtisch, liefen einen ziemlich langen Korridor entlang, von dem eine Menge Türen abgingen, und blieben vor einer halboffenen Tür stehen. Er stieß mich hinein und schloß die Tür hinter sich.

»Du mußt doch sicher pinkeln?« fragte er.

»Muß ich nicht.«

»Du wirst aber trotzdem pinkeln. Los, Hose runter!«

»Sind Sie andersrum?« fragte ich und grinste ihn an.

»Du kannst dir gleich ein paar heiße Ohren abholen!«

Wenigstens wurde er jetzt wütend. Ich ließ die Hosen runter, er sah kurz hin und bedeutete mir, mich wieder anzuziehen. Dann gingen wir in sein Arbeitszimmer zurück, er sagte nur, ich solle warten, und verschwand. Ich war erstaunt, wie unaufgeregt ich doch eigentlich war. Die Sache begann mir Spaß zu machen. Ich war nur neugierig, was er jetzt unternehmen würde. Das Sitzsofa war sehr bequem, und ich streckte mich darauf aus. »Mal sehen, was jetzt passiert. Entweder es tauchen gleich die Ledermäntel auf, oder er bringt zwei Wikinger herein, die mich über die Grenze schaffen.«

Ich muß eine ganze Weile geschlafen haben. Als er mich wachrüttelte, fuhr ich hoch, wie von der Tarantel gestochen. Er hielt mir den Mund zu und versuchte mich zu beruhigen.

»Wir müssen uns jetzt mal sehr vernünftig unterhalten«, sagte er und setzte sich neben mich. Du verstehst sicher, was ich da vorhin in der Toilette von dir verlangt habe. Ich kam mir selber ganz blöd vor. Aber du weißt ja auch, mit welchen Tricks man hierzulande heute rechnen muß. Also gut, ich bin bereit, dir zu glauben. Und ich wäre auch bereit, dir zu helfen. Es gibt da bloß zwei Probleme: Erstens bin ich nicht der Botschafter, sondern nur ein Attaché, ein Sekretär. Das heißt, ich habe keinerlei Befugnisse und darf ohne den Botschafter nichts, aber auch gar nichts versprechen oder gar unternehmen. Der Botschafter ist aber erst wieder Ende der Woche im Lande. Er wäre der einzige, der vielleicht, aber auch nur vielleicht einen Weg wüßte. Ich sage dir aber gleich, erwarte nicht, daß er dich über die Grenze nach Schweden schaffen kann. Dazu hätte auch er keine Befugnis, und krumme Touren darfst du von keinem von uns erwarten. Zweites Problem: deine Mutter. Selbst wenn wir etwas für dich tun könnten, bräuchten wir unter allen Umständen das Einverständnis deiner Mutter. Mein Vorschlag ist, du nimmst wieder Kontakt mit ihr auf und berätst dich mit ihr. Danach kannst du dich wieder mit uns in Verbindung setzen. Und vielleicht fällt uns ja bis dahin etwas ein.«

»Wie?« fragte ich.

»Was meinst du mit ›wie‹?«

»Wie setze ich mich wieder mit Ihnen in Verbindung?«

Mir war, als hätte man mir die Beine weggeschlagen. Ich hatte nicht die Kraft, aufzustehen und zu gehen. Ich weiß, daß ich mich entsetzlich schämte und nur den einen Gedanken hatte: von hier wegzukommen. Aber ich sprach weiter.

»Sie haben doch selbst gesagt, daß ich großes Glück gehabt hätte, hier hereingekommen zu sein. Wenn Sie mich loswerden wollen, können Sie auch ganz geradeaus reden.«

Er ging gar nicht darauf ein. »Ich gebe dir jetzt eine Telefonnummer, und die rufst du hier in der nächsten Woche an. Wenn sich ein anderer meldet, legst du sofort wieder auf. Du darfst nur mit mir reden. Wie erkenne ich dich?«

»Ich kann meinen anderen Namen nennen. Gemberg.«

Ich wollte weiterreden, aber er unterbrach mich. »Ich will gar nicht wissen, wie du heißt. Erst mal«, fügte er hinzu, als er mein Gesicht sah. »Und dann irgendwas dazu, Reinigung oder so.«

»Reinigung Gemberg, Neukölln«, feixte ich, und er lachte.

»Neukölln kannst du dir sparen«, sagte er, »und nimm bitte absolut ernst, was wir miteinander verabreden. Noch etwas. Hier in der Botschaft weiß kein Mensch, daß wir uns kennen. Das ist mein rein persönliches Interesse an deiner Situation. Und ich weiß ja noch gar nicht, ob das hier jemand gutheißen würde! Von unserem Herrn Botschafter wollen wir überhaupt nicht reden.«

Er schrieb mir eine Telefonnummer auf und schob mich hastig zur Tür hinaus. »Irgendwie ähnelt er unserem meschuggenen SS-Mann«, dachte ich noch und stand schon wieder vor dem schmiedeeisernen Gitter. Den Zettel mit der Nummer hatte ich sorgfältig gefaltet und in meinen Schuh gesteckt.

Dann ging ich los. Zurück nach Neukölln. Zurück in die Eisbude, zurück zu Mutter, die wahrscheinlich schon halbtot war vor Angst. Der Schwede hatte recht. Ich hatte bei alldem an alles, nur nicht an meine Mutter gedacht. Ich hatte vielleicht ein schlechtes Gewissen! Aber als ich vor der Laube stand, war sie nicht da. Der Schlüssel lag am verabredeten Ort, und ich schloß auf. Das Feuer war ausgegangen, und es war unangenehm klamm in der Bude. »Wenn ich jetzt Feuer mache und es warm werden würde, könnte das Mutters Laune bessern«, dachte ich.

Ich hatte noch nie ein Feuer gemacht, aber es gelang mir. Hatte es am trockenen Holz gelegen, oder hatte ich durch Zufall richtig aufgelegt? Jedenfalls brannte es wieder. Nach einer Weile legte ich Briketts nach und war ganz erstaunt, wie schnell der Raum warm wurde. Als Mutter dann schwerbepackt ankam, ließ sie sich erschöpft aufs Bett fallen und bemerkte die Wärme anscheinend gar nicht.

»Ich war lange weg, was?« fragte sie. »Was hast du denn die ganze Zeit getrieben? Du hast dir doch hoffentlich keine Sorgen gemacht?«

Ich stand stumm vor dem Bett. Wann würde sie merken, daß es warm war?

»Weißt du, wo ich war?« redete sie statt dessen weiter, »ich war bei Hotze draußen in Kaulsdorf-Süd. Seine Frau war nicht da, aber seine Schwägerin habe ich kennengelernt. Einfaches Haus, aber mit einem großen Garten. Sein Freund, ein Herr Radny, hat uns gefahren. Er hat eine Hühnerfarm in der Nähe von Köpenick und kommt meistens ungeschoren durch alle Kontrollen. Es war sehr angenehm. Sieh mal, was ich in der Tasche habe.«

Dann sprang sie ungeduldig auf und zeigte mir triumphierend alles, was sie eingepackt hatte.

»Ein Hühnchen«, rief sie, »wie lange haben wir kein Hühnchen mehr gegessen!«

Sie war völlig außer sich. Ein Klumpen Butter kam zum Vorschein, Kastenbrot, Selleriestauden und Kohlrabi.

»Das Gemüse ist von Hotze«, sagte sie. »Sein Garten ist eine einzige Gemüselandschaft. Mohrrüben habe ich auch, gut für die Augen und die Zähne. Du müßtest viel mehr Gemüse essen, in deinem Alter«, seufzte sie, »aber vielleicht kannst du ja alles nachholen. Hotze sagt, es kann nicht mehr lange dauern.«

Ich hatte sie schon lange nicht mehr so glücklich gesehen. Immer wieder hob sie das Huhn hoch und betrachtete es voller Begeisterung. »Gut genährt, was?« fragte sie und verlangte Zustimmung. Ich nickte, und wir breiteten erst einmal alles auf dem Bett aus.

»Heute abend geht's rund! Wir hören nicht auf, ehe wir platzen! Du hast ja Feuer gemacht«, lachte sie und umarmte mich stürmisch. »Das ist ein fabelhaftes Feuer. Du bist ja ein Genie. Mein Sohn ist ein Genie!«

Sie warf mich aufs Bett, mitten in die Fressalien und wälzte sich mit mir herum.

»Mutter«, schrie ich, »die Butter!«

»Mutter, die Butter!« kreischte sie, »Mutter, die Butter!«

Sie bekam wieder ihren Lachhusten, und ich klopfte ihr auf den Rücken.

»Mutter, die Butter«, keuchte sie, »heute abend gibt's Mutter, die Butter und Hühnchen.«

Mir war gar nicht zum Mitlachen zumute, und ich war froh, daß sie es nicht mitbekam.

In der nächsten Woche hatte ich den Attaché sofort am Apparat. Er sagte, ich solle da bleiben, wo ich im Moment sei, er würde zu mir kommen.

Aus irgendeinem Grund, an den ich mich heute nicht mehr erinnere, trafen wir uns dann vor dem U-Bahnhof Jannowitzbrücke. Er war mit der Bahn gekommen und zog mich ohne Begrüßung mit sich fort. Mutter war wieder auf Betteltour, und ich hatte jede Menge Zeit.

»Wo ist deine Mutter?« fragte er unfreundlich.

Ich erzählte ihm, daß sie seit drei Tagen unauffindbar sei und ich nicht mehr wisse, wo ich noch nach ihr suchen solle. Außerdem gingen mir Heizmaterial und Lebensmittel aus, und ich könne ja nicht ewig in der Stadt umherlaufen. Das mache sehr, sehr müde, da ich ja öffentliche Verkehrsmittel nach Möglichkeit meiden müsse.

Nachdem er mir seinerseits versicherte, daß er mir kein Wort glaube, bat ich ihn, doch mit in die Laubenkolonie zu kommen, wo er sich von allem überzeugen könne. Ich betete nur, daß meine Mutter nicht inzwischen zurückgekommen war. Meistens blieb sie ja bei ihren Touren bis zum späten Nachmittag fort.

Er machte Ernst. Eine Weile lief er tatsächlich verbissen neben mir her. Dann hatte er die Nase voll.

»Komm, wir riskieren's mit der Bahn. Wo müssen wir hin?«

»Hermannplatz. Von dort sind es noch zehn Minuten zu laufen.«

Wir hatten Glück. Als er die Laube sah, wollte er erst gar nicht mit rein. Ich schloß auf und ging einfach hinein. Er kam nur zögernd nach, warf auch einen kurzen Blick in die Abseite und faßte mich wieder am Arm.

»Komm«, sagte er, »schließ die Tür ab, und laß uns von hier verschwinden.«

»Im Moment ist es hier sicherer als anderswo. Ich kann Ihnen ein bißchen Feuer machen, wenn es Ihnen zu kalt ist«, pokerte ich weiter. »Hier hört uns jedenfalls keiner, zu dieser Jahreszeit.«

»Los, verschwinden wir«, sagte er.

Ich merkte ihm seine Angst immer mehr an.

»Ich bringe dich zum Stettiner Bahnhof. Hast du noch was hier, was du überziehen kannst?«

Ich schüttelte den Kopf.

»Keine Mütze, Schal, noch ein Paar Schuhe?«

»Nur das, was ich anhabe«, sagte ich.

»Na komm!«

Er zerrte mich förmlich aus der Bude. Ich mußte mich tüchtig wehren, damit ich abschließen und den Schlüssel ins verabredete Versteck legen konnte.

»Für meine Mutter. Vielleicht kommt sie ja doch noch nach Hause.«

Er war richtig in Panik, und ich bin mir selten so schäbig vorgekommen wie in diesem Augenblick. Auf dem Weg zum Bahnhof machte er mir klar, daß es keine Möglichkeit gäbe, mich über die Grenze nach Schweden zu bringen. Man wolle das von beiden Seiten nicht und habe auch beiderseits alle Maßnahmen getroffen, um solche illegalen Ein- oder Auswanderungen zu verhindern. Er würde mich jetzt einer Schwester vom Schwedischen Roten Kreuz vorstellen, die ihrerseits Verbindungen zum Deutschen Roten Kreuz und zur NS-Frauenschaft hätte. Man müsse solche Verbindungen pflegen, um immer wieder Erleichterungen für gewisse Personen zu erreichen. Jedenfalls wisse sie vielleicht einen Weg, wie man mich erst einmal aus der Gefahrenzone bringen könne.

Sein Vorgesetzter, der schwedische Konsul, wisse überhaupt nichts und solle auch aus alldem herausgehalten werden. Es sei allein seine, des Attachés ureigenste Initiative, mir behilflich zu sein, und ich solle mich auf keinen Fall, in welcher Lage auch immer, auf irgendeinen konsularischen Beistand berufen.

Nach einem Luftangriff bei Tage, vor dem wir in einem öffentlichen Bunker Schutz suchen mußten – mein Begleiter gab mich als einen Besuch aus Schweden aus und imponierte anscheinend enorm mit seinem Diplomatenpaß –, landeten wir schließlich am Stettiner Bahnhof, wo er sich sofort bei der Rotkreuzbetreuung meldete.

Nachdem wir eine Weile gewartet hatten, kam auch seine Bekannte auf uns zu, kannte ihn aber gar nicht und fragte ihn, ob sie es mit dem Herrn von der schwedischen Botschaft zu tun habe. Er bejahte und sprach leise auf schwedisch auf sie ein.

Sie schaute öfter zu mir und bekam langsam etwas verschreckte Augen. Dann stand mein Schwede auf, grüßte noch leicht mit der Hand zu mir herüber und verschwand. Ich habe ihn nie wiedergesehen.

»Du siehst nicht sehr arisch aus«, flüsterte sie mir zu.

Sie hatte sich unauffällig neben mich gesetzt.

»Bist du ein volljüdischer Junge?«

Ich mußte lachen.

»Klar«, flüsterte ich zurück, »ganz voll.«

Ihr Deutsch war voller S- und Zischlaute, daß ich einige Male nachfragen mußte.

»Ich werde dich jetzt einer Freundin von mir übergeben. Sie wird wissen, wer du bist. Allerdings wußte ich nicht, daß du so dunkel bist.«

»Man hat mich oft für einen Italiener gehalten.«

»Ja, gut, aber wie kommt ein Italiener zum Stettiner Bahnhof hier in Berlin? Schwierisch, schwierisch«, sagte sie.

Ich grinste, und sie grinste zurück.

»Dein Vater kämpft in jedem Fall an der Ostfront, und deine Mutter ist bei einem Bombardement getötet worden. Ist es schlimm, so etwas zu sagen?«

»Nur im Notfall«, flüsterte ich.

»Keine Sorge, meine Freundin wird das alles für dich erzählen. Du solltest nur wissen, was sie erzählt.« Damit nahm sie mich bei der Hand und verließ mit mir den Raum.

Sie war eine große, knochige Frau mit einem riesigen Gebiß und strohblonden Haaren unter ihrer Kappe, und wenn man sie nicht sprechen hörte, konnte man sehr viel Respekt vor ihr haben. Ihre Stimme aber klang weich, sanft, dunkel und sehr gemütlich.

Draußen gab es eine Menge Chaos. Ein Teil des Bahnhofs war beim letzten Angriff getroffen worden, und verschiedene Perrons waren nicht mehr zu benutzen.

»Ich stelle dich jetzt einer NSV-Schwester vor. Weißt du, was NSV heißt?«

»Ich weiß, was sie machen, aber was es genau heißt – irgendwas mit Nazis.«

»Du mußt den Mund halten!« Sie wurde richtig wütend und ihre Ss und Schs wurden wieder stärker.

»Das darfst du nie so aussprechen, sonst wissen sie sofort, wer du bist. Du bist doch alt genug, um das zu begreifen, ja?«

Sie nahm mich bei den Schultern und schüttelte mich.

»Ja, oder nicht?«

Ich nickte und dachte, daß sie sich gar nicht mehr so gemütlich anhörte. Urplötzlich verwandelte sie sich in eine richtige Kampfmaschine.

»Wenn du dich nicht beherrschen kannst, will ich dich erst gar nicht zu ihr mitnehmen! Du verstehst mich doch, nein?«

»Ich verstehe Sie«, sagte ich schnell.

»Und du versprichst mir, das zu sagen, was wir verabredet haben? Sonst sind wir alle kaputt, und meine Freundin wird gleich erschossen.«

Ich dachte: »Nun übertreib mal nicht so heftig«, nickte aber trotzdem eifrig.

»Meine Freundin ist eine sehr gute Frau, und sie ist nur darum in der nationalsozialistischen Volksfürsorge, weil sie anderen Menschen helfen will. Allen, ohne Ausnahme, du verstehst?«

»Ich verstehe«, sagte ich.

»Gut, dann gehen wir. Leicht wird es nicht für sie werden.«

Sie blieb noch einmal stehen und betrachtete mich prüfend. »Du bist wirklich sehr ... südländisch.«

»Jüdisch?« fragte ich leise.

Sie sah mich wieder sehr lange an. »Na, vielleicht doch mehr südländisch«, lachte sie und zog mich weiter.

Um uns herum herrschte ein Riesenlärm. Menschen standen teilweise auf den Gleisen und versuchten, ihr Gepäck auf einen gegenüberliegenden Perron hochzuhieven.

Mittendrin gingen die Aufräumarbeiten sehr fix voran. Von draußen näherten sich schon langsam wieder Züge und warteten dampfend auf die Einfahrt. Es sah aus, als wolle ganz Berlin auswandern.

»Hat's Tote gegeben?« fragte ich.

»Eine ganze Menge«, antwortete sie. »Es hat einen Soldatentransport getroffen. Mittenrein. Lauter schöne Waggons. Erster-Klasse-Abteile mit vielen SS-Soldaten. Sie waren alle auf dem Weg zur Ostfront.«

Sie warf mir einen kurzen Blick zu, als wolle sie meine Reaktion prüfen. Ich machte mein undurchdringlichstes Gesicht.

»Das macht dich bestimmt sehr traurig, nicht?«

»Sehr!« antwortete ich, und sie grinste mich an.

Wir blieben vor einer kleinen, improvisierten Holzbaracke stehen, auf die ein rotes Kreuz aufgemalt war, und sie öffnete einfach die Tür, ohne anzuklopfen.

Ich sah erst nur Kinder. Manche saßen auf Holzbänken, die an den Wänden entlang aufgestellt waren. Die meisten aber standen ziemlich dicht beieinander. Einige waren verletzt. Ein kleines Mädchen trug stolz einen riesigen Kopfverband und sah mich herausfordernd an.

»Du hast aber eine feine Mütze auf«, sagte meine Begleiterin und streichelte ihr die Wange.

»Das ist ein Verband«, sagte die Kleine ruhig, ohne die Augen von mir zu lassen.

»Ich bin schwer verletzt. Ich habe gerade meinem Vater auf Wiedersehen gesagt, da hat's einen Riesenknall gegeben. Ich glaube, er ist tot.«

Sie sagte das alles mit völlig trockenen Augen und einem gewissen Stolz.

Ich war sprachlos und gab keinen Mucks von mir.

»Wie alt bist du?« fragte sie mich.

»Zwölf«, antwortete ich gehorsam.

»Da mußt du noch warten. Mein Vater war achtundzwanzig.«

Meine Schwedin bahnte sich sanft, aber energisch ihren Weg durch die Kinder und zog mich mit sich. Vor der Stirnwand stand ein roher Holztisch, ein Stuhl davor und einer dahinter, und auf dem hinteren saß eine korpulente, dunkelhaarige Frau, die Haare streng nach hinten gekämmt und zu einem Dutt geknotet. Sie sah sehr freundlich und sehr müde aus und schaute sofort hoch, als hätte sie uns lange erwartet.

»Da seid ihr ja«, sagte sie und stand auf.

Sie nahm überhaupt kein Ende. Sie begrüßte meine Begleiterin mit Handschlag und zeigte auf den noch besetzten Stuhl. »Mit dem kleinen Mann da bin ich gleich fertig, und dann schieb' ich euch dazwischen.«

Eine Riesin! Sie schien mir noch viel größer als meine Schwedin zu sein. Und sie hatte einen angenehmen Akzent.

»Sie ist Österreicherin«, dachte ich.

Sie hörte sich an wie die Schauspielerinnen in den Wien-Filmen, die Mutter und ich während unserer ersten Verstecksuche abgesessen hatten.

Nachdem sie dann meinen Decknamen »Max Gemberg« notiert hatte – ausgebombt in Berlin-Charlottenburg, Mutter nicht auffindbar, Vater an der Ostfront – holte sie eine graue Decke unter dem Tisch hervor und drückte sie mir an die Brust. »Das ist Staatsbesitz«, sagte sie. »Die gibst du wieder zurück, wenn du sie nicht mehr brauchst.« Dann wandte sie sich wieder an meine schwedische Begleiterin. »Innerhalb der nächsten halben Stunde, so Gott und die Anglo-Amerikaner es zulassen, wird von hier ein Zug in die Uckermark abfahren. Es ist zum größten Teil ein Kindertransport und wird von der NSV betreut. Es handelt sich um Kinder, deren Eltern verschollen, umgekommen, vermißt oder sonst irgendwie unauffindbar sind. Sie werden in die Gegend von Strasburg/Uckermark gebracht. In ein ehemaliges Ausbildungs- oder Schulungslager der HJ. Soll ganz ländlich da sein. Und vor allen Dingen fallen da keine Bomben. Bis auf weiteres. Das Lager kann aber jeden Tag von der Wehrmacht konfisziert werden, und dann muß man eben sehen.«

Während sie so leise auf uns einsprach, machte sie sich ununterbrochen Notizen. Plötzlich sah sie hoch und lächelte mich an: »Du hältst dich genau an meine Anweisungen. Ich begleite den Zug und werde auch während der Fahrt öfter nach dir sehen. Auf dem Hof draußen in der Uckermark werde ich dich so unterbringen, daß du immer in meiner Nähe bist«.

»Wie heißt dein Vater?« fragte sie mich unvermittelt und ohne aufzuschauen.

Ich war auf diese Frage nicht gefaßt und antwortete: »Jakob«.

»Wie heißt dein Vater? Helmut, Franz, Otto?«

»Adolf«, sagte ich.

Sie sah mich an. »Adolf«, wiederholte sie und schrieb es auf. »Adolf Gemberg. Klingt gut. Und eine Portion Unverschämtheit kann man immer gebrauchen.«

Dann beugte sie sich vor. »Das mit Jakob darf dir nie wieder passieren, hast du mich verstanden?«

»Ich war nicht darauf gefaßt«, flüsterte ich zurück.

»Darauf mußt du immer wieder gefaßt sein. Solche unverhofften Fragen können dir wieder gestellt werden. Und nach so einer Antwort weißt du ja, wo du landest.«

Sie sah mich durchdringend an. »Der Name deiner Mutter?«

»Rosa.«

»Können wir nehmen«, murmelte sie, während sie schrieb. »Du bist erst elf Jahre alt, verstanden?«

»Ja.«

»Sehr groß für dein Alter bist du ja nun wirklich nicht. Und du hast keine Geschwister?«

»Ich bin Einzelkind.«

»Wo ist dein Vater?«

»An der Ostfront.«

»Wo an der Ostfront. Du wirst doch wohl wissen, an welchem Frontabschnitt dein Vater kämpft!«

»Wir haben lange keine Nachricht von ihm gehabt. Die letzte kam aus dem Norden, beim Ladoga-See oder so.«

»Welchen Rang hat dein Vater?«

»Unteroffizier«, kam es wie aus der Pistole geschossen.

Ich mußte an mich halten, um nicht loszubrüllen vor Lachen.

»Wann hast du deine Mutter zum letzten Mal gesehen?« Sie wurde immer lauter.

»In Neukölln. Wir waren in einer Laube untergebracht. Sie wurde während des Einkaufens vom Fliegeralarm erwischt und kam nicht zurück.«

»Wo warst du während des Alarms?«

»In einem Splitterbunker in der Nähe. Der war uns zugeteilt.«

»Und du hast nicht nach deiner Mutter gesucht?« Jetzt schrie sie mich fast an, und um uns herum wurde es immer stiller.

»Ich habe sämtliche Geschäfte abgeklappert, die noch geöffnet hatten. Niemand konnte sich an sie erinnern.«

Ich dachte an meine Mutter, in welchem Zustand sie sich jetzt wahrscheinlich gerade befand. Vielleicht hatte sie angefangen, mich zu suchen, und ließ deshalb alle Vorsicht außer acht? Jetzt erst wurde mir bewußt, was ich mit meiner Flucht angestellt hatte. Ich fing an zu heulen. Immer hemmungsloser. Wenn ich nur zurückgekonnt hätte. Ich hätte sonstwas drum gegeben, wenn ich hier einfach hätte abhauen können.

»Ist ja gut, ist ja gut. Ich bin Schwester Erna, Erna Niehoff. Erna wie Klein-Erna.«

Sie streckte mir ihre Hand über den Tisch, aber ich klammerte mich an meine schwedische Rotkreuzschwester.

»Ich will nach Hause«, schluchzte ich. »Vielleicht ist meine Mutter doch noch zurückgekommen.«

»Wie lange warst du denn allein in der Laube?«

»Zwei Tage.«

»Da kann man leider nicht ausschließen, daß ihr was passiert ist. Man muß ja nicht gleich an das Schlimmste denken. Sie könnte ja auch in ein Krankenhaus eingeliefert worden sein. Wir werden das für dich in Erfahrung bringen.«

Sie stand auf und kam um den Tisch herum. »Verabschiede dich nun von deiner Freundin, und bedanke dich bei ihr für alles.«

Damit zog sie mich hoch und sah mich wieder eindringlich an. »Du hast deine Sache sehr gut gemacht, weißt du das?«

Ich gab der Schwedin die Hand und hatte das Gefühl, nun endgültig von aller Welt abgeschnitten zu sein.

»Jetzt setzt du dich hier auf eine Bank und wartest, bis ich mit meiner Arbeit fertig bin. Die anderen Kinder wollen ja auch noch alle mit dem Zug mit.«

Damit zog sie mich sanft von meiner Schwedin weg und drückte mich auf einen freien Platz an der Wand.

Wir saßen dichtgedrängt in muffigen Abteilen und zukkelten durch die Landschaft. Hin und wieder blieben wir stehen. Dann dauerte es eine ganze Weile, bis ein entgegenkommender Zug vorüber und unsere Strecke wieder frei war.

Die kleine Tochter des zerbombten SS-Mannes kam neben mir zu sitzen, und während ich tiefbeunruhigt an meine Mutter dachte und nur einen Gedanken hatte, wie ich am schnellsten wieder zu ihr zurückkommen konnte, nervte mich die Kleine mit ihrem unaufhörlichen Gerede.

Ihre Mutter sei auch in der NSV und würde mithelfen, uns zu »beaufsichtigen«. Sie sagte wirklich »beaufsichtigen«, und es klang so erwachsen und spießig zugleich, daß sie mir wie ein kleines Monster vorkam. Dabei war sie hübsch anzusehen. Mit hellblonden Locken und großen braunen Augen.

Sie hätte so gern einen großen Bruder gehabt. Aber das sei ja nun nicht mehr möglich. Es sei denn, ihr Vater sei vielleicht doch nicht tot. Mama hätte sie nur schnell an unsere Schwester Erna übergeben und sei wieder weggerannt. Ihr Vater hätte ja für unser aller Zukunft kämpfen sollen, habe Mama immer gesagt.

Während sie vor sich hin schwätzte, hatte sie Mühe, aus dem Fenster zu schauen, und kniete sich öfter auf die Sitzbank, wenn der Zug hielt oder sie sonst etwas interessierte.

Erst spät in der Nacht kamen wir in Strasburg an, wurden in Militärtransporter mit Rotkreuzbemalung verladen und fuhren mit abgeblendeten Scheinwerfern durchs Gelände. Neben mir saß mit einem Mal Erna und fragte, wie es mir ginge. Dann lehnte sie sich zurück und schlief sofort ein.

Unser Quartier muß einmal ein riesiger Gutshof gewesen sein. Jetzt hatte man um das Haupthaus grüne Baracken aufgestellt, und während die Kleinkinder ins Haupthaus verfrachtet wurden, hatte man uns Größere auf verschiedene Baracken verteilt. Eine ganze Menge NSV-Schwestern teilten uns die Betten zu, warfen unser Zeug drauf und ließen uns sofort unter die mitgebrachten Dekken kriechen, ohne uns noch lange mit irgendwelchen Hygieneaktionen zu quälen. »Morgen ist Großwaschtag«, hörte ich jemanden sagen, und dann war ich auch schon eingeschlafen.

Noch in der Nacht wurde ich ziemlich hart wachgerüttelt. Erna beugte sich über mich.

»Pack deine Sachen zusammen, und komm mit«, sagte sie.

Ich zog stumm meine Hose an, klemmte meine Decke und meine Jacke unter den Arm und folgte ihr. Sie lief schnell über den Hof zum Haupthaus. Wir gingen die wenigen Stufen zu einer schweren Eisentür hinauf, und Erna schloß auf. Wir kamen durch eine riesige Halle, durchquerten sie bis zur hinteren Wand, und sie öffnete eine kleine Tür.

Ich konnte nicht erkennen, wie viele Betten in dem Raum standen. Erna legte den Finger auf den Mund und zeigte auf ein leerstehendes Bett direkt neben der Tür. Dann verschwand sie, und ich kroch sofort unter meine Decke. Ich merkte, daß es keine Strohsäcke waren, es fühlte sich weicher, komfortabler an. Aber ich war zu müde, um das alles wirklich zu registrieren.

Plötzlich war Erna wieder da. Sie beugte sich zu mir herunter und flüsterte mir ins Ohr: »Ich schlaf' direkt daneben. Hinter der Wand habe ich einen kleinen Raum. Schlaf dich aus. Morgen zeige ich dir alles. Und hab' keine Angst. Es wird schon schiefgehen.«

Am nächsten Morgen sah alles viel freundlicher aus. Ich wurde von meinen Mitbewohnern geweckt. Eine Menge Betten standen dicht nebeneinander. Man konnte anstandslos von einem zum anderen kriechen, was man um mich herum auch ausgiebig tat. Mein Bett stand so dicht neben der Tür, daß man sie gerade noch so öffnen konnte. Ich weiß nur noch, daß ich hundemüde war und immer unruhiger wurde.

Ich sah meine Mutter herumirren, sah Lona auf Achse gehen, um nach mir zu suchen, und Hotze, der sich über mich beugte und mich mit seinem Glasauge bedrohlich anfunkelte. Ich muß dauernd aufgewacht sein und hoffte nur, daß ich nicht im Schlaf gesprochen oder gar geschrien hatte.

Wir mußten alle in einen großen Waschraum, durften aber unsere Hosen anbehalten und bekamen sogar Zahnbürsten und Seife, wenn man nicht selbst welche dabeihatte. Dann ging es in einen improvisierten Speisesaal. Wir saßen an langen Tischen, bekamen warme Magermilch, viel Brot und Margarine vorgesetzt. An Sonntagen standen manchmal auch Honigtöpfe auf dem Tisch, oder Eimer mit Pflaumenmus.

Ich fühlte mich so schlecht, daß ich keine Lust zu essen hatte. Am Tage hätte ich schlafen können. In der Nacht war ich hellwach und heulte unter der Decke vor mich hin. Ich war völlig verzweifelt und überlegte nur, wie ich hier wieder wegkommen konnte. Erna beobachtete mich immer besorgter, und ich fühlte förmlich ihre langsam aufkeimende Angst.

Nach drei Tagen nahm sie mich beiseite. »Wir müssen uns unterhalten, findest du nicht?« sagte sie.

Ich sah sie nur an.

»Ich hole dich heute nach dem Mittagessen zu einem Spaziergang ab, es wird höchste Zeit.«

Sie ließ mich stehen und erschien pünktlich im Speisesaal. Sie ging ziemlich schnell vor mir her, und ich hatte Mühe, ihr zu folgen. Dann drehte sie sich um, wartete auf mich und fragte mich ohne Umschweife, ob ich nach Berlin zurückwolle.

Ich bejahte.

Ob ich wisse, wo meine Mutter sei?

Ich bejahte wieder.

»Du kleines Aas, was hast du dir dabei gedacht?« pfiff sie mich an, »daß das hier ein Abenteuer ist?«

Ich fing an zu heulen. Am liebsten hätte ich mich irgendwo verbuddelt, hätte nichts mehr hören wollen. Aber Erna nahm keine Rücksicht mehr. »Weißt du, in welche Gefahr du mich bringst? Weißt du, was das Deutsche Rote Kreuz für Unannehmlichkeiten bekommen kann? Von unserer schwedischen Freundin wollen wir gar nicht reden. Du mußt doch vom wilden Affen gebissen worden sein.«

Sie konnte sich gar nicht mehr einkriegen vor Wut. »Du sagst mir jetzt sofort, wo deine Mutter ist.«

»Nein!« schrie ich.

»Ich kann das ganz leicht erfahren. Wenn ich jetzt der Gestapo melde, daß sich ein kleiner Junge bei uns eingeschlichen hat, wird man mir glauben und dich so lange verhören, bis du den Aufenthaltsort deiner Mutter ausspuckst. Da kannst du sicher sein.«

Sie wartete. »Also, wo ist deine Mutter? Immer noch in Berlin?«

Ich sagte nichts.

»Mensch, ich muß dich doch irgendwie zurückbringen.« Sie umarmte mich und drückte mich fest an sich. »Ich will doch nur wissen, ob ich dich nach Berlin, Cottbus oder Finsterwalde karren muß.«

»Du hast von der Gestapo geredet.«

»Irgendwer muß dir ja mal angst machen. Bis jetzt scheinst du keine gehabt zu haben.«

Sie grinste mich an, und ihr ganzes Gesicht hatte sich schlagartig verändert. Das war sie also. So sah sie wirklich aus. Ich hatte noch nie Augen so lachen sehen. Ich umarmte sie ganz spontan, hätte sie gar nicht wieder loslassen wollen. Sie streichelte meinen Kopf.

»Du machst mir vielleicht Zores«, sagte sie dabei.

»Woher kennst du das?« fragte ich kichernd.

»Was?«

»Zores ist hebräisch.«

»Jetzt kann ich auch noch Hebräisch?« fragte sie lachend. »Bei uns zu Hause hat man das immer benutzt. Vielleicht hätte Hitler sich anders zu euch benommen, wenn ihr ihm beigebracht hättet, was Zores sind.«

Ich hakte mich bei ihr ein, und wir gingen langsam zurück.

»Du willst also zurück? Zu Muttern? Und die ist in Berlin. Stimmt's?«

»Ja.«

»Weißt du, was du deiner Mutter angetan hast?«

»Jetzt weiß ich's.«

Sie nickte vor sich hin. »Du hast vielleicht Humor«, sagte sie nach einer Weile. »Jetzt wollen wir bloß hoffen, daß sie noch keine Dummheiten gemacht hat. Seid ihr untergetaucht? Das wird überhaupt ein Riesenproblem, dich wieder nach Berlin zu bugsieren. Die Mütter bringen ihre Kinder zur Kinderlandverschickung hier raus, und du willst wieder hinein. Und das sage ich dir«, sie blieb stehen, »ich tu's nur deiner Mutter zuliebe. Dich würde ich am liebsten hierbehalten und verdreschen.«

Sie zog mich weiter.

»Ich werde mir was einfallen lassen, und du behältst die Nerven. Und hör auf, im Schlaf zu weinen. Die Kinder hören das.«

Zwei oder drei Tage später holte sie mich mitten aus einem improvisierten Schulunterricht nach vorn und erklärte laut, daß sich mein Vater von der Ostfront gemeldet hätte, in Berlin sei und mich dort sehen wolle, da er nur zwei Tage Urlaub habe. Ich solle mich am späten Nachmittag bereithalten und meine Klamotten zusammenpacken.

Es wurde dann aber doch früher Abend, bis wir losfuhren. In Strasburg warteten wir Stunden auf den Zug und kamen im Morgengrauen todmüde in Berlin an. Erna Niehoff hatte sich beurlauben lassen, um mich zu »meinem Vater« nach Berlin zu bringen. »Ich habe noch zwei Tage mehr rausschlagen können, da kann ich meine Schwester besuchen. Ich weiß schon gar nicht mehr, wie sie aussieht«, erklärte sie mir während der Fahrt. Dann schlug sie mir vor, mich auf der Suche nach meiner Mutter zu begleiten, wenn ich wolle. In ihrer Gesellschaft wäre ich sicherer und könne mich ungezwungener bewegen.

»Vielleicht kann ich deiner Mutter deine Ausbüchserei auch besser erklären«, fügte sie hinzu und sah mich wieder mit diesem herrlichen Grinsen an.

»Wenn ich älter wäre, würde ich dich heiraten«, flüsterte ich.

»Ich dich nicht«, flüsterte sie zurück. »Als deutsche Frau darf ich doch keinen kleinen Juden heiraten. Das wäre gegen das Gesetz. Da bekäme ich ganz schön was von Adolf auf die Mütze!«

»Rassenschande«, sagte ich.

»Genau«, lachte sie. »Außerdem bräuchten wir das Einverständnis deiner Mutter. Du bist ja noch nicht volljährig.«

Wir bogen uns vor Lachen, und sie nahm mich schnell in den Arm, um mein Lachen nicht lauter werden zu lassen. Obwohl wir allein in dem alten, miefigen Abteil saßen, konnte man nie wissen, wer wo zuhörte.

»Feind hört mit«, flüsterte sie und deutete auf das Plakat mit dem Spruch und dem schwarzen Männchen, das an der Wand des Abteils hing.

»Welchen Feind meinen die?« fragte ich leise.

»Dich«, antwortete sie. »Du bist das schwarze Männchen. Vor dir muß man sich hüten.«

Sie drückte mich fester an sich und schaute nach draußen. Der Zug fuhr jetzt ganz langsam und hielt schließlich an. Wir befanden uns wohl kurz vor Berlin. Man konnte zwar nicht viel sehen, hörte aber entfernt das Detonieren der Bomben und sah das Aufblitzen des Flakfeuers am Horizont.

»Da kommt's aber wieder mächtig runter«, murmelte sie. »Wenn die so weitermachen, steht am Ende nur noch der Führerbunker.«

Nach stundenlangem Warten wurde der Zug umgeleitet, und wir fuhren in den Lehrter Bahnhof ein. Wir kamen auch mit der U-Bahn zum Hermannplatz, und nach dem üblichen Fußweg standen wir vor der Laube.

Ich sah erst mal nach dem Schlüssel. Er war nicht da. Erna Niehoff blickte mich gespannt an: »Komm«, sagte sie leise, »hauen wir ab.«

Und dann öffnete sich die Tür. Mutter mußte kiloweise abgenommen haben. Sie sah so dünn und zerbrechlich aus. »Das war sie doch früher nicht«, dachte ich. Aber vielleicht war auch die riesige Figur von Erna schuld, daß sie mir plötzlich so winzig vorkam.

»Mutter«, sagte ich, »das ist Erna.«

»Ich bin von der Volksfürsorge und bringe Ihnen Ihren Jungen zurück.« Erna streckte ihr die Hand hin.

Mutter sah keine Hand und verstand anscheinend auch nicht, was wir sagten.

»Er hat sich verlaufen«, fügte Erna hinzu und ließ ihre Hand immer noch ausgestreckt.

Mutter ergriff sie zögernd, und ich sagte: »Es ging nicht eher, sonst wäre ich früher gekommen.«

Ich wußte sofort, wie blöde das war, was ich da von mir gab, und schaute Erna an.

»Es wäre vielleicht besser, wenn wir hier nicht so herumstehen würden. Drinnen kann man sich bestimmt ungenierter unterhalten«, sagte Erna, und Mutter ließ sie widerstandslos an sich vorbei.

Ich machte auch schnell, daß ich hineinkam, und Mutter schloß die Tür.

»Wo haben Sie ihn aufgegriffen?« fragte sie und blieb an der Tür stehen.

»Im Bahnhof«, antwortete Erna und machte ihr offizielles Gesicht. »Er hat sich auf dem Bahnhof herumgetrieben.«

»Was denn für ein Bahnhof?« fragte Mutter nun völlig verwirrt.

»Stettiner Bahnhof.«

»Was hattest du auf dem Bahnhof zu suchen?« wandte sie sich jetzt an mich.

»Ich wollte einfach weg. Weg aus Berlin. Ich wollte dir nicht mehr länger zur Last fallen.«

Mutter sprang wie der Blitz auf mich zu und schlug mir ins Gesicht. Sie hatte anscheinend die ganze Angst und Verzweiflung der letzten Tage in diesen Schlag hineingelegt, denn ich flog bis an die gegenüberliegende Wand und hatte sofort Nasenbluten.

»Das hat vielleicht gesessen!« Erna pustete beeindruckt durch die Lippen. »Jetzt sei mal ehrlich«, sie sah mich an, »haste die nicht verdient?«

Mutter saß jetzt auf einem Stuhl und schluchzte erbärmlich. Sie sah so verletzlich, so krank aus. Am liebsten wäre ich zu ihr hin und hätte ihre Beine umarmt, aber ich tat nichts. Noch heute könnte ich mich ohrfeigen dafür.

Statt dessen kam Erna auf sie zu und legte den Arm um sie. Keiner sagte etwas.

Endlich brach Mutter das Schweigen und stellte sich vor. »Ich heiße Gemberg.«

»Und ich Niehoff. Ich weiß zwar nicht, wie Sie wirklich heißen, aber Gemberg sicher nicht. Ich weiß auch nicht, wo der Vater des Jungen ist, aber an der Ostfront ist er nicht. Ich weiß nur, daß ich Ihren Jungen aufgegabelt habe, als ich Bereitschaftsdienst hatte.«

Sie sah sich um. »Wenn der Winter vorbei ist, müssen Sie hier raus, dann ziehen doch sicher die Laubenpieper ihre Zwiebeln hoch. Ich wünschte ...«, sie unterbrach sich.

»Was wünschten Sie?« bohrte meine Mutter nach.

»Ich wünschte, ich hätte den ganzen Schlamassel mit euch nicht gesehen.«

Sie ging schnell zur Tür. Dann drehte sie sich um und sah mich an. »Mach's gut, mein Kleiner«, sagte sie ruhig. »Und Ihnen wünsche ich, daß Sie Glück haben.«

Sie hatte die Tür schon geöffnet, kam aber noch einmal zurück, schloß ihre Handtasche auf, holte Bleistift und einen Zettel heraus und schrieb etwas auf. Dann reichte sie den Zettel meiner Mutter. »Verlieren Sie den nicht, und lassen Sie ihn auch nicht irgendwo liegen. Das sind Adresse und Telefonnummer von mir.«

Sie klappte sorgsam wieder ihre Handtasche zu und verließ die Laube.

Nun sahen wir uns an. Eine ganze Weile.

»Wir müssen hier weg, wer weiß, was sie jetzt unternimmt«, sagte Mutter.

»Das hätte sie schon viel eher tun können«, erwiderte ich.

»Vielleicht wollte sie nur unseren Aufenthaltsort erfahren. Mich hat sie ja auch noch nicht gekannt.«

»Dann hätte sie mich doch nicht im Kindertransport mitgenommen«, sagte ich.

»Wohin ging denn der?« fragte sie, und ihre Augen begannen bedrohlich zu funkeln.

»Ich erzähl' dir ja alles, aber fang nicht wieder an, auf mir rumzudreschen!«

Sie wartete.

Und dann berichtete ich alles.

Als ich fertig war – sie hatte mich weder unterbrochen noch sonst irgendeine Regung gezeigt –, stand sie auf und ging zum Herd.

»Möchtest du was trinken?« fragte sie. »Ich habe Pfefferminztee.«

Ich trank den Tee und erwartete, jeden Augenblick wieder von ihr angegriffen zu werden, aber sie sprach ganz ruhig auf mich ein.

»Weißt du, daß schon dein Vater an deinem Verstand gezweifelt hat und daß er dich auf deinen Geisteszustand hat untersuchen lassen wollen? Ein bißchen meschugge darf man ja sein, aber andere Leute oder gar die eigene Mutter in Gefahr zu bringen, das ist nicht mehr normal. Sollte dir noch einmal so was einfallen, wirst du mich nicht mehr finden. Dann melde ich mich freiwillig zum Vergasen.«

Ich erschrak. So brutal hatte sie noch nie über unsere Zukunft gesprochen. Wir wußten zwar, was wir zu erwarten hatten, wenn man uns erwischte, aber so genau wollten wir es wiederum auch nicht wissen.

»Das will ich nicht noch einmal durchmachen«, fuhr sie fort. »Ludmilla hat uns, während du ›auf Reisen‹ warst, angeboten, wieder bei ihr unterzukommen. Aber als Lona uns das mitteilen wollte, konnte ich ihr nur sagen, daß du verschwunden bist. Ich habe die Laube nicht mehr verlassen, und Lona hat mich, so gut es ging, versorgt. Wir sperren hier zu und ziehen um. Ludmilla wohnt jetzt in der Bayerischen Straße, in der Nähe vom Olivaer Platz, und soll dort eine ziemlich geräumige Wohnung ergattert haben. Und du weißt auch, daß du nicht nur uns, sondern auch sie mit deinen Eskapaden gefährden würdest.«

»Warum können wir nicht einfach hierbleiben?« fragte ich. »Im Winter sind wir hier am sichersten.«

»Manchmal ist es gar nicht so übel, sich waschen zu können in einem normal eingerichteten Bad. Etwas kochen zu können, ohne stundenlang ins Feuer pusten zu müssen. Einmal nachts nicht vor Kälte aufzuwachen.«

»Ich will aber nicht zu der Frau zurück, der ich wieder zwischen die Beine fassen muß«, dachte ich, »dann schon lieber ins Feuer pusten und die vereisten Lippen von der Bettdecke losreißen.«

Ich war drauf und dran, Mutter das zu sagen, aber ich sah die Tränen in ihren Augen, die Erschöpfung in ihrer ganzen Haltung.

»Und wenn ich verspreche, alles zu übernehmen? Ich mache auch nachts Feuer. Mir ist das egal. Du kannst mich aufwecken, wann immer du willst. Du brauchst gar nichts mehr anzufassen. Ich krieg' das alles hin. Du hast doch selbst gesagt, daß ich ein genialer Feuermacher bin. Hast du doch gesagt. Erinnerst du dich?«

Sie blieb hart. Wollte unter allen Umständen aus der Laube weg. Heute bin ich fast sicher, daß sie selbst dann weggewollt hätte, wenn ich ihr erzählt hätte, was zwischen Ludmilla und mir gelaufen war. Vielleicht wäre es ihr damals lieber gewesen, wenn Hitler ihr all die Sorgen und Belastungen abgenommen hätte. Ich habe ihren Satz »Dann melde ich mich freiwillig zum Vergasen« nie vergessen. Ich konnte also nichts anderes tun, als diese eklige Freundschaft erneut zu akzeptieren.

Wir traten wieder eine Wanderung durch halb Berlin an und landeten in der Bayerischen Straße, vierter Stock, bei Ludmilla Dimitrieff. Verglichen mit ihrer ersten Wohnung, hatte man den Eindruck, als käme man von einem Schloß ins Gesindehäuschen.

Vier Zimmer unterm Dach. Zwei für Ludmilla, eins für Mutter, eins für mich. Meins sah aus wie eine Mädchenkammer. Und alle waren nach dem Bett-Stuhl-Schrank-Verfahren eingerichtet. Nur im etwas größeren Wohnzimmer gab es auch einen Tisch und mehrere Stühle. Aber die Wohnung hatte ein großes Bad und eine schöne Küche. Die war der wärmste Raum der ganzen Wohnung, und wir machten sie zur Wohnküche.

Ludmilla schien froh zu sein, daß wir wieder da waren. Mutter kochte vorzüglich, schmiß den kompletten Haushalt, und Ludmilla konnte an ihrem kleinen, geliehenen Klavier herumspinnen.

Mutter hatte recht behalten. Es war geräumiger, wohnlicher, wärmer als in der Gartenlaube. Aber vor allem schien sich hier unsere Stimmung wieder zu bessern. Fast konnte man die Wohnung eine Art Zuhause nennen. Lona konnte ungenierter vorbeikommen und Geld oder Lebensmittel vom schwarzen Markt abliefern. Ab und zu blieb sie sogar über Nacht bei Mutter im Zimmer. Dann saßen die Frauen bis zum frühen Morgen in der Wohnküche und soffen. Mutter sah wahrscheinlich nur zu. Sie vertrug keinen Alkohol. Ich wurde spätestens um Mitternacht ins Bett geschickt. Dimitrieffs Stimme war immer lauter zu hören und Lonas herzliche, ansteckende Lache auch. Ludmillas »russische Märchen«, so nannte ich sie im stillen, waren ja auch wirklich sehr amüsant. Sie behauptete jedenfalls, es seien alles ihre eigenen Erlebnisse, oder die ihrer Familie gewesen.

Von den Festen am Zarenhof, den Liebesabenteuern ihrer älteren Geschwister, den Erzählungen vom Landgut der Familie, der großzügigen Lebensart dort bekam ich nicht viel mit. Aber einmal berichtete sie in meinem Beisein von der Schlächterei der Bolschewiken auf dem Lande. Vom aufgehetzten Pöbel, unter dem sich auch mancher ihrer eigenen Bediensteten befunden hatte. Da wäre es noch viel brutaler als bei den Nazis zugegangen, behauptete sie.

Ich fragte ganz ruhig, ob man da auch schon Menschen vergast hätte, und sah dabei meine Mutter an. Ludmilla schüttelte den Kopf und antwortete fröhlich, daß ihre Landsleute doch noch gar nicht die technischen Voraussetzungen gehabt hätten, um so etwas zu organisieren, und daß sie die sicher heute noch nicht hätten, sonst wären die Deutschen ja auch nicht in der Lage gewesen, Rußland so schnell zu überrennen.

»Das ist eben ein ganz eigenes deutsches Talent, an das die Russen nicht heranreichen können«, sagte sie, »und wenn Amerika nicht in den Krieg eingegriffen hätte, stünden die Deutschen heute in Wladiwostok und hätten sich schon mit den Japanern vereinigt. In Rußland hat man immer ganz primitiv abgeschlachtet. Da ist die Masse der Schlächter ausschlaggebend gewesen. Und die Zeit. Stalin hatte viel Zeit zum Abschlachten.«

Sie hob den Zeigefinger. »Wißt ihr«, sagte sie mit ihrem gurgelnden Akzent, »es ist doch überhaupt nicht sicher, ob wir mit Hitler nicht glücklicher wären als mit Stalin.«

Lona lachte schallend und sagte: »Sicher, Ludmilla. Ich schenke dir meinen Hitler, und du behältst dafür deinen Stalin. Das ist doch ein prima Geschäft!«

Mutter konnte endlich auch wieder lachen, und die etwas verwirrte Entschuldigung Ludmillas, »für die Juden ist Hitler wohl doch nicht so ganz das Wahre«, machte sie noch heiterer.

Es waren ein paar schöne Wochen in der Bayerischen Straße. Der Fliegeralarm nervte zwar, vielleicht sogar noch mehr als in der Hektorstraße, weil wir ja nun im vierten Stock wohnten und bei jedem Treffer auf alle Fälle dran gewesen wären. Aber die Geborgenheit eines festen Quartiers wog das alles auf.

Ludmilla machte keine Anstalten, mich wieder in ihr Bett zu ziehen. Sei's, daß die Weitläufigkeit aus der Hektorstraße fehlte, sei's, daß ihr die Spiellaune vergangen war – mir war es nur recht. Vielleicht hätte ich auch dieses Mal den Eklat nicht vermieden, egal, was sich daraus ergeben hätte.

Jedenfalls ließ meine Verkrampfung ihr gegenüber nach, und ich konnte ihr gelassen und manchmal sogar amüsiert zuhören, wenn sie ihre abstrusen Geschichten aus der Zarenzeit von sich gab. Was hatten die Russen doch für ein Glück, daß sie das hinter sich hatten! »Und da rückt ihnen jetzt der Hitler auf den Leib«, dachte ich im stillen.

Mitunter sagte ich das auch, und die Dimitrieff nahm dann immer ihre Hoheitshaltung ein. »Davon verstehst du gar nichts«, erwiderte sie gereizt. »Du hast ja nie unter Stalin gelebt.«

»Mir reicht der Hitler«, sagte ich, und Ludmilla Dimitrieff übersah mich nach solchen Wortwechseln für ein paar Stunden.

Mutter hat mir seltsamerweise deshalb nie Vorwürfe gemacht, obwohl sie doch so ängstlich darauf bedacht war, die scheinbare Geborgenheit zu erhalten, die Ludmilla uns bot.

Wenn ich heute darüber nachdenke: Kein Mensch hat sie gezwungen, uns zu helfen. Die deutsche Regierung hatte ihr großzügig Asyl gewährt, und die Nazis bestätigten offenbar noch diese tolerante Haltung gegenüber den »Opfern des Kommunismus«.

Ludmilla Dimitrieff hatte jedenfalls keinerlei Schwierigkeiten, mußte keinerlei Kontrollen irgendwelcher Art von den sonst gegenüber Fremdvölkischen so feindseligen Nazis erdulden.

Bis heute bin ich mir nicht sicher, ob sie nicht eine Art Zuträgerspionage für die Nazis betrieb und uns quasi als Rückversicherung in der Hinterhand behalten wollte, falls die Deutschen den Krieg doch noch verlieren würden.

Sie wollte einfach nicht daran glauben, daß Stalin den Krieg gewinnen könnte, und es war jedesmal sehr spannend für mich zu sehen, wie diese sonst so beherrschte Frau in Rage geriet, wenn die Rede darauf kam. Empört äußerte sie sich darüber, daß Amerika und England diesem Verbrecher zu Hilfe kamen, sogar einen Pakt mit ihm schlossen, obwohl sie doch wissen mußten, daß ein Sieger Stalin sofort zum nächsten Schlag gegen die ehemaligen Alliierten ausholen würde.

Und wenn Mutter dann entgegnete, daß Hitler auch nicht gerade ein Lämmchen sei, erwiderte sie: »Von seiten der Alliierten ist mit Hitler immer zu reden, mal abgesehen von der Judenfrage. Die Nazis haben doch immer wieder betont, daß sie die Juden auswandern lassen würden, und viele haben das ja vor dem Krieg auch getan. Amerika beispielsweise könnte noch viel mehr Emigranten verkraften, ohne daß es deshalb dort irgendwelche Probleme geben würde. Und auch in Australien und Südamerika wäre noch jede Menge Platz. Die Nazis wollen sich die Juden nur vom Halse schaffen, das ist nun mal in ihrer Ideologie verankert.«

Als ich sagte, in Stalins Ideologie sei auch die Verfolgung

der Adligen verankert, sprach sie bis zu unserer endgültigen Trennung nur noch das Nötigste mit mir. Sie fragte Mutter nur einmal, ob Hotze angefangen hätte, mir Politikunterricht zu erteilen.

Der Grund für unsere endgültige Verabschiedung war dann die Beinaheverhaftung meiner Mutter am Olivaer Platz. Im Februar 1944 passierte es. Mutter wollte aus irgendeinem Grund am Vormittag auf die Straße runter. Es war ein ziemlich kalter sonniger Tag. Wir gingen auf den Olivaer Platz zu, da bat mich Mutter, ihre Handschuhe aus der Wohnung zu holen, es sei doch kälter, als sie geglaubt habe, und vielleicht fände sich ja auch noch ein Schal von Ludmilla, den ich für uns mitbringen könnte.

Ich stieg also wieder in die vierte Etage hinauf, suchte und fand Mutters Handschuhe, borgte einen Schal bei Ludmilla und eilte meiner Mutter nach.

Sie stand in den Grünanlagen am Olivaer Platz und sprach auf einen Mann ein. Scheinbar sah sie gar nicht in meine Richtung, und doch gab sie mir einen verstohlenen Wink mit der herabhängenden Hand: Ich solle weglaufen. Ich war sofort in den seitlichen Büschen verschwunden, verkroch mich aber nicht darin, sondern ging, ganz normal, wie mir schien, die Ludwigkirchstraße hinunter. Als ich in die Emser Straße einbog, fing ich an zu laufen. Ich lief wie ein Verrückter. Ich muß wohl den ganzen Weg bis zur Fasanenstraße gespurtet sein. Jedenfalls fand ich mich plötzlich gegenüber der zerstörten Synagoge wieder. »Der letzte Platz, den ich habe aufsuchen wollen«, dachte ich.

Langsam ließ der Schock nach, und ich fing an zu überlegen. Mutters Verhalten konnte nur höchste Gefahr bedeutet haben. Für einen solchen Fall hatten wir verabredet, uns zwölf Stunden lang immer wieder einem bestimmten

Treffpunkt zu nähern, uns dort aber nicht aufzuhalten, sondern wieder zu verschwinden, wieder aufzutauchen und dabei nach dem anderen zu sehen. Irgendwann würden wir uns dann schon treffen, falls es dazu noch kommen konnte.

Als Treffpunkt hatten wir uns den relativ ruhigen S-Bahnhof Bellevue im Tiergartenviertel ausgesucht. Ich machte mich also auf den Weg. Erst wollte ich wieder anfangen zu rennen, aber dann wurde mir klar, daß Mutter, wenn überhaupt, noch gar nicht dort sein konnte. Außerdem mußte es ja irgendwann einmal auffallen, daß da ein Junge am Vormittag durch die Straßen fegte, während alle anderen in meinem Alter in der Schule waren.

Ich versuchte zu schlendern. Das klappte auch nicht. Ich fing fast an zu stolpern, so verkrampft war ich. Als ich dann in die Schalterhalle des Bahnhofs Bellevue trat, war von Mutter natürlich nichts zu sehen. Ich hielt mich nicht lange dort auf, umkreiste den Bahnhof, so gut man das eben konnte, und warf in bestimmten Abständen einen Blick in die Schalterhalle. Nichts. Es war überhaupt kein Mensch zu sehen. Außer der Fahrkartenverkäuferin hinter dem Schalterglas. Nach dem dritten oder vierten Mal hob sie plötzlich den Kopf und schien mich anzustarren.

»Ich muß vorsichtiger sein«, dachte ich. Wenn sie wirklich mißtrauisch würde, könnte das auch Gefahr für Mutter bedeuten. Ich steigerte mich in eine immer größere Panik hinein und fing wieder an zu laufen, überquerte Alt-Moabit, lief weiter bis zur Turmstraße, dann bis zur Stromstraße hoch und wieder in Richtung Bellevue zurück.

Plötzlich stand ich in der Lessingstraße, genau vor dem Haus, in dem wir einmal gewohnt hatten. Es stand ziemlich einsam da, aber es hatte fast nichts abbekommen.

Rundherum sah man nur Ruinen. Das Haus ragte wie ein erhobener Zeigefinger aus dieser Schuttwüste heraus.

»Wenn der Krieg vorbei ist, werde ich wieder hier wohnen, mit Mutter und meinem Bruder«, sagte ich mir. Ich glaube, das war die einzige Wohnung, in der mein Vater sich wohl gefühlt hat. »Eine feine Gegend«, hatte er immer wieder betont.

Von hier aus machten wir oft unsere Sonntagsspaziergänge in die Stadtmitte. Fuhren vom Bahnhof Bellevue zum Bahnhof Friedrichstraße, und dann ging's zu Fuß weiter die Friedrichstraße entlang. Wir überquerten die Straße Unter den Linden und kamen zur Lieblingsgegend meines Vaters: Französische Straße und Gendarmenmarkt.

Das muß so 1938 gewesen sein. Ich ging noch nicht zur Schule und hatte die väterlichen Fußmärsche gar nicht so gern, aber mein vier Jahre älterer Bruder konnte sich nicht satt fragen.

Vater erklärte ihm jedes Gebäude, er mußte die preußische Geschichte eingehend studiert haben. Wenn ihn die Phantasie überwältigte, konnte er ganze Szenerien von kaiserlichen Aufmärschen schildern. Die Garde an den Schloßtoren, der Wilhelm hoch zu Roß, oder wenn mein Bruder einwandte, daß es damals doch schon Autos gegeben hätte, ließ Vater den Wilhelm einen Sonntag später im chromglitzernden Mercedes auftauchen. Einmal ließ er den »Alten Fritz« von seinem Standbild heruntergaloppieren und die Passanten beschimpfen, weil sie ihm nicht schnell genug Platz machten.

»Der ›Alte Fritz‹ ist kein Freund der kessen Berliner Schnauze«, erzählte mein Vater. »Schau mal, wie der die Leute anschreit.« Er hob mich hoch und ließ mich die Linden hinunterschauen. (Heute noch sehe ich den wild gewordenen Hohenzollern durchs Schloßtor preschen.) Dann sah ich mich schnell um und schrie: »Ja, der Sockel ist leer! Der macht jetzt Remmidemmi im Schloß!« und Vater nickte bestätigend.

Aber mein Bruder Adolf zeigte aufs Standbild und sagte ruhig: »Da sitzt er doch noch auf seinem Gaul. Der hat sich überhaupt nicht von der Stelle gerührt.« Mein Vater sah mich an.

»Ich habe ihn aber eben durch das Schloßtor reiten sehen«, behauptete ich hartnäckig.

»Sieh doch richtig hin«, rief mein Bruder, »da oben sitzt er, der Gußeisenfritze!«

»Du siehst ihn da oben sitzen«, wandte sich Vater an meinen Bruder, »und er hat ihn durch das Schloßtor reiten sehen. Jeder sieht die Welt eben so, wie er sie sieht. Du siehst sie so, wie du sie siehst. Stell dir vor, alle Menschen hätten denselben Blick auf die Welt oder auf ihre Mitmenschen. Alle Männer würden deine Mutter so schön finden, wie ich sie schön finde. Hätte ich dann eine Chance gehabt?«

Er lachte, drückte uns an sich und ging mit uns zu »Borchardt«, seinem Lieblingslokal. Dort trank er seinen Weißwein, uns spendierte er einen Nachtisch, und wir sahen durch die Scheiben den draußen flanierenden Menschen nach.

Ich hätte meinen Vater so gern fragen wollen, warum er meinen Bruder ausgerechnet »Adolf« genannt hat, wie er ihm das antun konnte. Als mein Bruder zur Welt kam, hatte es ja schon viel Geschrei um Hitler gegeben. Ich hätte ihn auch so gern fragen wollen, weshalb er eine Zeitlang so eine kleine Bartbürste unter der Nase trug. Sollte das eine Art Anpassung oder Tarnung bedeuten? Mein Vater hatte das viel weniger nötig als ich. Ich erinnere mich, daß wir einmal vor dem Haustor in der Elberfelder Straße standen, als zwei ziemlich ausgewachsene HJ-Burschen in Uniform an uns vorbeigingen, uns fixierten und der eine von beiden vorschlug, ob man sich nicht den kleinen Judenlümmel greifen könnte. Worauf der zweite ihn stoppte, auf meinen Vater wies und sagte: »Haste se noch alle? Det is doch bestimmt der Vater.«

Mein Vater bejahte das freundlich, und die beiden zogen ab. Nicht, ohne sich vorher zu entschuldigen.

Was aber war der Grund für Vaters merkwürdige Maskerade? Als Hitler-Anbeter kann ich ihn mir nicht vorstellen. Und die Tarnung hätte er wirklich nicht gebraucht. Er besaß zwar nicht gerade Gardemaß, aber er war blond, graublauäugig und konnte, im Gegensatz zu mir, als kleiner Germane durchgehen. War das seine Art, sich über den Hitlerspuk lustig zu machen – Schnurrbartbürste und Blauauge: der neue jüdische Nazityp? Das traue ich ihm allerdings zu. Auf dem Sofa liegend, hatte er sich einmal vor Freunden lange darüber ausgelassen, ob man nicht durch die Gründung einer Unterorganisation, etwa mit der Bezeichnung NSJIHC (nationalsozialistische jüdische internationale Handelskorporation) einen Beitrag zur Besänftigung der Hitlerschen Wut leisten und so letztlich sogar eine Mitarbeit am Aufbau eines nationalsozialistischen Staates initiieren könne. Auf das homerische Gelächter um ihn herum schüttelte er nur den Kopf und beteuerte, auch er wolle ja nur den Sozialismus. Und wenn es eben erst einmal ein nationaler sein solle, dann sei er auch damit einverstanden. Mit den internationalen Verbindungen, die er hätte, könne er den Nationalsozialismus auch in anderen Ländern salonfähig machen. Und eventuell mit Parteigeldern neue Kibbuzim in Palästina aufbauen.

Man lachte sich scheckig über ihn. Aber trotz all seiner makabren Späße glaube ich mich heute dennoch an eine seltsame Ernsthaftigkeit in seiner Mimik zu erinnern. Als hätte er damit sagen wollen, daß Sozialismus, in welcher Form auch immer, erst einmal ernst zu nehmen sei und etwaige absurde Nebenideen nationaler oder persönlichkeitsbedingter Art langsam abgebaut werden könnten.

Er muß ein seltsamer Mann gewesen sein, mein Vater! Als ich ernsthaft anfing, mich für ihn zu interessieren, war er schon zwanzig Jahre tot, und der Rest von Verwandten und Freunden, der ins Ausland geflüchtet war, konnte mich auch nicht über ihn aufklären. Für sie und auch für Mutter blieb er immer der große Spaßmacher, der an den guten Kern in jedem Menschen glaubte.

»Woher«, rief er einmal, »woher glaubt ihr, hat Hitler seine Rassengesetze genommen? Hat er nicht ziemlich gründlich den Tenach studiert? Hat er ihn nicht teilweise wortwörtlich abgeschrieben? Glaubt mir, er haßt uns nur, weil nicht er es war, der als erster auf all diese Sprüche kam. Seine Wut wird sich geben, und wir werden noch Freudenfeste miteinander feiern. Schließlich ist er ja auch Vorstand einer Kulturnation allerersten Güte, und das wird auf ihn abfärben, oder seine Regierung wird von kurzer Dauer sein!«

Was ist kurz, denke ich heute. Helmut Kohls Amtszeit umfaßte einen Zeitraum von sechzehn Jahren. Hitler regierte zwölf Jahre. Welcher Zeitraum ist kürzer, welcher länger?

Langsam näherte ich mich, von der Lessingstraße kommend, wieder dem Bahnhof Bellevue und schaute vorsichtig in die Eingangshalle. Niemand da! Der Fahrkartenschalter war geschlossen, und mir wurde klar, daß es schon sehr spät am Abend sein mußte.

Draußen war es dunkel geworden, ohne daß ich es gemerkt hatte.

»Nur nicht in solchen Bahnhofshallen bleiben«, dachte ich, »dort suchen sie zuerst.«

Ich lief wieder. Die Flensburger Straße hinunter, über die Spreebrücke hinüber bis zur Dortmunder Straße. Ziemlich schnell.

»Man muß zielstrebig aussehen. Immer den Eindruck machen, als wolle man sehr eilig irgendwohin«, hatte Lona uns einmal geraten.

Aber mir ging langsam die Puste aus. Ich hatte entsetzlichen Hunger, und es wurde immer finsterer um mich herum. Nicht einmal die Tageszeit wußte ich und hoffte nur, daß es noch keine absolute Nachtzeit war, in der Kinder nichts mehr auf der Straße zu suchen hatten.

Schließlich war meine Verzweiflung so groß, daß ich mich einfach in einen Hauseingang setzte und lautlos vor mich hin heulte. Ich war so fertig, daß ich glaubte, keinen Fuß mehr bewegen zu können. Nichts war mehr von meiner Selbstsicherheit übrig. Meine Gewißheit zu überleben hatte sich verflüchtigt, und mir war mit einem Mal egal, ob sie mich fingen oder nicht. Mutter hätte ja auch gar nicht so lange ausbleiben können, wenn ihr nichts geschehen wäre. Sie wußte ja, in welcher Situation ich mich befand, wußte es um so mehr nach meiner Strasburger Eskapade.

»Es ist ihr etwas passiert«, dachte ich. Und wenn sie verhaftet worden war, was blieb dann noch?

Zu der Dimitrieff oder zu Lona wollte ich nicht. Ohne meine Mutter wären sie mir alle wie Schattenwesen vorgekommen.

»Du gehst jetzt noch einmal zum Bahnhof«, redete ich auf mich ein, »du hebst jetzt deinen Hintern hoch und läufst zum Bahnhof Bellevue. Wenn Mutter nicht auftaucht, kannst du dir immer noch überlegen, ob du dich der Großen Hamburger Straße näherst. Vielleicht kriegst du noch denselben Transport wie Mutter. Immer noch besser, als hier weiter herumzuirren und vor Hunger und Müdigkeit zu krepieren.«

Wie ich hochkam, weiß ich nicht mehr. Jedenfalls lief ich die Strecke zum Bahnhof zurück und in der Flensburger Straße direkt in die Arme meiner Mutter.

Was konnte jetzt noch passieren? Wir weinten beide ein bißchen, jeder machte dem anderen ein paar Vorwürfe, warum er nicht öfter in die Bahnhofshalle geschaut hätte, wobei Mutter darauf bestand, daß sie dort schon am frühen Nachmittag zum ersten Mal erschienen wäre. Wie auch immer – wir hatten uns eben verpaßt. Sie nahm mich bei der Hand, zog mich die Treppe zum Bahnsteig hinauf und bedeutete mir mit einer wegwerfenden Bewegung, daß es schon egal wäre. Vielleicht hätten wir Glück und es käme keine Kontrolle bis zum Savignyplatz. Wir hatten Glück. Der Zug kam, aber kein Fliegeralarm und keine Kontrolle.

Weit vor Mitternacht langten wir bei Ludmilla an. Mutter hatte mit ihr noch nicht gesprochen und bat mich dringend, nichts zu erzählen, einfach den Mund zu halten und alles ihr zu überlassen. Mutter berichtete dann, daß wir uns verfehlt, unseren verabredeten Treffpunkt verwechselt hätten und schrecklich müde seien. Ludmilla solle sich aber weiter keine Sorgen machen.

Nachdem wir noch einen Tee getrunken hatten, gingen wir rasch in unsere Zimmer, und dann bat ich Mutter zu erzählen.

»Nachdem du in die Wohnung zurückgegangen warst«, begann sie, »ging ich in die Grünanlage und wollte dort auf dich warten. Ich ging langsam in Richtung Lietzenburger Straße, als ein Auto an mir vorbeifuhr. Dann hörte ich den Wagen stoppen, sah, wie er zurückstieß, hielt, zwei Männer heraussprangen und auf mich zukamen. Ich hätte mich in die Büsche schlagen oder in Richtung Wohnung zurücklaufen können. Aber wenn du uns dann auch noch begegnet wärest, wäre es endgültig aus gewesen.

Ich blieb nicht einmal stehen, sondern ging weiter auf die Männer zu. Jetzt blieben sie stehen und ließen mich herankommen. Sie schienen etwas verwirrt zu sein, wahrscheinlich hatten sie erwartet, daß ich weglaufen oder schreien würde, aber sicher nicht, daß ich ihnen entgegengehe.

Jedenfalls grüßten sie höflich mit ›Heil Hitler!‹ und fragten mich nach meinem Ausweis. Ich suchte in meiner Tasche herum und tat so, als hätte ich ihn vergessen.

›Tut mir leid‹, sagte ich, ›ich habe ihn zu Hause liegenlassen. Sie müssen sich schon mit meinem alten Postausweis begnügen.‹

Einer der beiden nahm ihn und betrachtete mein Bild sehr genau. ›Ihr Name?‹ fragte er fast nebenbei.

›Rosa Gemberg‹, antwortete ich.

›Geboren?‹

›12. Oktober 1908 in Beuthen.‹

Er starrte weiter auf meinen Ausweis, und ich war nahe genug, um in den Wagen hineinschauen zu können. Ich sah eine Frau und einen Mann auf der Rückbank sitzen. Die Frau kannte ich nicht, aber der Mann kam mir irgendwie bekannt vor. Er schaute schnell weg, als ich zu ihm hinübersah, und ich konnte nur sein Profil erkennen. Ich wußte, daß ich ihn von irgendwoher kannte, und dachte, wenn er sich nur so verschwommen an mich erinnert wie ich mich an ihn, dann gibt es vielleicht noch eine Chance.

›Ihr Name ist Anna Degen, und Sie sind Jüdin‹, sagte der Mann laut.

Ich gab keine Antwort und starrte ihn nur sprachlos an. Dann schüttelte ich den Kopf und sagte ganz ruhig: ›Sowas Dummes ist mir auch noch nicht begegnet. Ich bin auf dem Weg zur Arbeit, komme gerade vom Arzt, und Sie halten mich mit solch einem Blödsinn auf. Geben Sie mir meinen Ausweis zurück. Vielleicht sind Sie ja gar nicht berechtigt, mich nach allem zu fragen. Sind Sie von der Kriminalpolizei?‹

Ich hatte mich in eine richtige Wut hineingeredet. Und schaute immer wieder zum Wagen hin. Einmal sah mir der Mann auf der Rückbank ins Gesicht. Und da wußte ich, wer er war. Er gehörte zu den Bekannten von Onkel David. Wir hatten uns bei den Treptower Eierhäuschen getroffen. An einem heißen Sommertag, als dein Vater dir das Schwimmen beibrachte. Er stand dabei, als dein Vater dich ins Wasser stieß, und ich erinnere mich heute noch an seine Lache, als du wie wild herumpaddeltest. Ich hatte ihn seit damals nicht mehr gesehen. Und das war lange her, mindestens zwei Jahre bevor sie deinen Vater ins Lager abgeholt hatten. Jetzt war er also einer, der sich von den Nazis als Schlepper anwerben ließ.«

»›Geheime Staatspolizei!‹ sagte der Mann und hielt mir seine Legitimation vor die Nase.

›Jetzt seien Sie aber mal vernünftig‹, sagte ich. ›Sie werden sich lächerlich machen, wenn Sie mich verhaften wollen und ich deshalb meine Arbeit versäume.‹

›Wo arbeiten Sie denn?‹ fragte er.

›Das darf ich nicht einmal Ihnen verraten. Da würde ich mich wirklich strafbar machen.‹

Er schaute weg. Ich konnte jetzt nur noch aufs Ganze gehen. Denn nun kamst auch noch du angelaufen. Ich sah dich schon von weitem kommen, und du hast Gott sei Dank sehr schnell reagiert. Vielleicht hat er dich in die Büsche springen sehen, aber er kann dich nicht mit mir in Zusammenhang gebracht haben.

Ich setzte also noch eins drauf. ›Wissen Sie was‹, schlug ich vor, ›ich könnte Sie jetzt nach Hause bitten und Ihnen meinen Ausweis präsentieren, aber damit würden wir nur immer mehr Zeit versäumen, und das kann ich mir wirklich nicht erlauben. Hier in der Uhlandstraße befindet sich ein Polizeirevier mit Meldestelle. Sie fahren mich jetzt dahin, ich werde legitimiert und kann schleunigst meiner Arbeit nachgehen. Wenn Sie mich danach immer noch verhaften wollen, ist das Ihr Problem!‹

Er starrte wieder auf den Postausweis, sah dann seinen Begleiter an, und der zuckte mit den Schultern. ›Bleib hier, ich gehe mal zum Wagen‹, sagte er zu ihm. Ich sah, wie er auf den Mann auf der Rückbank einsprach und wie der immer wieder verstohlen zu mir herüberschaute. Der Gestapomann hielt ihm wohl meinen Ausweis hin. Schließlich zog er seinen Kopf ein, der Beamte kam mit schnellen Schritten zu uns zurück und gab mir meinen Ausweis wieder.

›Den müssen Sie aber auch mal erneuern lassen‹, sagte er und hielt mir ohne ersichtlichen Grund noch einmal seinen vor die Nase. Ziemlich lange. Dann schlug er die Hacken zusammen, bedeutete seinem Begleiter, ihm zu folgen, und ging zum Wagen zurück.

Ich sah sie einsteigen, losfahren und lief noch einmal auf den Wagen zu, so als ob ich noch etwas fragen wolle, sah, daß sie mir nachschauten, während sie langsam weiterfuhren, und dachte nur, jetzt bloß keinen Fehler machen, keine falsche Reaktion zeigen, und hoffte nur, daß du nicht plötzlich noch von irgendwoher auftauchen würdest.

Dann lief ich zur Uhlandstraße zurück und versuchte herauszufinden, ob sie mich verfolgten, denn manchmal lassen sie einen ja nur gehen, um einen bis zu seinem Versteck zu verfolgen und dort vielleicht noch andere hochgehen lassen zu können. Stell dir vor, wenn ich sie zu Ludmilla gebracht hätte, oder zu dir.

Aber dann dachte ich mir, wenn sie das gewollt hätten, wären sie ganz anders vorgegangen. Die haben nur mich gemeint. Wahrscheinlich hat mich dieser Schweinekerl von einem Schlepper zufällig im Vorbeifahren erkannt, aber ich war für die Gestapo glaubwürdiger als er. Wissen möchte ich nur, warum mir der Gestapofritze zum Schluß noch einmal so lange seinen Ausweis vor die Nase gehalten hat.«

»Vielleicht wollte er sich mit dir verabreden«, grinste ich.

Sie schlug mir leicht auf den Kopf. »Du schläfst jetzt aus, und morgen müssen wir darüber nachdenken, wie wir hier am schnellsten wegkommen Und vor allem, wohin.«

Am nächsten Morgen hatte meine Mutter eine lange Unterhaltung mit Ludmilla und rief mich später dazu. Sie ließ sich in ihrer Gegenwart noch einmal alles von mir bestätigen und versprach Ludmilla, so schnell wie möglich von hier zu verschwinden. Dann versicherte sie ihr, daß weder ihr noch mir jemand gefolgt und wir deshalb auch erst so spät in der Nacht heimgekommen wären.

Ludmilla blieb erstaunlich gelassen. Sagte dann aber doch, daß es besser wäre, für einige Zeit von hier zu verschwinden.

In den nächsten Tagen gingen wir nicht aus dem Haus, und nachdem Lona einen ihrer obligatorischen Besuche gemacht hatte, setzte sie sich sofort mit Hotze in Verbindung. Dann hörten wir von beiden überhaupt nichts mehr.

Ludmilla wurde immer wortkarger. Wir versuchten ihr aus dem Weg zu gehen, so gut das eben ging, und verkrochen uns in unseren Zimmern.

Die Lebensmittel gingen zur Neige, aber Ludmilla Dimitrieff qualmte wie ein Schlot, schien außer Zigaretten überhaupt nichts zu brauchen und kümmerte sich immer weniger um uns. Mutter hatte sie im Verdacht, daß sie Lona fürs erste Hausverbot erteilt hatte.

Wir beide versuchten, unseren Hunger mit Wassertrinken zu lindern, besonders vor dem Schlafengehen, mußten dazu aber in die Küche, vorbei an der qualmenden Ludmilla, die uns mit glasigem Blick zusah und kein Wort sprach. Nachts mußten wir mehrere Male aufs Klo, um das Wasser wieder loszuwerden, und schlichen verängstigt an ihrem Zimmer vorüber. Es war fürchterlich. Wir waren jeden Augenblick darauf gefaßt, aus der Wohnung geworfen zu werden.

Eines Morgens war Mutter weg. Ich klopfte leise an ihre Tür, öffnete, als sich nichts tat, und das Zimmer war leer. Die ganze Wohnung war leer. Ich schaute in die Speisekammer, in der außer ein paar Tüten Mehl nichts zu holen war, trank wieder Wasser, bis mir fast schlecht wurde, und legte mich wieder ins Bett. Im Halbschlaf hörte ich, wie meine Tür geöffnet wurde und sah verschwommen Mutter mit einem Mehlbreiteller hereinkommen. Ich richtete mich langsam auf und fragte sie, wo sie gewesen sei. Sie antwortete nicht, hielt mir den Teller unter die Nase und sagte statt dessen: »Morgen verschwinden wir von hier. Es wird höchste Zeit.«

Dann ging sie wieder. Ich dachte, ich könnte vielleicht gleich bis zum nächsten Tag weiterschlafen, und stellte den Teller weg.

Nachts wurde ich durch einen Höllenlärm geweckt. Ich hatte den Eindruck, daß mein Bett hin und her geschoben wurde. Mutter saß auf dem Fußboden, den Kopf zwischen die Knie gedrückt, und stöhnte. Im Zimmer war es so hell, daß ich aus dem Bett sprang und das Licht ausschalten wollte, aber Mutter zog mich zu sich herunter. »Die Dimitrieff ist in den Luftschutzkeller runter. Geh in die Speisekammer. Wir haben wieder was zu essen. Lona war heute nachmittag da.«

»Hauen wir morgen ab?« fragte ich.

Sie wollte antworten, aber draußen krachte es wie verrückt. Das ganze Haus schien zu schwanken, und Mutter zog rasch wieder den Kopf ein.

»Soll ich dir auch was mitbringen?« fragte ich lässig und versuchte, den Tapferen zu mimen.

Sie schüttelte den Kopf und murmelte was von »Käse und Butter im Topf« und »Schwarzbrot«.

Ich aß gleich in der Speisekammer. Hatte mir ein Messer gegriffen, saß auf dem Fußboden und schob alles in mich rein, was ich fassen konnte. In der Speisekammer war es beruhigend dunkel.

Eine Zeitlang entfernte sich das Gebrumme und Gekrache, dann kam es wieder näher, und ich versuchte, ganz gelassen herauszufinden, über welchem Stadtteil sich die Bomber gerade befanden. Als es dann wieder mulmig wurde und das Haus erneut zu schwanken schien, ging ich zu Mutter zurück, die immer noch an derselben Stelle saß und leise vor sich hin schluchzte. Ich setzte mich neben sie und legte den Arm um ihre Schultern. »Mami«, sagte ich, und sie sah sofort auf. »Wenn es uns hier erwischt, kriegen die uns wenigstens nicht. Eine englische Bombe ist immer noch besser. Willst du wirklich nichts essen? In der Speisekammer ist es auch nicht so laut wie hier und vor allen Dingen nicht so gemein hell.«

Sie verneinte wortlos und drückte sich etwas näher an mich. Der Angriff dauerte endlos lange. Als wir schon das Gefühl hatten, es könnte zur Dauereinrichtung werden, schrillten plötzlich die Entwarnungssirenen, obwohl es draußen ständig weiterkrachte.

Dann erschien die Dimitrieff und erzählte, daß die Anglo-Amerikaner neuerdings Bomben mit Zeitzündern abwerfen. Die seien brandgefährlich.

Den Rest der Nacht verbrachten wir in der Küche bei Kerzenlicht, weil der Strom unterbrochen war. Die Dimitrieff hatte ihre Sprache wiedergefunden, seit sie wußte, daß wir am nächsten Tag verschwinden würden.

Immer wieder nannte sie den Krieg einen »unfairen Krieg«, den die Alliierten gegen Deutschland führen. »Aus Frankreich konnten sich die Engländer 1940 nicht schnell genug verdrücken, aber auf unsere wehrlose Zivilbevölkerung können sie Bomben abwerfen!«

Mutter entgegnete, daß die Deutschen als erste Luftangriffe geflogen hätten. Gegen London und Coventry, zum Beispiel.

Die Dimitrieff winkte ab. Das wären doch nur ein paar Drohgebärden gewesen. Kinderkram gegen das, was sich hier zur Zeit abspiele.

Coventry wäre vollständig zerstört worden. Das hätten die deutschen Nachrichten selber verbreitet. Sie könne sich noch genau daran erinnern, sagte meine Mutter.

Die Dimitrieff lachte: »Das Oberkommando der Wehrmacht gibt bekannt – Sondermeldung«, sie sang die Melodie, die der Sondermeldung immer vorausging, »Propaganda, maßlos übertrieben! Man muß doch mit England Frieden machen. Da wird man doch nicht ihre Städte zerstören wollen. Hitler weiß, daß er Stalin nur besiegen kann, wenn er den Rücken frei hat. Und den Alliierten ist ein besiegter Stalin auch lieber als ein zerbombter Hitler. Und daß der das jüdische Kapital braucht, wenn er den Krieg für sich entscheiden will, wenn er überleben will, das wird er auch bald einsehen.«

Jetzt fuhr Mutter hoch. Wo gäbe es denn jüdisches Kapital, das kriegsentscheidend ins Gewicht fiele? Wie könne man denn bloß auf eine so primitive Propaganda hereinfallen. Hitler hätte begonnen, Menschen anderer Rassen abzuschlachten. Hitler hätte die Sowjetunion angegriffen und zum erstenmal vernichtende Prügel von Stalin bekommen. Und sie, Ludmilla Dimitrieff, wisse das ebensogut wie wir. Ihre Abneigung gegen Stalin sei zwar verständlich, beruhigte sie Mutter ein wenig, aber er sei nun mal der einzige, der dieser braunen Bestie bisher erfolgreich Widerstand leisten konnte. Und den Bombenkrieg gegen die Zivilbevölkerung hätte dieses Untier auch begonnen.

Die Dimitrieff, Mutter nannte sie seit dieser Auseinandersetzung nur noch »die Dimitrieff«, blieb ganz ruhig. »Wenn es dir hilft, so zu denken, will ich dir nicht mehr widersprechen«, sagte sie. »Ich wünschte nur, die Anglo-Amerikaner würden die Deutschen gegen Stalin unterstützen. Das wäre doch für euch eine Chance, zu denen auszuwandern.« Sie lachte leise. »Und für mich auch.«

Beinahe hätte ich sie gefragt, ob sie zu ihrem jüdischen Mann zurückkehren wolle, der ja in Amerika lebte, aber ich verkniff es mir. Ich sah meine Mutter an und wartete auf ihre Reaktion. Aber sie starrte bloß ausdruckslos vor sich hin.

»Wenn du noch ein paar Tage länger brauchst, kannst gern noch bleiben«, versuchte es Ludmilla von neuem. Mutter verneinte und sagte nur kurz, daß es beim darauffolgenden Tag bleiben werde. Ich wußte gar nicht, wohin sie wollte und wer ihr die Unterkunft verschafft hatte.

Als ich sie danach fragte, antwortete sie nur knapp, daß wir uns am Nachmittag am S-Bahnhof Köpenick mit einer Frau treffen würden, die uns irgendwo unterbringen könnte.

Am frühen Nachmittag fuhren wir los. Wir hatten uns sehr förmlich von Ludmilla verabschiedet, aber an der Tür umarmte sie meine Mutter ohne Vorwarnung. Nahm zwar nicht die Zigarette aus dem Mund, doch wir beide, Mutter und ich, waren ziemlich überrascht von der ungewohnten Geste dieser so beherrschten und undurchsichtigen Frau.

Wir setzten uns am Savignyplatz einfach in die S-Bahn und ließen es drauf ankommen. Wir hofften auf das erneute Chaos nach dem ungewöhnlich intensiven Bombenangriff und drückten schwach die Daumen. Am Bahnhof Ostkreuz stiegen Militärkontrollen zu, ließen uns Zivilisten aber in Ruhe. Mutter atmete hörbar auf, als wir in Köpenick den Perron verließen. Auf der Treppe begegneten uns wieder Militärkontrolleure. Einer blieb stehen und sah Mutter an. Dann grüßte er zackig und folgte seinen Kameraden.

»Kennen Sie ihn?« fragte eine Frau und sah meine Mutter forschend an.

»Nein«, antwortete Mutter, »aber Sie sind Frau Niehoff.«

Beide lächelten sich an.

»Gehen wir einen Kaffee trinken?« fragte die Fremde.

Mutter nahm mich bei der Hand, und wir folgten der Frau aus dem Bahnhof hinaus, immer in der Nähe der Gleise bleibend, bis wir an einen ziemlich hohen Zaun kamen. Den gingen wir auch noch eine Weile entlang. Jetzt erst sah ich, daß der Zaun oben Stacheldraht hatte, und begann unruhig zu werden.

Die Frau muß das gefühlt haben, oder hatte sie meinen Blick verfolgt? Sie legte mir die Hand auf die Schulter, beugte sich zu mir herunter und flüsterte mir ins Ohr: »Keine Angst, das ist kein KZ.«

Ich wollte mit aller Kraft die Tränen unterdrücken, heulte aber statt dessen hemmungslos vor mich hin.

»Immer raus damit«, sagte die Frau und sah dabei meine Mutter an. »Das tut gut. Uns auch.«

»Wer ist diese Frau?« fragte ich meine Mutter.

»Niehoff, Käthe Niehoff«, antwortete die Fremde.

Ich sah meine Mutter an, wollte sie zwingen, mich auch anzuschauen, aber sie sah nur auf das große Tor, an dem wir gerade angekommen waren.

Die Frau trat an das Wachhäuschen, das Fenster wurde hochgeschoben, und ein zivil aussehender Kopf erschien. »Tag, Frau Niehoff«, grüßte er.

»Ich habe Besuch«, antwortete sie ohne Umstände. »Ich mache Kaffee für uns, wollen Sie auch eine Tasse? Dann schicke ich Ihnen den Jungen gleich noch mal raus. Das tust du doch für den Onkel, nicht wahr?«

Ich konnte nur nicken, mußte sie immerzu anstarren. Sie sah aus wie meine Oma. Nur jünger. Die gleichen blonden Haare, der gleiche Haarknoten und die gleichen grauen Augen. Sie war nur ein bißchen größer. Ich versuchte meiner Mutter erneut in die Augen zu schauen, aber sie blickte über mich hinweg und sah nur diese Frau an. Ich konnte es ihr nicht verdenken. Sie strahlte so viel

Sicherheit, so viel Wärme aus! Wir waren beide ganz hingerissen von ihr.

Ich hatte das Gefühl, als würde es den Krieg und die ewige Hetzjagd gar nicht geben, als könne mein Vater jeden Augenblick auftauchen, mich an der Hand nehmen und mit mir die Französische Straße zu Borchardt gehen, um von drinnen die Spaziergänger auf der Straße zu beobachten.

Sie strahlte einfach Frieden aus, Normalität, diese Frau Niehoff. Den Namen kannte ich doch. Und blitzartig wußte ich auch, woher. Ich faßte meine Mutter am Arm. Ich hatte wohl ziemlich hart zugegriffen, denn sie blitzte mich erschrocken an. »Niehoff?« fragte ich leise, »Erna Niehoff?«

»Kluges Kind!« Wieder reagierte Käthe Niehoff schneller als meine Mutter. »Aus dir wird mal was!« Sie nickte anerkennend und schleuste uns durch eine Barackentür in eine Riesenküche, führte uns in eine hintere Ecke, in der Tisch und Stühle standen, und forderte uns zum Sitzen auf.

Dann verschwand sie hinter einer großen Regalwand und kam nach kurzer Zeit mit einem Tablett zurück, auf dem Tassen und eine Zuckerdose standen. Sie stellte es vor uns hin, bat Mutter, schon mal den Tisch zu decken, und war schon wieder weg.

Wir waren offensichtlich ganz allein in der großen Baracke. Auf dem großen Herd, ziemlich in der Mitte des Raumes, standen überdimensional große Töpfe und Kessel, aber der Herd schien kalt zu sein. An einer Wand hingen lauter Bilder von Filmstars. Fotos von Zarah Leander, Gustav Fröhlich, Marika Rökk bis zu Heinrich George und der »Reichswasserleiche« Kristina Söderbaum.

Käthe Niehoff kam mit einer altmodischen, emaillierten

Kaffeekanne zurück: »Du kriegst Limonade. Und ein Stück Käsekuchen habe ich auch noch für dich.«

Sie goß meiner Mutter und sich ein. Dann sah sie meinen Blick. »Da, an der rechten Seite hängt ein Bild von meiner Lieblingsschauspielerin.« Sie deutete auf eine blonde junge Frau. »Renate Müller hieß sie. Sie ist gestorben. An Lungenentzündung, sagt man.«

Sie verschwand noch einmal und kam mit meiner Limonade, einem Stück Käsekuchen und belegten Broten wieder.

»Mama wird ja vielleicht auch was essen wollen.« Sie sprach das Wort Mama mit Betonung auf der ersten Silbe aus, und ich lachte laut auf. Ich wußte nicht, weshalb, aber ich lachte einfach weiter. Meine Mutter sah mich strafend an.

»Lassen Sie nur«, sagte Käthe Niehoff, das geht mir auch so, wenn mir ein Stein vom Herzen fällt. Nicht wahr, dir fällt doch ein Stein vom Herzen?«

Mir fiel er vom Herzen. Hörbar.

Die beiden Frauen tranken gemütlich Kaffee. Mutter mampfte Wurstbrote, und ich ging zwischendurch zum Pförtner nach draußen und brachte ihm eine Tasse schwarzen Kaffee und ein Brot.

Das Brot sah er erst mal gar nicht an. Roch nur an dem Kaffee und nippte vorsichtig. »Bohnenkaffee, Mensch, reiner Bohnenkaffee!« sagte er anerkennend.

Er nippte wieder und brummte: »Mensch, die Niehoff! Feines Mädchen!«

Dann sah er mich an. »Wo die das bloß alles hernimmt? Von den Tschechen hier doch bestimmt nicht, oder?«

Ich zog die Schultern hoch.

»Bist du Tscheche?« Er schien mir jetzt gar nicht mehr gemütlich zu sein.

»Ich bin kein Tscheche«, sagte ich abweisend und machte, daß ich wegkam.

Er lachte mir hinterher. »Sollte ein Witz sein!«

In der Küche fragte mich Frau Niehoff, ob alles in Ordnung sei.

»Der Pförtner hat mich gefragt, ob ich Tscheche bin.«

Sie lachte. »Nächstes Mal bringst du keinen Kaffee mehr raus, und von mir kriegt er bei passender Gelegenheit eins auf den Nischel!«

Dann bat sie uns, noch eine Weile sitzen zu bleiben und auf sie zu warten. Sie hätte sich zwar den Abend freigenommen, müsse aber noch das Nachtessen vorbereiten, die Zutaten herauslegen und aufpassen, daß auch alles in den Töpfen und nicht in den Taschen des Küchenpersonals landet. Ihre Hilfskräfte seien nämlich fast alle Tschechen, und die würden stehlen wie die Raben. »Kein Wunder, bei den Zuteilungen. Würden wir doch auch machen, wenn wir Hunger hätten«, sie sah meine Mutter an, »oder nicht!« wandte sie sich an mich.

Ich wußte nicht, was ich antworten sollte. Sie wartete, dann sagte sie wie zu sich selbst: »Ich würde es sicher tun. Mundraub ist ja eigentlich nicht strafbar.«

»Eigentlich«, sagte Mutter leise.

»Es kommen auch wieder Zeiten, in denen man auch als Ausländer nicht immer gleich um die eigene Rübe fürchten muß!«

»Sind Sie sicher?« fragte Mutter.

»Das bin ich. Sonst könnten wir uns alle, wie wir hier sitzen, gleich einen Strick nehmen. Das sollen statt dessen lieber andere tun.«

Sie stand auf. »Tu mir einen Gefallen, Rosa. Bleib hier sitzen mit Sohnematz. Draußen streunt jetzt mehr Wachpersonal herum. Und man weiß nie so ganz, wer alles darunter ist. Sollte jemand hier drinnen auftauchen und Fragen stellen: Ihr gehört zu mir. Manchmal kommen auch Burschen von der Waffen-SS hierher. Die melden sich aber meistens vorher an. Und die sind lustig und harmlos. Schieben ein bißchen mit den Tschechen und gehen dann wieder. Also keine Angst! Ich hole euch in etwa einer Stunde wieder ab. Dann machen wir uns einen schönen Abend.«

Diesmal ging sie durch die Haupttür hinaus und schloß sie sorgfältig hinter sich. Wir horchten eine Weile in die Stille hinein, bis wir sicher sein konnten, daß wir allein waren. Dann fragte ich Mutter, wann sie Erna Niehoff angerufen hätte.

Sie war, während ich schlief, in eine öffentliche Telefonzelle hinuntergelaufen, von der sie wußte, daß sie noch funktionierte, und hatte die Nummer gewählt, die Erna ihr in der Laube zugesteckt hatte.

Es war wohl ihre Amtsnummer gewesen, denn sie hörte Stimmen im Hintergrund, als Erna sich meldete. Mutter hatte erst einmal vorsichtig ihren Decknamen genannt, und Erna war sofort im Bilde.

Sie sagte ganz laut: »Frau Gemberg, prima, daß Sie anrufen. Ich hatte schon gar nicht mehr damit gerechnet. Erzählen Sie, wie geht es Ihrem Sohn? Sind Sie wieder in Berlin? Und ist Ihr Mann wieder an der Front? Na, antworten Sie darauf lieber nicht. Sie wissen ja: Feind hört mit!«

Erna hatte das alles in einem ziemlichen Tempo herausgestoßen, und Mutter verstand sofort, daß sie sehr vorsichtig sprechen sollte.

Ernas Stimme schien bei aller Hektik doch eine befehlsgewohnte zu sein, die Mutter ganz fremd vorkam.

»Ich hatte sie ganz anders im Ohr. Von damals in der Neuköllner Laube!«

Vorsichtig sprach sie also davon, daß sie erneut ausgebombt worden sei, daß es ihrem Sohn und ihr aber den Umständen entsprechend gutginge und sie nicht wisse, an welchem Frontabschnitt sich ihr Mann im Moment aufhalte. Sie hätte leider so gar keine Nachricht von ihm.

Wo sie denn im Augenblick untergekommen sei, fragte Erna Niehoff kurz. Sie sei noch in der Auffangstelle für Ausgebombte, hätte aber Aussicht auf ein Zimmer bei einer kinderreichen Schöneberger Familie. Es müsse ja überall zusammengerückt werden.

Mutter unterbrach ihren Bericht und machte ein ziemlich unglückliches Gesicht. »Ich hab' gelogen, daß sich die Balken bogen, und es fiel mir nicht einmal schwer. Woher nehme ich das bloß? Ist das die Angst?«

»Und was hat Erna gesagt«, fragte ich ungeduldig.

»Sie hat mir zugehört und mich nicht unterbrochen.« Mutter sah mich traurig an.

Ich schwieg. »Du bist keine Lügnerin«, sagte ich vorsichtig. »Du lügst bloß aus Angst. Das ist Notwehr. Das ist wie Mundraub, wenn man Hunger hat. Das ist auch nicht strafbar.«

»Strafe wäre mir egal«, antwortete sie, »aber daß es mir so leicht fällt! Wie geschmiert. Ich hätte stundenlang weiterschwatzen können. Ohne Punkt und Komma. Vom Vater an der Front. Ich war sogar versucht, ihr zu erzählen, daß er kürzlich zum Offizier befördert worden sei.«

Mutter blieb ganz ernst. Auch, als ich anfing zu glucksen. Schien völlig abwesend zu sein. »Vielleicht hat dein Vater mich mit seinen Phantastereien angesteckt. Vielleicht stand er neben mir in der Telefonzelle. Hat mir das eingeflüstert.«

Ich erschrak. So etwas hatte sie bisher nicht einmal angedeutet. Ich war nahe dran zu sagen: »Mami, Vater ist tot!« Statt dessen fragte ich: »Was hat Erna denn nun geantwortet?«

Wieder hatte Mutter diesen vorwurfsvollen Blick: »Ich habe Sehnsucht nach deinem Vater.«

Sie sah mich immer noch an, aber sie war nicht bei mir. Dann legte sie die Arme auf den Tisch, bettete ihren Kopf darauf und blieb still liegen.

Ich sprang auf, legte den Arm um ihren Rücken, versuchte mich an sie zu drücken, aber irgendwie konnte ich die Trosthaltung nicht einnehmen, die ich anstrebte.

»Laß mich nur einen Moment. Ich bin gleich wieder da.« Ihre Stimme klang ganz ruhig, fast träge, und etwas fremd.

Ich ließ sie sofort los und setzte mich ganz leise auf meinen Stuhl. Es dauerte sehr lange, bis sie weitersprach. Nahm dabei aber den Kopf nicht hoch. »Ich weiß gar nicht mehr, was ich alles von mir gegeben habe. Jedenfalls unterbrach mich Erna und fragte leise, wie mein Name sei. Ich sagte ›Gemberg‹ und war gleichzeitig so verzweifelt, daß ich am liebsten aufhängen wollte.«

»Nichts da, Gemberg. Wie heißen Sie wirklich?«

»Ich fragte, warum sie das wissen wollte. Wenn ich die Person sei, die sie in Neukölln kennengelernt hätte, dann wüßte sie ja meinen wahren Namen. Sie fuhr mir über den Mund. Ich solle sofort das Maul halten. Sie sage mir jetzt eine Telefonnummer. Die solle ich dreimal wiederholen und nicht aufschreiben. Im übrigen wisse sie, wann ihr Telefon abgehört würde und wann nicht. Ich wiederholte die Nummer dreimal, und nachdem sie mir eingeschärft hatte, daß ich mit dem Anruf mindestens eine Stunde warten solle, hängte sie auf.«

Mutter hob den Kopf. Sie hatte überhaupt nicht geweint.

»Weißt du jetzt, warum ich so durcheinander war? Ich hatte sie völlig anders in Erinnerung. In der Laube war sie eine so mütterliche Frau. Und am Telefon benahm sie sich wie ein echter Nazidragoner.«

»Aber sie hat dir die Telefonnummer ihrer Schwester gegeben«, warf ich ein.

»Ja, die hat sie mir gegeben.« Mutter sprach erneut ganz langsam. Sie war wieder wie abwesend, obwohl sie weiterredete. »Ich habe dann eine Stunde gewartet. Auf den Stufen vor der Wohnungstür. Ich konnte dich nicht wecken. Als ich wieder anrufen wollte, war die Telefonzelle besetzt. Und weil ich keinen weiteren Anrufer dazwischenkommen lassen wollte, umkreiste ich eben die Zelle. So, als ob mir kalt wäre. Mir war alles egal. Ein zweites Mal würde mir mein alter Postausweis nicht geholfen haben. Aber ich mußte es einfach hinter mich bringen. Dann wurde die Zelle frei. Käthe Niehoff sagte, sie habe schon auf meinen Anruf gewartet. Ihre Stimme war so fröhlich, so vertrauenerweckend, so ganz anders als die ihrer Schwester, daß ich plötzlich ganz müde wurde. Endlich würde ich wieder schlafen können, sagte ich mir. Und dann wollte ich nur noch ganz schnell nach Köpenick. Dabei war ich doch noch nie in Köpenick. Köpenick ist gut!«

Sie legte ihren Kopf wieder auf die Arme und war sofort eingeschlafen.

»Sie tut Erna unrecht«, dachte ich. Erna war eine fabelhafte Person. Hatte sie nicht die Telefonnummer ihrer Schwester herausgerückt. Bei einem Telefongespräch, das auch hätte belauscht werden können. Konnte Mutter in ihrem Zustand überhaupt noch begreifen, welcher Gefahr sich Erna samt ihrer Schwester aussetzte? Mich hatte sie ja auch einem strengen Verhör unterzogen. Und ich hatte nicht schlecht gebibbert dabei.

Mit einem Mal begriff ich, welch einem Druck Mutter seit Jahren ausgesetzt war, wie fertig sie sein mußte. Ich hätte sie ununterbrochen streicheln können, als ich sie da so hocken sah. Den Kopf auf die Tischplatte gebettet.

»Nie wieder werde ich dir so etwas antun wie diese sinnlose Strasburger Flucht, ich werde so vernünftig wie möglich sein«, flüsterte ich, »das schwöre ich dir, so wahr mir Gott helfe und beim Leben meines Bruders, den ich so gern wiedersehen möchte. – Obwohl wir ja gar nicht hier sitzen würden, wenn ich nicht nach Strasburg ausgebüxt wäre.«

Als Käthe Niehoff zurückkam, schlief Mutter immer noch. Ich erzählte ihr flüsternd, daß Mutter eingeschlafen war, und Frau Niehoff stellte leise zwei zugedeckte Blecheimer auf dem Boden ab, die sie bis dahin in den Händen gehalten hatte. Sie schob einen der Stühle dicht an meinen heran und sagte mir leise, wohin sie uns bringen würde.

Sie beschrieb eine Laube, die sie in Waldesruh besaß. »Richtung Mahlsdorf-Süd. Die steht auf einem sehr großen Grundstück mit vielen Gemüsebeeten und einer Menge Obstbäumen. Birnen vor allen Dingen. Ißt du gern Birnen?« fragte sie mich. Ich nickte mechanisch und hörte im Grunde nur das Wort »Laube«. Darunter konnte ich mir nichts anderes vorstellen als die Laube in Neukölln. Käthe Niehoff schilderte, daß es dort drei Zimmer und sogar eine Badewanne gebe. »Ihr habt einen schönen Ofen, viel Holz und Briketts und kein Plumpsklo im Freien«, sagte sie und strich mir übers Haar. »Deine Mama hat mir kurz von eurem Laubenaufenthalt in Neukölln erzählt und mich gebeten, dich zu beruhigen. Meine Laube ist ein ganz normales kleines Wohnhaus. Nur, daß es eben außen herum aus Holz ist.«

Ich hörte nur »Laube«. Sah immer die halbkaputten, nicht mehr zu säubernden Dielen vor mir, den Herd mit den Eisenringen, die rissige Abseite mit den bröckligen Briketts und dem noch nassen Brennholz und hätte im Moment sogar die Dimitrieff in Kauf genommen, nur, um nicht wieder in solch ein Loch zu müssen. Aber ich wollte Käthe Niehoff um keinen Preis zeigen, was in mir vorging. Also schwieg ich, nickte immer nur mechanisch und fühlte mich hundeelend.

Nach einer Weile brachen wir auf. Käthe hatte Mutter doch wecken müssen. Sie schleuste uns durch das Lager, stellte uns einigen Menschen von der Wachmannschaft als entfernte Verwandte aus Zeuthen vor und brachte es sogar fertig, daß uns einer dieser Burschen mit einem kleinen Dienst-LKW bis nach Waldesruh kutschierte.

Die »Laube« war wirklich ein einladendes, dickbalkiges Holzhaus mit Fensterläden und einem unglaublich großen Garten. Es war schon ziemlich dunkel, und wir konnten erst am nächsten Morgen so richtig erkennen, wo wir waren.

Das Haus hatte innen gar nichts von einer Laube. Keine Bretterwände, sondern dicke Balken. Jeder hatte sein eigenes Bett. Das Badezimmer besaß eine Sitzbadewanne und ein richtiges Klo mit Wasserspülung. Auch im Bad waren die Wände aus Holz, und Käthe erklärte, daß man in Holzhäusern am gesündesten wohnen könne. »Ich sage euch, genießt den Krieg, der Frieden wird fürchterlich«, pflegte sie zu sagen. »Wenn wir den Bombenhagel überstanden haben, kommt der Hunger. Stellt euch nur mal vor, was wir in Rußland kaputtgemacht haben. Wenn wir das alles bezahlen müssen«, wandte sie sich an mich, »haben deine Urenkel noch daran zu knabbern.«

Sie hatte die Eimer in die Küche gebracht und auf die

Arbeitsplatte gehievt. »Kommt mal beide rein, ich zeige euch, wie der Gaskocher funktioniert. Einen Eisschrank gibt's hier nicht, aber jetzt kann man die verderblichen Lebensmittel ja noch hinters Haus stellen. Im Sommer müssen wir uns dann was einfallen lassen.«

Wir betraten die Küche, und Mutter ließ sich mit einem Seufzer auf einen Schemel fallen.

»Wirst du damit zurechtkommen?« fragte Käthe.

Mutter klatschte sich auf die Schenkel. Das war endlich wieder eine Küche, in der man arbeiten konnte.

Käthe öffnete die Schränke. »Geschirr und Vorräte sind hier oben. Sollte was fehlen oder zu Ende gehen, müßt ihr's mir sagen.«

Dann zeigte sie auf die Eimer. »In dem einen sind Töpfe mit Margarine und Butter, in dem anderen ist Fleisch. Angebratenes Schweinefleisch und panierte Schnitzel. Ich habe erst mal eingepackt, was ich auf die schnelle greifen konnte.«

Später saßen wir um den Tisch im Wohnzimmer. Käthe hatte drei Bierflaschen hereingebracht, die sie hinter dem Haus versteckt hatte. »Morgen zeige ich euch meine Speisekammer!«

Sie stellte Gläser auf den Tisch und schenkte ein.

»Trink ruhig«, sagte sie zu mir, »das ist Malzbier. Schmeckt gut und ist nahrhaft.«

Sie trank ihr Glas in einem Zug leer und goß sich neu ein. »Ihr müßt euch hier so verhalten, wie die Nachbarn auch. Deinem Sohn bringe ich morgen eine schwarze Kordhose und ein HJ-Hemd mit. Die schwarze Hose trägt er, sooft er nach draußen geht. Das braune Hemd läßt er erst mal im Schrank. Darüber müssen wir vorher noch allerhand erfahren. Und jetzt muß ich wissen, wie groß er ist. Einkaufen kann ich nur in Mahlsdorf-Süd. Da braucht ihr euch nicht blicken zu lassen. Lebensmittelmarken habt ihr ja sowieso keine, oder?«

Sie lächelte freundlich, aber ich hatte das Gefühl, daß sie sich auf irgendeine Weise lustig über uns machte. Als ich sie besser kannte, wußte ich, daß es ihre Art war, sich und anderen Mut zu machen.

Sie kam fast jeden dritten Tag und vervollständigte den Lebensmittelvorrat. Meistens fuhr sie auf einem Motorrad mit Anhänger vor, um das sie, wie sie erzählte, alle Nachbarn beneideten. Das Ding knatterte wie ein Maschinengewehr und kündigte sie schon von weitem an. Sie blieb bis spät in die Nacht, und Mutter kochte.

Sie kochte mit Leidenschaft, und Käthe aß mit Leidenschaft. Selten habe ich einen Menschen soviel in sich hineinfuttern sehen. Dabei war sie verhältnismäßig schlank und sehr gut in Form. Sie konnte ungeheure Mengen schleppen. Im Garten arbeitete sie wie ein Kuli. Unendlich ausdauernd. Wenn ich sie fragte, warum sie denn so tollwütig rabotte, antwortete sie, daß es ihr Garten sei und ihre Altersversorgung. Hier wolle sie einmal ihren Lebensabend verbringen.

Und nun ließ sie uns hier wohnen. Ich fand sie einfach bewundernswert. Sie hätte mit einem Schlag alles verlieren können, wenn man uns auf ihrem Grundstück erwischt hätte. Mit einer fast sorglosen Selbstverständlichkeit brachte sie uns in Sicherheit und ließ das Naziregime als eine Art finstere Naturgewalt über sich ergehen. »Die Eiszeit wurde schließlich auch überstanden. Und der Erde hat das scheinbar nichts ausgemacht«, sagte sie einmal zu Mutter, als die lamentierte. »Man muß bloß klüger bleiben als die und immer vorsichtig.«

Und als Mutter zustimmte, wandte sie sich an mich und warnte scherzhaft: »Aber nicht zu vorsichtig!«

Wenige Tage später brachte sie mir eine komplette HJ-Uniform mit. Sogar die Lederriemen mit Originalkoppelschloß fehlten nicht. Käthe nähte die Hose etwas enger, während Mutter Schnitzel briet und Kigel vorbereitete.

Sie schmierte eine runde Küchenform mit Fett aus, tat dann eine Menge frischer, roh geschabter Kartoffeln hinein, so daß die Form bis zum oberen Rand gefüllt war, salzte und pfefferte, gab dann, glaube ich, noch ein bißchen Hefe dazu und schob das Ganze in den Ofen. Dort wurde es so lange gebacken, bis sich eine tiefbraune Kruste bildete. Dazu servierte Mutter entweder Braten und goß die Bratensoße über den Kigel, oder wir aßen den Kigel trokken mit panierten Schweineschnitzeln. Letztere schmeckten Käthe Niehoff ganz besonders gut. Sie wünschte sie sich immer und schleppte die Zutaten gleich in Unmengen an. Es gab fast nichts, was sie nicht besorgen konnte.

Auch von der Nudelsuppe mit gekochtem Rindfleisch und Meerrettich und den trockenen, mehligen Kartoffeln konnte sie nicht genug bekommen. Sie verdrückte Unmengen und seufzte dazu immer: »Mensch, könnt ihr kochen. Wenn das der Hitler wüßte, aber der ist ja Vegetarier.«

Sie forderte Mutter auf, Freunde, zum Beispiel Lona, einzuladen. Oder auch Hotze, von dem Mutter ihr erzählt hatte. Sie meinte, sie müsse den Nachbarn sowieso irgend etwas über uns sagen, und schlug vor, weiterhin die Ausgebombten-Tour zu fahren. Das wäre immer einleuchtend. Wir sollten uns nur auf eine ganz bestimmte Adresse des ausgebombten Hauses verständigen. Das müsse dann nämlich auch wirklich platt sein. Man wisse ja schließlich nie, in welche Gegenden sich die Nachbarn so verirrten.

Ich sagte spontan, daß ich eine solche Straße im Tiergartenviertel kenne, und wir einigten uns auf die Lessingstraße, durch die ich auf meinem Weg zum Bahnhof Bellevue gekommen war. Ansonsten solle Mutter alle Freunde empfangen und sie über unsere Verabredung informieren.

In diesen Wochen bis zum Frühsommer 1944 setzte Mutter zusehends Fett an. Sie wuchs richtig in die Breite, und Käthe beruhigte sie, so eine kleine tragbare Speisekammer könne noch sehr nützlich werden.

Doch dann kam die Furunkulose über uns. Die ungewohnt fette und einseitige Ernährung ließ die Dinger geradezu sprießen. Am Po, unter den Achseln und in der Kniebeuge. Da taten sie besonders weh. Ich wußte nicht mehr, wie ich nachts liegen sollte. Sogar auf der Stirn wuchs mir ein eitriges Horn.

Hotze, der sich schon ein paarmal hatte blicken lassen, half uns, so gut es ging, wusch die Dinger mit Alkohol ab, drückte mir das besonders eitrige am Hintern aus und fragte Mutter mit medizinischer Sachlichkeit, ob sie auch eins an ähnlicher Stelle zu beklagen hätte. Wenn das der Fall wäre, müsse sie das Ding wohl selbst übernehmen, sie hätte ihm ja bei meiner Behandlung auf die Finger geschaut.

Er könne aber auch dafür sorgen, daß wir ein bißchen mehr Gemüse bekämen. Er besäße ja eine Gärtnerei und könne sicher ab und zu ein paar Kohlköpfe oder Karotten rüberwachsen lassen. Das würde ihn schon nicht gleich in die roten Zahlen bringen.

Käthe sagte, sie hätte leider keine Möglichkeit, Gemüse zu beschaffen. Im Sommer und Herbst wäre das kein Problem, dann könne sie uns mit Obst und Gemüse aus dem Garten hier verpflegen. Aber die letzte Ernte habe sie voll und ganz ihrer Schwester überlassen, die damit eine Menge Kinder versorgt hätte. Hotze versprach, für eine Gemüselieferung zu sorgen, und ließ sich eine Woche lang nicht mehr blicken.

Währenddessen rieb uns Käthe in ihrer Freizeit die Hintern mit Sliwowitz ab, weil sich die Beulen immer wieder an den gleichen Stellen festsetzten, und bedauerte jeden Tropfen, den sie dafür verschwenden mußte.

Seltsamerweise half die Behandlung mit dem Sliwowitz. Wir stanken zwar wie die alten Säufer, aber dafür konnten wir in der Nacht wieder schlafen, wenn uns die Amerikaner in Ruhe ließen.

Schließlich brachte Hotze doch noch eine Fuhre Weißkohl und ein paar Tüten Mohrrüben, und wir aßen erst einmal nur Eintopf.

»Lieber Blähungen als diese scheußlichen Beulen«, sagte Käthe. »Blähungen kann man übrigens auch mit Sliwowitz bekämpfen. Zur inneren Anwendung!«

Nur ich durfte nicht an den Alkohol und rannte permanent ins Freie. Die Frauen schlugen sich auf die Schenkel und meinten, ich solle draußen nicht so einen Lärm veranstalten. Die Nachbarn wären bei ihren Mittagsschläfchen schon reihenweise aus den Betten gefallen.

Ich war beleidigt und glaubte auch nicht so recht, daß der Sliwowitz die Blähungen tatsächlich verhindern könne. Als ich einmal heimlich einen Testschluck nahm, wurde mir nur übel, und ich hatte doppelten Ärger. Hotze brachte ständig neuen Weißkohl, und als Mutter ihn fragte, ob er nicht wenigstens mal eine andere Kohlsorte besorgen könne, bekamen wir beim nächsten Mal Wirsingkohl. Obendrauf legte er zwei Tomaten. Er blieb zum Abendessen und aß eine der Tomaten selber. Wir konnten schon sehr über ihn lachen.

Eines Tages überraschte uns Lona mit der Nachricht, daß meine Tante Regina in Zehlendorf aufgetaucht sei. Lona hätte sie angesprochen, und Tante Regina sei vor Schreck fast ohnmächtig geworden. Sie habe jetzt eine Bleibe in der Nähe des Cottbusser Tors gefunden, zusammen mit einer anderen Jüdin, die aber die Wohnung nicht verlassen könne, da sie so jüdisch aussehe, daß sie den Stürmerkarikaturen gliche. Also müsse Regina raus, und das bekäme ihr gar nicht gut. Schließlich hätte sie statt Lona ja auch ein Spitzel erkennen können.

Wichtig sei, hatte sie jedenfalls Lona erzählt, daß auch Hans Kochmann noch nicht abgeschoben worden war. Er lebe zwar in ganz miesen Verhältnissen und erhielte nur die niedrigste Lebensmittelration, käme aber damit so gut aus, daß er auch noch heimlich Frau Platz durchfüttern könne. Frau Platz, eine Bekannte meiner Mutter und meiner Tante, sei ziemlich komfortabel untergebracht worden. Keiner außer Hans Kochmann kenne ihre Unterkunft, aber sie treffe sich hin und wieder mit Tante Regina und tausche Sorgen aus.

Lona erzählte, Regina klage darüber, daß sie schon ihren ganzen Schmuck verscherbelt hätte und bald nicht mehr wisse, wovon sie ihre Unterkunft und das wenige Essen, das sie zum Überleben brauche, bezahlen solle. Mutter winkte ab. »Reginas Klagen sind immer nur dazu dagewesen, ihre wahre finanzielle Lage zu verbergen. Aber sie ist diejenige von uns Geschwistern, die sich mit einem Minimum an finanziellem Aufwand ein Maximum an Lebensqualität schaffen kann. Nimm das alles nicht so tragisch, Lona. Du kannst sicher sein, daß es Regina besser geht als vielen von uns.«

Trotzdem brachte Lona Tante Regina eines Tages mit.

Meine Tante, wenn auch nicht gerade mit sprudelnder Intelligenz ausgestattet, wich mit todsicherem Instinkt allem aus, was ihr gefährlich werden konnte. Sie war auf irgendeine Weise zu einem gültigen Lichtbildausweis gekommen, hieß jetzt Elsbeth Meseritz und konnte sich mit Hilfe dieses Ausweises freier bewegen als die meisten von uns.

Sie verstand es, mit Käthe Niehoff einen einträglichen Kontakt aufzubauen, indem sie sie in ihrem Tschechenlager aufsuchte, hinter ihrem Rücken Verbindung mit den tschechischen Angestellten in der Lagerküche aufnahm und eimerweise Butterschmalz und Speckseiten wegschleppte. Obwohl Käthe Niehoff sich köstlich über sie amüsierte, warf sie Regina dann doch eines Tages raus und verbot ihr, sie je wieder im Lager aufzusuchen.

Tante Regina war das jüngste von acht Geschwistern. Als vierjähriges Mädchen hatte sie von einer herunterfallenden Glaspuppe einen winzigen Splitter ins Auge bekommen, der zu spät bemerkt wurde, obwohl sie dauernd über starke Schmerzen klagte. Sie verlor das Auge. Aber der Arzt hatte meiner Großmutter versichert, daß ihr noch viel Schlimmeres hätte drohen können, wenn der Splitter weitergewandert wäre. Seitdem mußte Tante Regina ein Glasauge tragen und verlor später auch noch die Zähne. Auf ihrem Nachttisch konnten wir das Glasauge, fein säuberlich auf einem Wattebausch liegend, und den Zahnersatz in einem Wasserglas bewundern. Mein Bruder hatte sich früher in der Schule immer damit gebrüstet, daß er eine fast auseinandernehmbare Tante besaß. Sie war eine ziemliche Berühmtheit in seiner Klasse.

Wenn Mutter ihn nach der Schule abholte, fragten ihn seine Kameraden, ob das vielleicht seine Tante wäre und wenn ja, ob sie nicht mal das Auge rausnehmen könne. Mutter, als sie das mitbekam, muß ihm wohl ganz schön eine geknallt haben, aber wenn sie später davon erzählte, konnte man das versteckte Kichern in ihrer Stimme hören.

Für mich war Tante Regina die interessanteste Verwandte mütterlicherseits. Sie wurde immer exzentrischer, verliebte sich in meinen Vater und konnte sich nicht satt hören an seinen Geschichten.

Laut Familienbericht meiner Mutter hätte Regina das schönste der acht Kinder werden können, wenn das mit dem Splitter nicht passiert wäre. Es sei auch gar kein Unfall gewesen. Ihre älteste Schwester, der es noch geglückt war, mit ihrer Familie nach England auszuwandern, hatte mit der Puppe nach ihr geworfen. Regina hätte sich gerade in dem Moment umgedreht und dabei den Splitter ins Auge bekommen.

Als Lona sie in Zehlendorf traf, kam sie gerade von einem Besuch bei einem Millionär. Der Mann war zwar mit einer Arierin verheiratet, mußte aber doch untertauchen. Besitz und Geschäft übernahm seine Frau, ließ sich schnell von ihm scheiden und konnte so besser für ihn sorgen. Er hatte jede Menge Geld, um auch die gierigsten Abzocker zu befriedigen, und hielt sich meine Tante während dieser Zeit als Geliebte. Er war eine ziemlich miese Ratte, aber sie hing an ihm.

»Ich bin ja geschieden, und wenn wir den ganzen Schlamassel gesund überstanden haben, können wir heiraten.«

Ausgerechnet meine mißtrauische Tante glaubte ihm alles. Wir nannten ihn nur »der Millionär«. Seltsamerweise hatte er sich keinen Ausweis beschaffen können. Trotz Geld und seiner nach wie vor treu für ihn sorgenden Exgattin. Deshalb schickte er meine Tante durch die Gegend. Ständig mußte sie Verbindungen zu irgendwelchen früheren Geschäftspartnern aufrechterhalten, war unentwegt zu Besorgungen unterwegs und machte sogar die Botengänge zu seiner Exfrau. Abends verließ sie dann seine sehr komfortable Unterkunft in Zehlendorf und fuhr todmüde in ihr Quartier am Cottbusser Tor. Mutter haßte ihn. Aber er konnte ziemliche Mengen an Zigaretten besorgen, die Käthe Niehoff oder auch Hotze gegen Lebensmittel und Obst eintauschten.

Wir sahen gesünder und gesünder aus, wurden von den Bombenangriffen nicht allzu stark mitgenommen, und ich bekam sogar einmal pro Woche regelrechten Schulunterricht. Hans Kochmann, unser verbotener Assessor und Schulpauker, besuchte uns meistens am Wochenende. Spät am Abend schlich er sich zu uns rein, unterrichtete mich in sämtlichen Fächern, die er für wichtig hielt und zu denen er gerade Lust hatte, und stopfte sich anschließend die Manteltaschen mit kleinen Speckstücken und in Butterbrotpapier gewickelten Margarinestückchen voll. In der Aktentasche trug er nur alte Schulschwarten und Literatur.

»Leibesvisiten machen sie selten«, sagte er, »aber die Aktentasche lassen sie sich schon mal öffnen.«

Dieser überängstliche, überkorrekte Mann wagte es nicht, seinen Fressalienkram in der Aktentasche zu tragen, aber es kam vor, daß er seinen geliebten Thomas Mann, mit einem Umschlag aus Zeitungspapier getarnt, nicht nur mit sich herumtrug, sondern ihn ganz offen auf seinen langen S-Bahn-Fahrten las. Wenn Mutter ihn darauf ansprach, antwortete er: »Wer von den Kontrollbeamten kennt schon Thomas Mann. Und wenn ihn einer kennt, wer könnte was gegen gute deutsche Literatur haben.«

Er hat sehr viel Glück gehabt. Im Ernstfall hätte ich ihm doch eine Scheibe Instinkt meiner Tante Regina gewünscht.

Auf jeden Fall war er mir sehr willkommen. An den Deutschunterricht schloß sich meistens eine gemeinsame Lesung an. Wir lasen mit verteilten Rollen. Jeder mußte eine ganze Anzahl der Figuren übernehmen. Das machte großen Spaß. Manchmal machte sogar Käthe Niehoff mit, und wir lasen bis in den frühen Morgen hinein, bis sie wieder in ihr Lager knatterte. Natürlich schleppte Hans Kochmann auch dramatische Literatur an. Vor allen Dingen Gerhart Hauptmann. Mutter zuliebe.

Mutter liebte Gerhart Hauptmann. Beim »Biberpelz« jauchzte sie. Und wenn ich an die Reihe kam und »Jesus sprach zu seine Jünger, wer keen Löffel hat, ißt mit de Finger« aufsagte, kriegte sie sich nicht mehr ein.

Mutter verschlang alles. »Die Weber«, »Rose Bernd«, »Fuhrmann Henschel«. Hans Kochmann intonierte immer wieder das Lied des Mitteldorf aus dem »Biberpelz«: »Morgenrot, Morgenrot, leuchtest mir zum frühen Tod.« Er sang das mit seiner nasalen Krähstimme so unsentimental und traurig, daß wir alle betroffen waren. Käthe schüttelte sich und meinte: »Nu is jenuch, nu is jenuch, Herr Kochmann. Nu fahr'n se mal nach Hause, sonst wer'n se mir noch krank.«

Hans Kochmann starrte sie an und sagte ganz verblüfft: »Sie sind ja eine komplette Hauptmannfigur. Als würden Sie aus dem Stück gestiegen sein.«

Eigentlich machte ich mir nicht soviel aus der dramatischen Literatur. Ich fand das Lesen komisch und war froh, daß Mutter wieder glücklich aussah, aber ich war mehr für Geschichtsbücher.

Ich bat Kochmann immer wieder, mir welche mitzubringen. Egal, was. Mir wäre alles recht gewesen. Durch Zufall hatte ich einmal einen Band von Zimmermann über die Bauernkriege in die Hand bekommen und war fasziniert. Ich konnte es nicht zu Ende lesen, hatte es irgendwo liegenlassen müssen, aber ich war ganz wild drauf. Aus einem mir bis heute unbekannten Grund verweigerte er mir diesen Stoff, obwohl ich hartnäckig immer wieder von neuem danach fragte. Er sei Literaturliebhaber und kein Historiker, ließ er mich einmal abblitzen. Ich war sicher, daß er derlei Bücher besaß, aber auf diesem Ohr blieb er taub.

Statt dessen steckte er mir Erich Kästner zu. »Emil und die Detektive« und »Das fliegende Klassenzimmer«. »Das mußt du unter der Bettdecke lesen. Die Bücher sind verboten!«

»Wenn sie mich erst mal erwischen, spielen die Bücher, die ich lese, auch keine Rolle mehr«, antwortete ich trokken.

Ich las sie trotzdem und fand sie so fremdartig und unwirklich. Solche Schulkameraden hatte es für mich nie gegeben. Solche Schulen und solche Klassen auch nicht. Ich las sie zu Ende. Was sollte ich auch anderes machen? Ich hatte ja sowieso nichts Besseres vor.

Im Frühjahr 1944 lernte ich meinen späteren Freund Rolf Redlich kennen. Ich bewegte mich ganz ungeniert auf den nahezu verkehrslosen Wegen in Waldesruh, spielte mit den Kindern der Nachbarn, wenn sie nicht gerade Dienst hatten, betete unzählige Male mein Ausgebombtdasein herunter und daß ich jetzt in Köpenick zur Schule ginge und dort auch meinen HJ-Dienst ableiste. Das wäre bequemer für mich als Mahlsdorf, denn Käthe könne mich ja immer nach Köpenick mitnehmen. Und wenn ich auch ein bißchen früher aufstehen müsse, das Fahren auf Käthe Niehoffs Soziussitz würde mich dafür entschädigen.

Gegen Rolf spielte ich Fußball. Er klotzte wie ein Panzer. Meine Beine sahen elend aus, denn auf mich hatte er es besonders abgesehen. Einmal betrachtete er sich meine Schienbeine und meinte, meine Vereinsfarben wären wohl blaugelb, aber daß ich sie so direkt auf den Knochen trüge, wäre eine echte Erfindung. Das war zuviel. Meine Schienbeine taten höllisch weh, und ich klebte ihm eine.

Er blieb ganz ruhig: »Wenn ich jetzt Uniform trüge, wärst du ganz schön im Eimer.«

»Dann hätte ich dir auch nicht in die Fresse gehauen«, gab ich zurück.

»Du mieser Wilmersdorfer Pinkel. Dich nehme ich doch auseinander. Mir sind ja bloß meine Knöchel zu schade.«

Er schlug unvermutet einen Haken nach meinem Kinn, und ich wich zur Seite aus.

»Karl Arsch aus Erkner macht auf Max Schmeling«, schrie ich.

»Los, jetzt gibt's Keile!«

Er lachte kurz auf und schlug erneut zu. Diesmal traf er mich an der Schulter. Es war nicht gerade ein Schmiedehammerschlag, aber es tat ganz schön weh. Mein Bruder hatte mir einmal eingebleut: »Wenn du angegriffen wirst, nicht erst lange mit Körperschlägen aufhalten. Sofort versuchen, den Kopf zu treffen. Das macht deinen Gegner unsicher, und dir gibt's Mut.«

Mit dieser Strategie hatte ich schon oft Furore gemacht, wenn Jungs meines Alters mich belästigten oder eine Judensau nannten. Einmal, etwa 1938, wir wohnten noch in der Elberfelder Straße, schoß einer von der gegenüberliegenden Straßenseite mit einem Luftgewehr nach mir. Der Bolzen zischte dicht an meinem Kopf vorbei.

»Los«, sagte mein Bruder, »nimm ihn dir vor! Ich werd' schon zusehen, daß sich keiner einmischt.«

Mein Bruder war für sein Alter ein überlanger Kerl. Er hätte mir also nicht helfen dürfen.

Ich ging auf die andere Straßenseite hinüber, und der schießwütige kleine Nazi kam mir gleich entgegen, nachdem er seinen Kameraden das Gewehr in die Hand gedrückt hatte. Ich fackelte nicht lange und schlug sofort zu. Der Junge schrie auf und hielt sich das Auge. Ich hatte voll hingelangt. Die beiden anderen machten, daß sie wegkamen, und mein Bruder rief: »Siehste, es hat geklappt!«

Am nächsten Tag lauerten sie mir dann mit Verstärkung auf. Sogar mit Schäferhund. Nachdem sie mir den Weg verstellt hatten, löste sich einer aus der Gruppe und kam auf mich zu. »Los, Kleener, nu' klopp mir mal aufs Auge!«

Wieder versuchte ich's mit dem Überraschungstrick. Ich trat ihm ans Schienbein, erwischte ihn wohl nicht ganz, aber als er sich nach vorn beugte, traf ich ihn voll ins Gesicht. Dabei sah ich nach dem Hund. Der stand ganz ruhig. Aber mein Gegner nicht. Meine Lippe platzte auf. Mit der anderen Faust traf er meinen Magen. Ich dachte nur: »Gleich kotze ich!«

Ich ging erst mal ein paar Schritte zurück, und er kam sofort nach. Schlug ununterbrochen zu. Er war ein ganz anderes Kaliber als der vom Vortag.

»Wenn ich jetzt wegrenne«, dachte ich, »schicken sie den Hund hinter mir her. Ich muß da durch. Verteidigen und auf eine Gelegenheit warten.«

Die kam. Er dachte, ich hätte genug, umfaßte mich und wollte mich auf die Straße schleudern, aber ich zog mit aller Kraft das Knie hoch. Er wimmerte wie ein kleines Kind. Dann drosch ich in irrer Wut auf ihn ein. »Immer auf den Kopf. Immer auf den Kopf. Jetzt bloß nicht nachlassen!« Ich merkte gar nicht, daß ich ihn an ein Brückengeländer gedrückt hatte. Ich schlug nur immer weiter zu. Er wehrte sich nicht mehr.

»Deine dreckige Judensau hat dich jetzt am Arsch!« schrie ich.

Und er sagte mit ganz ruhiger Stimme: »Ist ja gut. Jetzt nimm mal die Beine in die Hand. Wenn die Verstärkung holen, hast du ausgepfiffen.«

Er grinste mich an. Sein Gesicht war blutverschmiert und sein braunes Hemd völlig eingesaut.

»Du siehst auch nicht viel besser aus«, meinte er und tippte mir an die Brust. »Zieh Leine!«

Ich streckte ihm plötzlich die Hand hin. Er nahm sie kurz und drehte sich weg. Ich glaube, er übergab sich, nachdem er seinen Leuten noch zugerufen hatte, mich in Frieden zu lassen.

Ich fühlte nur die Wut und erinnerte mich nicht an den Händedruck, als ich jetzt auf Rolf losging. Er boxte klassisch. Ich konnte machen, was ich wollte, er hatte immer die totale Deckung vor seinem Gesicht. Er tänzelte, ich schlug, durchbrach dann doch einmal seine Deckung und traf ihn am Kinn.

»Mann«, sagte er, »du hast ja 'ne Meise. Du bist ja ein ganz jähzorniges Arschloch.«

Er setzte sich auf den Boden und überprüfte seine Kauwerkzeuge.

»Gib nicht so an, so doll habe ich doch überhaupt nicht zugeschlagen«, sagte ich.

»Ich kann dir ja auch mal eine reinhauen, dann können wir vergleichen.«

»Erst mal treffen!«

»Hätt' ich können. Du warst offen wie ein Scheunentor.«

»Warum hast du dann nicht zugehauen?«

»Ich bin Kameradschaftsführer, du blöder Hund! Was meinst du, was mir passiert wäre, wenn ich dir eine geklebt hätte!«

»Aber die Schienbeine kannst du mir gelb und blau treten!«

»Das ist Sport.« Er feixte und rieb sich immer noch das Kinn. »Warte mal, wenn der Krieg vorbei ist und wir alle

Zivil tragen, dann trägst du deine Vereinsfarben im Gesicht.«

»Wenn der Krieg vorbei ist«, meinte ich, »laufen wir alle nur noch in Uniformen rum.«

Er sah mich prüfend an. »Bist du sicher?« fragte er.

»Todsicher.«

»Hundertprozentiger, was? Dein Vater war bestimmt Oberbonze in Wilmersdorf?«

»SS-Unterscharführer in der Prinz-Albrecht-Straße. Gestapohauptquartier«, fügte ich hinzu.

»Warum nicht gleich Führerhauptquartier?«

»Da war schon alles besetzt. Kein Zimmer mehr frei.«

Er stand auf. An der nächsten Ecke blieb er stehen.

»Bist du morgen wieder hier?« fragte er.

»Selbe Zeit?« fragte ich zurück.

»Selbe Zeit«, bestätigte er und verschwand.

Wir wurden unzertrennlich. Und ich wurde immer sorgloser. Als wir einmal von einem HJ-Führer nach unseren Ausweisen gefragt wurden, konnte er mich kaum anschauen.

»Er hat ihn vergessen, der Blödkopf«, wandte sich Rolf an den HJ-Führer.

Der sah mich an. »Welche Ortsgruppe?« fragte er, während ich in meinen Taschen wühlte und so tat, als hörte ich gar nicht zu.

»Ortsgruppe Köpenick«, antwortete Rolf statt meiner.

»Und warum kann er nicht selber reden?«

»Weil er immer noch in seinen Taschen herumwühlt, der Heini.«

Rolf gab mir einen Stoß vor die Brust: »He, kannst du nicht antworten, wenn man mit dir redet?«

»Entschuldigung.«

»Welche Ortsgruppe, hat man dich gefragt.«

»Ach so, ja, Ortsgruppe Köpenick-Nord.«

Ich nahm Haltung an.

»Ortsgruppe Köpenick-Nord, Scharführer, heißt das!«

Rolf wurde richtig wütend.

»Ortsgruppe Köpenick-Nord, Scharführer«, wiederholte ich sofort und schlug sogar die Hacken zusammen.

»Prima Schuhe«, dachte ich dabei, »Käthe ist nicht zu bezahlen.«

»Mann, ist das ein Spinner«, hörte ich Rolf sagen und dann den HJ-Führer: »Beim nächsten Mal ist er dran, der Dussel!«

Er entfernte sich ohne Gruß und setzte sich mit dem Rücken zu uns hin.

»Manieren sind das«, flüsterte Rolf, »wir waren doch ganz freundlich zu ihm.«

In Wuhlheide sahen wir uns dann noch einen kleinen Wanderzirkus an, der dort gerade gastierte, aber der Abend war versaut. Zu allem Unglück gab es noch Fliegeralarm, und ich saß zum ersten Mal in einem richtigen Bunker. Alles blieb ruhig, und nach etwa einer Stunde konnten wir uns wieder in die S-Bahn setzen.

Von Köpenick aus liefen wir durch den Wald bis nach Waldesruh und sprachen fast kein Wort. Ich bin sicher, er hat etwas geahnt.

»Der ist bestimmt nicht koscher«, wird er sich gedacht haben, während wir stumm nebeneinanderher liefen.

»Kommst du noch mit zu uns rein?« fragte er unvermutet und sah mich an. »Mein Vater macht uns sicher was zu essen, und wir können noch eine Weile Radio hören.«

»Das kann ich meiner Mutter nicht antun. Zumindest muß ich ihr vorher Bescheid sagen.«

»Na gut, dann ein andermal.«

Er hatte aus irgendeinem Grund keine Lust, die Erlaubnis meiner Mutter abzuwarten.

Das nächste Mal kam bald. Wir waren in den Wald gegangen, um nach Granatsplittern zu suchen, die nach den Bombenangriffen dort immer herumlagen und unter uns Jungens sehr begehrt waren. Man konnte damit gute Tauschgeschäfte machen.

Es gab sogar fanatische Sammler. Wer von uns zuerst nach einem Angriff die Gärten und den Wald abgraste, konnte eine ganz schöne Ausbeute heimbringen. Man mußte nur aufpassen, daß man die noch heißen Eisenstücke nicht in die bloßen Finger nahm.

Wir trafen uns also nach einem dieser Tagesangriffe, so schnell es ging, am Waldesrand. Waren fast zeitgleich mit der Entwarnung losgespurtet und suchten mit alten, nassen Wollhandschuhen über den Fingern nach diesen Eisensplittern.

»Hast du die Flak gehört?« fragte Rolf. »Da sollen ganz neue Batterien bei Wuhlheide in Stellung gegangen sein. Und dann kommt ganz schön was runter. Schade, daß die Amis ihre Bomben nicht hier in den Wald abwerfen. Das würde niemanden das Leben kosten, und wir kämen endlich an die Bombensplitter ran. Es gibt Kumpels bei uns im Zug, die zahlen sogar mit Lebensmittelmarken, die sie zu Hause geklaut haben.«

Dieses Mal fanden wir eine ganze Menge deutscher Flakgranatsplitter und machten uns dann auf den Heimweg. Als Rolf die Haustür aufschloß und wir noch im Flur standen, hörten wir schon durch die geschlossene Tür den Sender. Rolf stand einen Augenblick wie gelähmt. Das berühmte Klopfen der BBC vor Beginn der Nachrichtensendungen war ganz deutlich zu erkennen.

»Vati, bist du zu Hause?« schrie Rolf und tat so, als wolle er eine Treppe zum ersten Stock hinauflaufen. Es war sofort still, und dann wurde direkt vor mir eine Tür aufgerissen. Ein Mann in einem dicken Wollunterhemd und einer alten Drillichhose starrte mich an. Langsam und hörbar ließ er die Luft raus und hielt sich an seinen Hosenträgern fest.

»Wie lange seid ihr schon hier?« fragte er und ließ kein Auge von mir.

»Eben erst reingekommen.« Rolf sprang sofort wieder die Treppe herunter und kam auf seinen Vater zu.

»Wie lange stehst du schon vor der Tür?« Er griff mir in die Haare und zog meinen Kopf nach unten.

»He, he, Vater! Was ist denn los? Das ist mein Freund. Er wohnt hier gleich um die Ecke in dem Holzhaus bei Frau Niehoff. Das sind, glaube ich, Verwandte oder Freunde von ihr. Die sind ausgebombt und aus der Stadt hier rausgezogen.«

Er sprach wie ein Schnellfeuergewehr und versuchte, die Hand seines Vaters aus meinen Haaren zu entfernen.

»Rein mit euch!« Er ließ endlich meine Haare los und stieß uns durch die Zimmertür.

Ich stand in einem Raum, von dem ich nicht viel erkennen konnte. Die Verdunkelungsrollos waren heruntergezogen, und hätte nicht eine kleine Lampe neben dem Radio gebrannt, es wäre stockdunkel gewesen. Rolfs Vater schlug die Tür hinter uns zu und schaltete das Radio aus. »Aufs Sofa!«

Er zeigte auf ein Sofa mit einer riesigen Rückenlehne. Der Stoff war abgewetzt, und die Sprungfedern drückten sich schon durch. Rolf schien immer mehr Angst zu bekommen. Wir setzten uns brav hin, und jetzt erst, bei vollem Licht, konnte ich erkennen, was für ein mächtiger Kerl sein Vater war.

Er sah ziemlich abgearbeitet aus, aber ich wollte dennoch keine von ihm gescheuert kriegen.

»Wie lange habt ihr im Flur gestanden?« fragte er drohend und sah vor allen Dingen mich wieder an.

Rolf quasselte wild drauflos. »Wir haben im Wald nach Granatsplittern gesucht.«

Er hob die Hand mit dem alten Geschirrtuch, in das wir die Splitter gewickelt hatten. »Jetzt gerade sind wir nach Hause gekommen. Nach dem Angriff bin ich sofort aus dem Bunker losmarschiert, und kurz vor dem Wald habe ich Max getroffen. Der hat dasselbe vorgehabt. Und dann sind wir in den Wald rein und haben 'ne ganze Menge gefunden.«

»Bist du auch im Bunker gewesen?« unterbrach ihn sein Vater und sah mich an.

»Ja.«

»Ich habe dich aber dort nicht gesehen.«

»Ich Sie auch nicht!«

Ich konnte richtig sehen, wie er über meine Frechheit nachdachte und überlegte, wie er darauf am besten reagieren sollte.

»Warum seid ihr dann nicht zusammen aus dem Bunker verschwunden?«

»Weil ich schneller gestartet bin.«

Ich stieß Rolf meinen Ellenbogen in die Rippen. Der schien aber gar keine Lust zu haben, das Verhör auf diese Weise zu Ende zu bringen. Sein Vater kam auf mich zu und schlug mich leicht ins Gesicht. Es konnte ein Mittelding zwischen Streicheln und Schlagen sein, aber ich sprang doch auf. Er drückte mich wieder runter und sagte ziemlich ruhig: »Ich will jetzt von dir wissen, was du im Flur gehört hast.«

»Was kann schon passieren?« dachte ich. Er hatte den

Feindsender eingeschaltet, und wenn ich so tat, als sei das für mich nichts Neues, konnte ich ihn vielleicht beruhigen.

»Sie haben den englischen Sender gehört«, behauptete ich.

Jetzt sprang Rolf auf und wurde auch heruntergedrückt.

»Das ist nicht wahr, der Kerl spinnt. Er kann doch so was gar nicht gehört haben«, sagte er leise.

»Woher weißt du, daß es der englische Sender war?« fragte sein Vater.

Ich antwortete nicht und sah ihm nicht in die Augen.

»Woher?« Sein Ton wurde wieder bedrohlicher.

»Woher schon.«

Er wartete.

»Wollen Sie, daß ich jemanden verrate?« fragte ich ihn, »würden Sie das gut finden?«

Ich wandte mich an Rolf: »Würdest du deinen Vater verraten?«

Rolf sah seinen Vater an. Sein Vater sah mich an. Keiner sagte etwas.

»Habt ihr schon was gegessen?« fragte er nach einer ganzen Weile.

»Wann denn?« fragte Rolf zurück.

»Gut, dann mache ich euch jetzt ein paar Stullen.«

Er wandte sich zur Tür, und Rolf bat: »Dürfen wir ein bißchen Musik hören?«

Der Alte fuhr herum wie von der Tarantel gestochen und sah ihn voller Wut an. Dann verließ er wortlos das Zimmer. Ich hatte den Eindruck, daß dieses Verhör uns erst zu echten Freunden gemacht hatte.

Wir hingen wie die Kletten zusammen. Kein Tag verging, ohne daß wir uns sahen. Wenn ich nicht zu ihm nach Hause ging, fragte sein Vater sofort nach mir. Ob er wohl

Angst hatte, ich könnte ihn doch noch anzeigen? Ich habe ihn nie danach gefragt.

Er war bei der Bahn angestellt und hatte wohl viel gesehen. Mehr, als er vertragen konnte. Rolfs Mutter hatte ihn verlassen, und Rolf hatte sich mit Händen und Füßen dagegen gewehrt, ihr zu folgen. Er hing an seinem Vater und war noch nicht einmal dazu zu bringen, seine Mutter in Berlin West zu besuchen. Er blieb oft allein zu Hause, kam aber ganz gut zurecht.

Sein Vater hatte ihm ein bißchen Kochen beigebracht. Außerdem hatte Rolf ja keine große Auswahl: Weißkohl, Wirsing, Kohlrüben und Kartoffeln. Und wenn der Fleischer was anzubieten hatte, schnitt er noch Würstchen in winzig kleinen Stückchen hinein. Mich hat er einmal zu Kohlrüben eingeladen, als er wieder mal alleine und Vater auf Montage war, wie er das nannte. Ich kriegte das Zeug nicht runter, und er ließ auch traurig den Löffel fallen.

Während einer späteren Montage lud er mich wieder ein. Ich ging hin und saß vor einem Kohlrübenteller.

»Mensch«, sagte er nur, »iß!«

Ich schüttelte den Kopf: »Das ist doch Schweinefraß«, sagte ich, »das kann man doch gar nicht kauen. Das schmeckt ja wie Baumrinde.«

»Iß!« beharrte er und begann zu futtern.

Ich nahm vorsichtig einen halben Löffel in den Mund. Auf alle Fälle schmeckten die Rüben diesmal nicht mehr so holzig. Ein bißchen scharf und cremig.

»Hast du da Bier reingetan?« fragte ich.

»Mehlschwitze und einen Schuß Cognac. Vater bringt öfter welchen aus Polen mit.«

»Und ich komme besoffen nach Hause«, meinte ich.

Er war ganz stolz auf seine Kochkünste. Besonders auf die Mehlschwitze.

»Haben die Polen denn noch Cognac?«

»Die verschieben noch ihr ganzes Land, wenn sie können. Die kriegen doch das meiste von den Juden.«

»Die Juden haben schon lange nichts mehr«, murmelte ich.

»›Denen fällt noch was aus der Tasche, wenn sie schon längst am Baum hängen‹, sagt mein Alter immer. Auf denen hätten wir nie so rumkloppen dürfen, dann hätten wir vielleicht die Chance gehabt, den Krieg zu gewinnen.«

Ich war einfach sprachlos. Wir löffelten unsere Kohlrüben, und mir wurde immer übler. Nach einer Weile sagte ich: »Du hast doch nicht alle Tassen im Spind. Das kann doch einfach nicht dein Ernst sein.«

»Jetzt sag nicht gleich wieder ›Heil Hitler‹. Hast du gar nicht mitbekommen, wie wir dauernd vermöbelt werden? Die Russen sollen schon kurz vor der polnischen Grenze stehen, die Amis und Tommys schmeißen die Häuser kaputt, und du glaubst noch an den Endsieg. Du hast sie ja nicht alle. Was glaubst du, wer hinter den Amis steht? Die Juden, du Sack! Die Juden schleppen das große Geld an, und die Amis bauen damit ihre Riesenbomber. Währenddessen rotten wir die Juden im Osten aus. Meinst du, das vergessen die uns? Die sind doch international verklammert. Die zahlen uns das zurück. Mensch, wenn wir deren Moneten auf unserer Seite gehabt hätten! Nicht auszudenken, wo wir heute schon stünden. Da könnten wir in der Behringstraße schwimmen und in Sibirien Ski fahren.«

»Kann mir was Besseres vorstellen«, meinte ich.

»Wenn wir dort wären, könnten wir da Luxussportstätten hinpflanzen. Mit dem Judengeld und unserer Energie wären wir nicht zu schlagen.«

Ich stand auf. »Bis demnächst wieder mal.«

»Nee, nee, du bleibst noch ein bißchen. Ist doch noch gar nicht so spät.«

»Für mich schon.« Ich wurde immer nervöser.

»Jetzt mach kein Theater. Deine Mutter ist doch froh, wenn sie manchmal eine Sorge los ist.«

Er wartete, und ich sagte nichts. Stand bloß da.

»Ich habe noch 'n Schlag Rüben für dich. Mit Cognac. Oder ist es Wodka? Die Flaschen haben ja alle kein Etikett.« Er schien ganz versunken in den Anblick der Flasche zu sein. »Warum hat euch denn der Führer so auf'm Kieker?« fragte er ganz nebenbei.

»Mann«, dachte ich, »wie komme ich bloß hier raus und weg?«

Wie lange wußte der Miesnick das schon? Ich starrte auf den Boden und war nicht fähig, einen Schritt zu tun. Was hätte es auch genutzt abzuhauen. Er wußte, wo ich wohnte, kannte die Niehoff, wußte, wie Mutter aussah und hätte uns alle ans Messer liefern können. Schöne Scheiße!

Rolf sah auf: »Ihr müßt dem doch furchtbar auf die Latschen gestiegen sein. Weißt du, was der mit euch machen läßt?«

Ich hütete mich, auch nur igendeinen Ton von mir zu geben.

»Der läßt deine Leute Tag und Nacht nach Polen rollen, und dort werden sie wie die Wanzen vergast. Die haben da eine ganze Industrie aufgebaut. Eine Menschenverarbeitungsindustrie. Was sagst du dazu?«

»Du spinnst!«

»Dann hör dir mal meinen Vater an, wenn er von so einem Transport zurückkommt. Wie der in die Kissen heult.«

»Das hat er dir erzählt?« fragte ich ganz leise.

»Vielleicht hofft er ja im stillen, ich zeige ihn an, dann ist er weg vom Fenster und muß das alles nicht mehr mit ansehen. In das Lager selbst darf er ja nicht rein, aber ihm reicht's schon, wenn nach der Ankunft die Waggontüren geöffnet werden. Die fallen da nur noch raus. Auch die Leichen. So eingepfercht sind sie da drinnen. Die ersten paar Male ist mein Vater immer hinter die Lok und hat gekotzt. Jetzt kotzt er nicht mehr, aber sie haben ihm Schlafmittel verschrieben. Die nimmt er zu Hause und schreit manchmal die ganze Nacht durch, wenn ich ihn nicht wachrüttle. Und dann kann er gar nicht anders. Er erzählt und erzählt. Ich bin ja der einzige, bei dem er sich's von der Seele reden kann. Und was meinst du, was das für einen Spaß macht. Darum macht er alles dicht, wenn er zurück ist, und hört den Engländer. Der will nicht wissen, wo wir wieder was auf die Mütze bekommen haben, den interessiert nur, was die Tommys über die Transporte wissen. Und wenn er dann hört, wie viel sie schon darüber erfahren haben, kriegt er jedesmal einen Weinkrampf. Ich komme mir schon vor wie eine Krankenschwester. Manchmal brülle ich ihn richtig an: ›Warum haust du nicht einfach in den Sack und machst krank? Mach auf Schlappschwanz, und sage, deine Nerven machen das nicht mehr mit.‹ Er sagt dann nur immer: ›Das geht nicht, das geht doch nicht. Dann macht's ein anderer. Der wird dann auch so ein Wrack wie ich. Verhindern kann man's nicht. Also muß es der tun, an dem es hängenbleibt.‹«

Rolf senkte den Kopf: »Mein Vater war mal ein toller Kerl.«

»Das sieht man heute noch.«

Er sah hoch. »Nichts sieht man. Ein Gespenst ist er.« Er sah wieder weg. »Na, wenigstens schreit er nicht mehr bei jeder Gelegenheit ›Heil Hitler!‹, wenn er zeigen will, daß er ein strammer Nazi ist.«

»Und du?«

»Ich bin ein strammer Nazi. Ich bin der strammste Nazi in ganz Waldesruh.«

Er griente. »Und was bist du?«

»Ich bin auch ein strammer Nazi. Von mir kannst du noch was lernen.«

Er stand auf. »Willst du jetzt noch was oder nicht?«

»Ich gehe jetzt zu Mutter, und du kannst ja inzwischen Meldung machen. Bei deinem Sparführer!«

»Wenn schon, dann Scharführer, du Itzig!«

Wir sahen uns stumm an, dann kam er auf mich zu und legte mir den Arm um die Schulter. »Das war für den Sparführer. Jetzt hau ab, und bau keinen Scheiß. Von mir erfährt keiner was. Für mich bist du ein hochnäsiger, ausgebombter Westberliner.«

An der Haustür drehte ich mich noch einmal um. »Wann kommt dein Vater zurück?«

»Heute nacht.«

»Muß er dann gleich wieder weg?«

»Nein, er bleibt ein paar Tage zu Hause. So viele Juden gibt's ja hier auch nicht mehr.«

Wir sahen uns eine ganze Woche nicht. Ich war froh. Meiner Mutter erzählte ich nichts von unserer Unterhaltung. Sie wäre ausgerastet und hätte Waldesruh sofort verlassen.

Aber eine Woche später stand Rolf dann vor der Gartentür. Käthe bat ihn reinzukommen. Er gab allen brav die Hand, machte sogar einen Diener vor meiner Mutter und machte auf die beiden Frauen einen sehr wohlerzogenen Eindruck.

»Fast wie aus Dahlem«, dachte ich. »Nur das Hackenzusammenknallen fällt ein bißchen aus der Reihe. Was für ein Heuchler! Rolf Unredlich sollte er heißen.« Mir war so gar nicht klar, was er hier wollte. Vor unserer langen Unterhaltung hatte er immer Besuche bei uns vermieden. Ich konnte keine Minute ruhig auf meinem Stuhl sitzen bleiben.

»Wollen wir nicht ein bißchen rausgehen?« fragte ich ihn, als Käthe uns gerade eine Kunstlimonade hinstellte.

»Warum?«

Mutter schien den Jungen ganz gern zu mögen, der da zum ersten Mal vor ihr stand.

»Laß ihn doch erst in Ruhe seine Limonade trinken. Der Nachmittag ist noch lang.«

Ich hätte ihn sonstwohin wünschen können.

»Wenn er uns verpfeifen will, dann soll er nicht so lange warten.«

Ich sprang förmlich von meinem Stuhl hoch, doch ehe ich noch was sagen konnte, teilte er speziell meiner Mutter mit, daß er uns eine Einladung seines Vaters überbringen wolle. Selbstverständlich sei Frau Niehoff auch eingeladen. Es gäbe selbstgebackenen Kuchen und Blümchenkaffee. Ob es den Damen recht wäre.

Die Damen waren entzückt, er trank seine Limonade aus und stand auf.

Nach einer fabelhaft hingelegten Verabschiedung begleitete ich ihn hinaus. »Du bist der größte Heuchler, der mir je über den Weg gelaufen ist«, begann ich auf der Straße.

»Es war nicht meine Idee. Mein Vater besteht darauf, deine Mutter kennenzulernen.«

»Und warum glaubst du, daß wir ›Itzigs‹ sind?« Ich benutzte bewußt seinen Ausdruck.

Er winkte ab. »Sei doch nicht so empfindlich. Kleiner Scherz wird doch wohl noch erlaubt sein.«

Ich blieb stehen.

»Ja, ja, es war Scheiße, taktlos und so weiter.«

»Warum glaubst du, daß wir ›Itzigs‹ sind?« beharrte ich.

»Mein Vater hat's mir gesagt.«

Er wurde wütend: »Soll ich dir sagen, was er gesagt hat? ›Wen hast du da ins Haus gebracht? Das ist ein Judenjunge, das sehe ich auf den ersten Blick.‹ Erst habe ich gedacht, er spinnt, aber er blieb stur. ›Was glaubst du, wen ich da immer nach Polen transportiert habe? Deren Gesichter kenne ich in allen Schattierungen. Aus kleinen, aus großen Verhältnissen. Irgendwie sehen die sich alle ähnlich. Wenn wir den Zug stoppen mußten, wegen Fliegeralarm oder kaputter Gleise, habe ich denen, unter Umgehung der Begleitmannschaft, oft Wasserflaschen und Schmalzbrote durch die Luftschlitze geschmissen. Und wenn ich ihre Stimmen hörte, wie sie sich bedankten oder sich von innen hochhievten, habe ich fast kotzen müssen. Ich weiß genau, wie die aussehen, sage ich dir. Mir ist zwar nicht klar, wie sie es geschafft haben, hier abzutauchen, aber der Kleene ist Jude. Und die Niehoff müßte wissen, daß ein paar Häuser weiter unser Blockwart sitzt, und der ist ein Obernazi.‹«

»Ich will wissen, warum er meine Mutter einlädt.« Ich rührte mich immer noch nicht vom Fleck.

»Er will Klartext mit euch reden. Der Oberbonze hat irgendwann bei einem Bierabend eine Bemerkung über die Niehoff fallenlassen. Mein Alter verpfeift euch nicht. Der will euch warnen.«

»Was hat denn der Blockwart gegen die Niehoff?«

»Weiß ich nicht. Mein Vater wird euch das schon verraten.«

Herr Redlich hatte sich feingemacht. Er trug Anzug und Krawatte, bat die beiden Frauen ins Wohnzimmer und stellte gleich einen Riesensandkuchen auf den Tisch. Jetzt erst konnte ich das Wohnzimmer richtig sehen. Ein geräumiger Raum, sehr hell, mit ziemlich abgenutzten, zusammengewürfelten Möbelstücken. Nichts paßte, aber es machte einen blankgeputzten, gemütlichen Eindruck. Dazu kam ein wundervoller, spätwinterlicher Sonnentag, der uns alle in eine fröhliche Stimmung versetzte. Der Tisch war schon gedeckt, und der alte Redlich kam mit einer großen blechernen Kaffeekanne aus der Küche.

»Möchten die Damen einen kleinen Magenrülpser, oder geht's gleich ans Gebackene?«

Käthe und Mutter sahen sich an. Dann fingen sie beide an zu lachen. »Kleiner Rülpser wäre nicht schlecht«, antwortete Käthe, »dann ist nachher mehr Platz für Ihren schönen Kuchen.«

»Das ist ja Wodka!« sagte sie, als sie ihr Glas mit einem Schluck geleert hatte, »da hätten Sie uns aber doch warnen müssen, will ich mal meinen.«

Redlich griente meine Mutter an: »Na, nu trinken Sie ruhig. Das ist kein Gift, das ist polnischer Wodka.«

»Und der hat es in sich«, sagte Mutter, als sie genippt und das Glas wieder auf den Tisch gestellt hatte, »so was trinke ich eigentlich nur, wenn ich was mit dem Magen habe.«

»Wer hat denn heute schon was mit dem Magen? Das bißchen Fett von der Zuteilung macht uns bestimmt keine Sorgen.«

»Na, dann brauchst du auch nicht zu trinken«, sagte Käthe und ergriff das Glas meiner Mutter. Wir konnten gar nicht so schnell hingucken, wie der Wodka verschwunden war.

»Donnerwetter, haben Sie einen Zug!« meinte Rolf und sah sie bewundernd an.

Käthe klopfte ihm auf den Rücken. »Ach, weißt du,

wenn du erst mal in meinem Alter bist, hast du auch schon ein paar Schlückchen mehr nötig.« Sie wandte sich an den alten Redlich. »Sie sind doch bei der Bahn, nicht wahr?«

»Ja.«

»Wie kommen Sie denn an diesen fabelhaften Wodka ran?«

»Noch einen Schluck?« fragte Redlich, während er ihr eingoß. »Das ist der letzte Rest vom Schützenfest. Aber auf der nächsten Tour kommt vielleicht wieder was rein.«

»Fahren Sie denn oft in die Richtung?« wollte Mutter wissen.

»Fast nur«, erwiderte Redlich und drehte sich jetzt voll meiner Mutter zu. »Fast nur«, wiederholte er und sah sie aufmerksam an.

»Wo geht's denn da immer hin?« mischte sich Käthe wieder ein.

»Manchmal bis nach Warschau runter. Da krieg' ich dann auch den Wodka her. Die polnischen Schieber sind ziemlich zuverlässig, aber es werden auch immer weniger.«

»Davon kann ich ein Lied singen«, sagte Käthe, »was bei uns im Laden alles geklaut wird. Da lösen sich manchmal ganze LKW-Ladungen in Luft auf.«

»Ja, ja, bei den Polen bleibt auch kein Nagel in der Wand, wenn man denen nicht ständig auf die Finger haut.«

»Hauen Sie mal nicht zu stark, denn den Wodka haben Sie doch auch von denen«, sagte Käthe trocken.

»Sie arbeiten doch im Tschechenlager? In Köpenick drüben.«

»Als Köchin.«

»Haben Sie die ganze Küche unter sich?«

»Die ganze Küche.«

»Klauen die auch Lebensmittel?«

»Fast ausschließlich.«

»Und sie kommen nicht dahinter, wer das sein könnte?«

»Die Tschechen am wenigsten. Die würde man sofort alle machen.«

»Wer dann?«

»Raten Sie mal.«

»Das Wachpersonal?«

»Neugieriger geht's nicht mehr, wie?«

Käthe wurde immer unfreundlicher und Redlich immer eifriger.

»Mir brauchen Sie doch nichts zu erzählen. In Rußland lassen die Unseren keinen Stein auf dem anderen. Was nicht mitkann, wird verbrannt. In Polen wird auch jeder Fettfleck ernst genommen.«

»Nun seien Sie mal vorsichtig, Sie wissen ja gar nicht, mit wem Sie reden«, warnte Käthe, »Sie wollen doch Ihren netten Jungen nicht zur Waise machen?«

»Ich weiß sehr gut, mit wem ich rede. Ich bin Menschenkenner.«

Der riesige Kerl wurde immer lockerer. Er goß den Frauen Kaffee nach und schüttete sich selbst den letzten Rest aus der Wodkaflasche ein. Tat so, als wolle er die Flasche auswringen.

Wir wurden auch immer vergnügter. Rolf schien seinen Vater lange nicht mehr so aufgeräumt gesehen zu haben. Er sah ihn ganz glücklich an. Und ich mußte über ihn lachen. Nur Mutter blieb ernst. Sie verzog keine Miene, aber sie war hellwach.

»Wir von der Reichsbahn wissen doch, wo man noch hinkann. Früher bin ich bis nach Charkow runter. Heute ist hinter der polnisch-russischen Grenze schon Schluß.«

Er trank seinen Wodka sehr vorsichtig und schien ihn immer noch etwas im Munde umzuwälzen.

»In jedem Krieg geht's mal vorwärts und mal rückwärts. Nun geht's eben mal 'ne Weile rückwärts. Deshalb muß man doch nicht gleich den Mut verlieren. So dürfen wir Deutsche doch nicht denken«, sagte Käthe.

Redlich starrte die beiden Frauen mit seinen müden Augen an. »Die Russen sind doch stärker, als wir ursprünglich angenommen hatten. Die haben Menschenmaterial ohne Ende«, sagte er in seiner trägen Art. »Mit dem Reservoir können die noch zwanzig Jahre Krieg führen. Wir nicht.«

»Na ja«, unterbrach ihn Käthe, »irgendwann bluten die auch aus. Trinken Sie nicht soviel, dann sehen Sie auch nicht ganz so schwarz.«

Der alte Redlich schaute immer finsterer und hatte meine Mutter im Visier. »Irgendwer siegt immer«, sagte er langsam. »Heute ich, morgen du. Solange die die Juden auf ihrer Seite behalten, sind wir doch am Ende immer in den Arsch gekniffen.«

Plötzlich schwiegen wir alle. Nach einer Weile fuhr Redlich fort: »Ihre Tschechen sollen da ganz schön mit Lebensmitteln rumschieben, und man hört auch, daß die das gar nicht könnten, wenn von deutscher Seite nicht ein Auge zugedrückt würde.«

Käthe blieb fröhlich: »Wenn Ihnen so was zu Ohren kommt, sollten Sie das aber lieber anzeigen, statt es mir zu erzählen. Ich bin da ja so etwas wie der Küchenchef.«

»Ich zeige keine Leute an! Ich habe noch nie jemanden angezeigt. Aber ich kann das ja mal weitergeben.«

»Machen Sie damit, was Sie wollen. Haben Sie uns eingeladen, weil Sie uns warnen wollen?«

»Vielleicht.«

Käthe stand auf. »Dann danke ich Ihnen aber sehr. Zu Ihrer Beruhigung möchte ich Ihnen aber doch sagen, daß in meiner Küche nichts verschoben wird. Und wenn ich mal ein Auge zudrücke, weil ein notleidender Mensch gerade einmal mehr braucht als die anderen, dann zweige ich das ab. Bei mir kommt keiner zu kurz. Kein Tscheche und kein Deutscher. Zerbrechen Sie sich nicht meinen Kopf. Ich lade Sie gerne mal zu mir ins Lager ein, da können Sie dann mit den wachhabenden SS-Leuten darüber diskutieren, die sind bestens unterrichtet, was im Lager so alles los ist. Eine Tasse Kaffee gibt's übrigens auch immer bei mir. Und Kuchen. Von meinen Tschechen. Selbstgebacken. Erstklassige Konditoren, sage ich Ihnen. Da fühlen Sie sich wie in Friedenszeiten. Sie können ja Ihren Sohn losschikken, wenn Sie Lust darauf haben.«

Damit war der Besuch beendet.

Rolf ließ sich nicht mehr sehen. Wann immer ich auf die Straße ging, traf ich alle möglichen Kinder, aber nie war Rolf darunter. Einmal stand ich sogar vor seinem Haus. Es sah ganz verlassen aus.

»Die sind verreist«, dachte ich. »Die wollten von den Bomben weg«, erzählte ich dann auch den Frauen.

Aber die ließen sich nicht beruhigen. Als Hotze bei seinem nächsten Besuch von der Unterredung erfuhr, machte er ein sehr bedenkliches Gesicht. Er ließ sich die Unterhaltung drei-, viermal wiederholen, fragte nach Einzelheiten, nach dem Gesichtsausdruck des alten Redlich, erkundigte sich auch immer wieder, ob er bei bestimmten Sätzen Mutter besonders fixiert hätte, und sprach am Ende den Verdacht aus, daß er im Grunde nur Mutter gemeint haben könnte. Die Unregelmäßigkeiten im Tschechenlager werde er wohl nur vorgeschoben haben, die Einladung habe sicher nur Mutter und mir gegolten.

»Das war eine Warnung durch die Blume. Ich weiß zwar

nicht, woher der seine Weisheiten nimmt, aber man sollte sie ernst nehmen, Frau Niehoff. Und wenn man Sie auf dem Kieker hat, interessiert man sich logischerweise auch für Ihre Umgebung.«

Käthe ließ sich nicht nervös machen. Im Gegenteil, sie arrangierte eine große Kaffeetafel in ihrer Küchenbaracke. Anlaß war ihr Geburtstag, und Erna kam extra angereist. Aus Paris, glaube ich. Sie brachte eine ganze Ladung französischen Cognac mit und schmückte damit den Geburtstagstisch.

Der Lagerleiter, ein ziemlich hoher SS-Bonze, hatte das Kopfende des Tisches eingenommen, stand kerzengerade, mit dem Cognac in der Hand, und brachte einen Toast auf die Niehoff-Schwestern aus. Redlich und Rolf, die auch eingeladen und seltsamerweise sogar erschienen waren, sahen dem Ganzen fasziniert zu.

»Liebe Käthe Niehoff, Sie sind ein As in der Küchenbranche. Die Ortsgruppe Köpenick hat bereits vorgeschlagen, hier im Lager eine Kantine für verdiente Parteigenossen einzurichten und die Arbeit der Fremdarbeiter zu übernehmen.«

Käthe lachte. »Das könnte denen so passen. Da ginge doch kein Stück Holz mehr über die Sägebänke.«

Der SS-Offizier ließ sich nicht irritieren. Er nahm einen Schluck aus seinem Glas und sprach weiter: »Im Ernst, Käthe, wir sind wirklich daran interessiert, Sie in unser Ausbildungslager nach Guben zu versetzen. Unsere Jungens werden dort weitaus schlechter verköstigt als diese Fremdarbeiter hier. Und ich denke doch, daß sie ein besseres Los verdient haben. Schließlich werden sie die neue Generation sein, die unser Vaterland gegen die russische Dampfwalze verteidigen und mithelfen wird, unseren schwererkämpften Endsieg zu erringen. Also Käthe, denken Sie darüber nach, und lassen Sie uns nicht zu lange auf Ihre Entscheidung warten!« Dann wandte er sich an Erna. »Und Sie, als Parteigenossin und NSV-Mitglied, bitte ich in unser aller Interesse, auf Ihre Schwester einzuwirken. Möge sie ihre Koch- und Organisationstalente lohnender einsetzen als bisher. Ich trinke auf das Wohl des Geburtstagskindes.« Damit setzte er sich.

Alle führten ihre Gläser zum Mund, und unser Redner verwickelte meine Mutter sofort in ein Gespräch. Sie saß an der einen Seite des Tisches, Käthe an der anderen Seite, und damit hatten sie den Offizier zwischen sich. Neben Käthe saß ihre Schwester Erna, und ich wiederum saß an Mutters Seite. Ich linste zu Rolf hinüber, der ziemlich weit hinten, fast am anderen Ende des Tisches, neben seinem Vater saß, aber er starrte nur vor sich auf den Tisch und würdigte mich keines Blickes.

»Wenn die beiden jetzt ausflippen, dann gibt das einen Riesenaufruhr«, dachte ich.

Der alte Redlich hatte sich richtig rausgeputzt. Mit Sonntagsanzug und angeklatschten Haaren sah er fast schnieke aus, und Rolf, in voller HJ-Uniform, konnte einem beinahe Respekt einflößen.

»Was sagen Sie denn dazu?« hörte ich den Offizier meine Mutter fragen.

»Wozu?« fragte meine Mutter scheinbar ahnungslos zurück.

»Käthe könnte die Mutter einer Elitetruppe werden, mit allem Drum und Dran. Hier bekocht sie doch nur unsere potentiellen Feinde. Was meinen Sie, was die mit uns machen würden, wenn die könnten, wie sie wollten?«

»O ja, das kann ich mir sehr gut vorstellen.«

»Sehen Sie, und für dieses Gesocks soll unsere Perle sich abschinden. Denen liefern wir ihre Kohlköpfe und Kartoffeln, und dann sollen sie aus ihren eigenen Reihen einen Koch rekrutieren.«

»Na, ein bißchen Schweinernes könnte hin und wieder auch dabei sein, finden Sie nicht?«

»Aus der Tschechei angeliefert. Klar! Warum nicht?« Er lachte und prostete meiner Mutter zu. Nahm gar nicht mehr wahr, daß Mutter ihr Glas stehenließ.

Ich beobachtete die Schwestern Niehoff. Sie saßen kerzengerade auf ihren Stühlen und starrten meine Mutter an.

»Käthe«, wandte er sich jetzt den Schwestern zu, »Ihre Freundin ist ganz meiner Meinung. Geben Sie sich einen Ruck, und lassen Sie das Ganze hier sausen. Früher oder später ziehen wir hier ja doch das deutsche Personal ab, und dann gibt's von unserer Seite nur noch die Wachmannschaften.«

»Die müssen aber auch verköstigt werden«, mischte sich Mutter wieder ein, »denen werden Sie doch nicht irgend so einen tschechischen Dilettanten vor die Nase setzen!«

»Die Tschechen sind bekannt für ihre gute Küche«, sagte Erna, »fast jeder Tscheche kann kochen.«

»Auch Holzarbeiter?« fragte Mutter. Was hatte sie bloß auf einmal? Ihre Augen schienen vor Bosheit richtig zu glitzern. Konnte sie Erna immer noch nicht ausstehen?

»Na, wenn das so ist, dann gibt's doch überhaupt nichts mehr, was Sie hier noch hält, Käthe«, versuchte der Bonze zu schlichten. »Die Tschechen können sich selbst versorgen, Sie sind nicht mehr unabkömmlich und können sich in Ruhe unseren Jungs widmen.«

Erna verbiß sich immer mehr. »Die Tschechen können zwar kochen, aber organisieren kann nur Käthe. Sie schafft es immer wieder, die Arbeiter so zu ernähren, daß sie bei Kräften bleiben und ihre schwere Arbeit leisten können.«

»Und Sie meinen, unsre Jungens von der Waffen-SS brauchen diese Art Versorgung nicht?« Der Bonze war ziemlich laut geworden, und alle Leutseligkeit war wie weggeblasen.

»Ich meine, daß diese Arbeiter ja schließlich für uns arbeiten. Sonst hätten wir sie ja nicht hierhergeholt. Und daß diese Arbeit kein Zuckerschlecken ist, werden Sie ja wohl auch wissen. Ohne eine einigermaßen anständige Ernährung könnten wir sie uns wirklich sparen.«

»Damit Sie in ihrer Tschechei rumsitzen und Partisanenorganisationen gegen uns aufbauen? Haben Sie den Fall Heydrich schon vergessen, Frau Parteigenossin?« Seine plötzliche miese Laune ließ ihn immer lauter werden.

Längst hatten alle Gäste aufgehört zu essen oder sich zu unterhalten. Rolf schaute mich voll an und deutete mit dem Kopf zu Erna hin, als wolle er fragen: »Wer ist denn die?«

Mutter legte dem Bonzen die Hand auf den Arm: »Es ist doch klar, wem hier die Priorität zukommt, und das weiß Erna doch auch. Sie will ja bloß, daß die Heimatfront nicht zu kurz kommt und daß die Wehrmacht draußen sich keine Sorgen zu machen braucht. Was die Tschechen hier treiben, ist ja ausschließlich Männerarbeit. Oder meinen Sie, Frauen könnten so was auch? Schwere Holzstämme tragen, Bretter zurechtschneiden? Ich habe einmal zugesehen, wie vier Männer so einen Stamm auf die Sägebank hievten. Die haben vielleicht gekeucht! Das hätten Sie hören müssen.« Ihre Hand lag immer noch auf seinem Arm. »Sehen Sie sich meine Hand an. Glauben Sie, ich könnte das auch?« Mutter hatte wieder einmal eine ihrer großen Stunden, und der Bonze knickte richtig ein.

»Aber die sollen ja weiterarbeiten«, sagte er. »Ich will ja nur, daß die Käthe Niehoff ihre Talente nicht weiter für diese Kanaken vergeudet. Und daß die hier arbeiten, und zwar mit Volldampf, das lassen Sie sich gesagt sein.«

»Das ist aber auch kein Pappenstiel, was Sie hier so täglich am Hut haben, oder?«

»Kann man sagen.«

»Und da wollen Sie trotzdem auf Käthe verzichten und sie nach Guben schicken? Das finde ich ja geradezu heldenhaft!« Mutter hatte immer noch ihre Hand auf seinem Arm: »Oder haben Sie eine Frau zu Hause und sind auf Käthes Kochkünste gar nicht angewiesen?«

»Ich bin nicht verheiratet«, protestierte der Bonze und ließ kein Auge von meiner Mutter.

»Vielleicht schmeckt ihm mein Futter ja gar nicht, und er will mich nur loswerden«, mischte jetzt auch noch Käthe mit.

»Habe ich Ihnen nicht immer wieder versichert, wie unerreicht Ihr Eintopf ist? Und Ihre Koteletts? Und die Bratkartoffeln? Und der Kaffee? Das Rezept für die Bratkartoffeln wollten Sie mir übrigens immer mal aufschreiben.«

»Mach' ich«, antwortete Käthe, »Sie kriegen das Rezept, und dafür lassen Sie mich hier in meiner Küche sitzen. Sehen Sie mal, mit meinem Motorrad bin ich in einer knappen Viertelstunde in meiner Hütte und kann die Beine lang machen. Das braucht 'ne olle Frau wie ich nun mal. Da gibt's doch Leute, die kochen wie die Weltmeister und haben sogar Fronterfahrung. Und wenn Sie 'ne echte Mutter wollen, da kenne ich aber Dutzende, die sich die Finger nach diesem Job ablecken würden.«

Mutter hatte immer noch ihre Hand auf seinem Arm.

»Ich wußte gar nicht, daß Sie so gerne hier sind.« Er klang schon viel unaufgeregter. Dann wandte er sich an Mutter: »Sie können doch sicher auch kochen?«

»Den Fraß würde ich nicht mal meinem schlimmsten Feind zumuten, und Ihnen schon gar nicht.«

»Wer ist denn Ihr schlimmster Feind?«

»Das wissen Sie doch.«

»Nein, das weiß ich nicht.«

»Na, mit wem schlagen wir uns denn seit Jahren rum?«

»Mit allen«, sagte der Bonze und fing an zu lachen.

»Für mich sind es die Anglo-Amerikaner«, sagte Mutter.

»Wieso denn die?«

Er schien wirklich verblüfft zu sein.

»Weil die unsere Städte kaputtschmeißen. Weil wir fast keine Nacht mehr Ruhe haben. Und jetzt kommen sie sogar schon am Tag!«

»Ich will Ihnen mal was sagen«, er tätschelte Mutters Hand, »die Schlimmsten sind die Roten. Die Anglo-Amerikaner sind immerhin germanischer Abstammung. Das sind echte Verwandte von uns, wissen Sie. Feindliche Brüder. Das kriegt der Führer schon hin. Wenn wir mit den Roten erst mal fertig sind, beruhigt der sich schon wieder. Und hinterher gibt's 'ne riesige Friedensfeier mit denen, weil wir sie ja vor der bolschewistischen Pest bewahrt haben.«

»Vor der jüdisch-bolschewistischen Pest«, verbesserte Erna Niehoff und sah Mutter an.

»Vor der jüdisch-bolschewistischen Pest, richtig«, wiederholte der Bonze. »Wenn wir die geknackt haben, brauchen wir uns um alles andere keine Sorgen mehr zu machen. Und wir werden sie knacken, darauf können Sie sich verlassen.«

»Wir werden sie knacken«, wiederholte meine Mutter und schob ihren Unterkiefer vor, »wir werden sie knakken.«

Der Bonze war ganz begeistert von ihr: »Es ist schön, daß Sie so bedingungslos an unseren Sieg glauben«, sagte er.

»Ja.« Mutter schien fast zu träumen. »Ich glaube an unseren Sieg. Bedingungslos.«

»Mit solchen Frauen im Rücken kann uns ja gar nichts passieren.«

Er stand auf und hob sein Glas. »Auf unseren Endsieg!« rief er.

Mutter stand neben ihm, hatte ebenfalls ihr Glas in der Hand und schrie fast: »Auf unseren Endsieg!« Sie goß den ganzen Cognac in sich hinein, und ich dachte: »Gleich fängt sie an zu husten. Gleich kriegt sie einen ihrer berüchtigten Hustenanfälle und fängt zwischendrin furchtbar an zu lachen.« Aber sie schluckte, ohne mit der Wimper zu zucken. Dann knallte sie ihr Glas auf den Tisch und setzte sich wieder hin.

Alle hatten sie angestarrt. Der alte Redlich war aufgesprungen, hielt auch ein Glas in der Hand, stand noch eine Weile, trank nicht, sagte nichts und setzte sich langsam wieder hin.

»Fabelhaft«, dachte ich, »Mutter ist die Größte!«

Ich sah mich um und sah in das verblüffte Gesicht von Erna, sah die pure Bewunderung in den Augen von Käthe und suchte Rolfs Blick. Er hing an meiner Mutter, ließ kein Auge von ihr. Selbst als die Hälfte der Tischgesellschaft schon verschwunden war, saß er immer noch da und starrte meine Mutter an. Er sah fast dämlich aus in seiner Anbetung.

Käthe mußte von dem Tag an damit rechnen, einberufen zu werden. Mutter, Käthe und Erna sprachen noch in derselben Nacht darüber. Erna war sich fast sicher, daß es schon bald geschehen würde. Aber seltsamerweise passierte erst einmal nichts.

Erna und Mutter waren sich immer noch nicht grün, aber sie hatten seit dieser Geburtstagsfeier großen Respekt voreinander. Käthe versuchte Mutter davon zu überzeugen, daß sie auch dann in Waldesruh bleiben könne, wenn sie nach Guben müßte, aber Mutter hatte ihre Zweifel und Hotze, nachdem er davon erfahren hatte, auch.

Aus irgendeinem Grund, an den ich mich heute nicht mehr erinnern kann, hatte er, für uns völlig unerwartet, seine Vorbehalte aufgegeben, uns in seinem Haus unterzubringen. Fühlte er sich sicherer? Unbeobachteter? Oder hatten ihn die immer näher kommenden Russen ermutigt? Jedenfalls drängte er uns, Waldesruh zu verlassen, und hatte es immer eiliger, uns zu sich zu holen. »Diese Mauschelei mit Lebensmitteln gefällt mir nicht. Die Niehoff landet eines Tages noch im Knast, wenn ihr nicht sogar Schlimmeres bevorsteht. Und wenn der ganze Spuk vorbei ist, können die befreiten Tschechen sie noch für diese Schieberei verantwortlich machen. Denn das sind doch ohne Zweifel Nahrungsmittel, die für die Lagerinsassen bereitgestellt wurden. Und damit sah es ja ohnehin nicht sehr dicke aus. Also, packt euer Zeug zusammen, und laßt uns nicht zu lange warten. Meine Frau und meine Schwägerin freuen sich schon auf euch. Außerdem kann es durchaus sein, daß wir alle mit hineingezogen werden, wenn die Niehoff auffliegt. Nicht nur ihr!«

Ich dachte an das viele Butterschmalz, das er manchmal gleich eimerweise abgeschleppt hatte. Immer wieder hatte er Käthe um das Fett gebeten. Auch um echten Bohnenkaffee, den Käthe auf dem schwarzen Markt gegen Butterschmalz und Margarine eingetauscht hatte.

»Erst abzocken und dann verschwinden, wenn es

brenzlig wird«, dachte ich, »das ist vielleicht 'ne Nummer, dieser Hotze!«

Trotzdem hatte ich ihn gern. Seine aufgeplusterte Sprechweise und sein Pfarrerston sollten vielleicht deutlich machen, wie überlegen er sich fühlte. Mutter konnte sich heimlich ausschütten, während sie ihm zuhörte. Manchmal zwinkerten wir uns zu, wenn er sich gerade wieder um eine besonders anspruchsvolle Formulierung bemühte. Lachen konnten wir aber erst nachher, wenn wir allein waren. Käthe war verliebt in ihn. Für sie war er Gottvater. Es fehlte nur noch, daß sie mit gefalteten Händen dasaß, wenn er erzählte. Wenn sie gewußt hätte, wie er über sie dachte und sprach!

An irgendeinem Wochenende kam Käthe nicht nach Hause. Das war noch nie passiert. Mutter wurde immer ruheloser, schlief zwei Nächte lang nicht, obwohl es keinen Alarm gegeben hatte, zog mich plötzlich an, nachdem sie sich straßenfertig gemacht hatte, und wollte mitten in der Nacht »spazierengehen«.

In der nächsten Nacht, der Nacht von Sonntag auf Montag, näherten wir uns dem Haus erst wieder gegen Morgengrauen, schauten uns vorsichtig um, inspizierten dann die Gartentür, die nur angelehnt sein durfte, und verschwanden dann im Haus.

Wir müssen bis zum späten Nachmittag durchgeschlafen haben. Käthe hatte meine Mutter aufgeweckt, und ich wurde wach, als ich die beiden Frauen miteinander flüstern hörte. Ich saß auf meinem Bett, war hellwach, und die Frauen starrten mich an.

Käthe hatte ganz eingefallene Wangen. Hatte ich das bisher nie bemerkt? Jetzt sah sie wirklich aus wie ihre eigene Oma. Ihre Augen waren ganz durchsichtig. »Gleich kann ich ihr ins Gehirn sehen«, dachte ich.

»Wir müssen unsere Sachen packen«, sagte Mutter ganz ruhig und legte einen Arm um Käthes Schultern. Käthe liefen jetzt die Tränen runter, und sie versuchte, sie an Mutters Ärmel abzuwischen, drehte sich dann weg und schüttelte sich.

Ich hatte noch nie ein stummes Weinen mit einer solchen Lautstärke gehört. Mutter drückte Käthe ganz fest an sich, und wir blieben einfach so. Eine ganze Weile. Als sich Käthe aufrichtete, war sie wieder ganz die alte. Nur ihre Augen hatten noch diese gläserne Durchsichtigkeit.

»Wir müssen Hotze informieren. Ihr solltet zu ihm nach Kaulsdorf. Ich lasse ihn gerade durch meinen tschechischen Küchenjungen verständigen. Bei mir darf er sich nicht mehr blicken lassen. Vielleicht könnt ihr mit der Bahn bis Kaulsdorf fahren, und dort kann euch seine Frau oder seine Schwägerin abholen.«

Ich traute mich nicht zu fragen, was passiert war, tat es dann aber doch.

»Erna ist verhaftet worden. Irgendwo in Ostpreußen, bei Gumbinnen. Eine Kollegin hat mir die Nachricht zukommen lassen. Man hat sie richtig wegschleppen müssen, und sie scheint dabei furchtbar Keile bezogen zu haben.«

Mir war gleich kotzübel. Ich stellte mir Erna mit eingeschlagener Nase und blutigen Lippen vor. Das Bild war schon da, während Käthe noch erzählte.

»Wenn ich jetzt weinen könnte«, dachte ich, »wenn ich jetzt weinen könnte!« – »Was hat sie denn verbrochen?« fragte ich statt dessen.

Käthe sah mich lange an. »Was sie verbrochen hat? Das gleiche wahrscheinlich, was sie euretwegen verbrochen hat.«

Ihre Stimme fing wieder an zu kippen: »Vielleicht wollte sie ja nur irgendwen oder irgendwas rausschmuggeln und war wieder mal so unvorsichtig wie mit euch.«

Ich verstand nicht, und sie zog mich zu sich heran.

»Ihr hättet ja zum Beispiel auch Gestapoagenten sein können. Dann wäre ich auch mit dran gewesen.«

»Aber ich kam doch von der Schwedischen Botschaft«, protestierte ich. »Sie hat mich verhört wie einer von der Gestapo. Sie hat mich wirklich zum Heulen gebracht. Sie war überhaupt nicht unvorsichtig, glaub mir. Die muß einer angezeigt haben. Irgend so ein altes, gemeines, widerliches Arschloch, das sie bestimmt schon eine ganze Weile auf dem Kieker hatte.«

»He, he, nun beruhige dich mal.«

Sie stand auf und umarmte mich. Ich zitterte vor Wut und war anscheinend immer lauter geworden, je mehr mir bewußt wurde, wie hilflos ich war.

Käthe klopfte mir auf den Rücken. »Weißt du«, sagte sie, »wir leben hier schon seit Jahren in einer verkehrten Welt. Wenn man ein Verbrecher sein will, braucht man nur gut christlich zu denken, schon landet man im KZ. Und wenn man gar so handelt, wie meine Schwester es getan hat, geschieht ganz sicher was Schlimmeres mit einem. Sofern man sich erwischen läßt. Jetzt muß ich erst mal rausbekommen, wo sie hingebracht worden ist, und dazu brauche ich einen freien Rücken. Verstehst du das? Ihr müßt also erst mal von hier verschwinden«, fügte sie grob hinzu und stieß mich fast weg. Dann wandte sie sich an Mutter: »Packt eure Sachen zusammen, und dann marschiert ihr nach Mahlsdorf-Süd. Dort steigt ihr in die S-Bahn und fahrt eine Station Richtung Stadt. Bis zur Station Kaulsdorf. Und wenn ihr Glück habt, erwartet euch jemand von der Hotzefamilie.«

Es war ein ziemlich herber Abschied und ein verdammt

langer Marsch zum Bahnhof Mahlsdorf mit unseren Taschen. Käthe hatte uns noch allerhand Lebensmittel hineingestopft, und ich wünschte, sie hätte es nicht getan.

Ich fühlte meine Arme gar nicht mehr, als wir endlich am Bahnhof ankamen. Als ich in meine Jackentasche griff, hatte ich ein kleines Päckchen Geldscheine in der Hand und zeigte es meiner Mutter.

»Eine fabelhafte Person«, sagte sie, »ein Mensch.«

In Kaulsdorf kam sofort Martchen auf uns zu. Sie war Hotzes Schwägerin und hieß mit vollem Namen Martha Schewe.

»Fein, daß ihr da seid«, begrüßte sie uns wie ganz alte Freunde. Und dabei sah sie uns mit strahlenden blauen Augen an.

»Mein Gott, hat die eine lange Nase«, dachte ich.

»Vielleicht lebt sie deshalb bei ihrem Schwager«, habe ich mir später überlegt, »wer will schon sein Leben zusammen mit einer solchen Riesennase verbringen?«

Und noch ein bißchen später wußte ich, daß kein Mann eine bessere Frau hätte finden können.

Wir liefen den langen Weg vom Bahnhof Kaulsdorf nach Kaulsdorf-Süd und kamen in einen typischen Ostberliner Vorort. Kleine Wochenendhäuser in Holzbauweise wechselten mit Steinbauten, die fast schon nach Villen aussahen. Auch hier war, wie in Waldesruh, noch keine einzige Bombe gefallen. Es schien alles ganz friedlich zu sein.

Martchen, die mir zum Schluß die Tasche abgenommen hatte, öffnete uns eine hölzerne Gartentür, und wir betraten ein großes Grundstück. Das Haus war ein ziemlich niedriger, mit einem oberen Stockwerk versehener Steinbau.

Wir traten an seiner linken Seite durch eine fast schäbige dicke Holztür ein. Frau Hotze, die ihrer Schwester ganz unähnlich war, kam uns sofort entgegengelaufen.

Der Flur war so dunkel, daß man gar nicht wahrnehmen konnte, woher sie so schnell auftauchte. Sie umarmte uns ganz locker und führte uns in eine große Wohnküche, nachdem wir unser Gepäck abgestellt hatten. Der Boden in der Küche, ganz mit Linoleum ausgelegt, hatte in der Mitte ein ausgeschnittenes Viereck, das mit einem eingelegten Griff ausgestattet war.

»Du kannst ruhig drüberlaufen«, sagte Frau Hotze zu mir, »da bricht nichts ein. Da drunter ist unser Vorratskeller. Kommt, setzt euch. Es gibt gleich was zu essen. Du magst doch dicke Bohnen und Kartoffeln?« fragte sie mich.

Sie hatte die gleichen blauen Augen wie ihre Schwester, aber nicht so strahlend. Und ihre Nase hatte auch nicht diese fabelhafte Überlänge. Sie war einfach die Normalausgabe. Hotze hat sie sicher für hübscher gehalten.

Selten hat mir ein Essen so gut geschmeckt wie diese dicken Bohnen mit den Kartoffeln, die wir zusätzlich salzten und mit einem Stück Butter aßen. Wahrscheinlich aus dem Vorrat, den Hotze von Käthe ergattert hatte. Ich hätte mir zu gern nach dem Essen den Garten angeschaut. Auf den ersten Blick sah er wie ein riesiger Gemüsegarten aus, aber Frau Hotze machte mir sofort klar, daß die Besichtigung von Garten und Haus erst am Abend stattfinden könne, da die Führung (sie sagte wirklich Führung!) ausschließlich ihrem Mann Karl vorbehalten sei und er auch die nötigen Instruktionen geben könne, wie man sich hier im Haus zu verhalten habe.

Martchen Schewe unterbrach ihre Schwester und bedeutete uns, daß wir das nicht so ernst nehmen sollten.

Schließlich hätten wir genügend Zeit gehabt, uns an unsere Ausnahmesituation zu gewöhnen. Dann schaute sie ihre Schwester mit einem begütigenden Lächeln an. Frau Hotze biß sich auf die Lippen und fragte, ob jemand eine Tasse Bohnenkaffee wolle. Sie jedenfalls würde sich jetzt einen kochen.

Und dann kam Hotze nach Hause. Wie immer setzte er sein wichtiges Gesicht auf und startete fast schon im Hereinkommen die Führung durch Haus und Garten. Bei starker Dämmerung zeigte er uns die verschiedenen Gemüsesorten, die er eigenhändig angepflanzt hatte. Immer wieder betonte er, welch mühevolle Arbeit dahintersteckte, und bat uns im gleichen Atemzug, nichts davon selbständig auszurupfen. Er würde das fachmännisch organisieren, so daß immer wieder frisches Gemüse zur Verfügung stünde.

Dann begann er seine Hausführung. Fing noch einmal mit der Küche an, öffnete die Kellerklappe und ließ uns alle die steile Stiege hinuntersteigen. »Das ist das Reich meiner Frau«, erklärte er. »Was hier herumsteht, unterliegt ihrem Kommando.«

Er lächelte ernst und ließ uns die langen Reihen Marmeladengläser betrachten. Die eingeweckten Obst- und Gemüsegläser, die Kartoffelsäcke. Weißkohl und Kohlrüben waren säuberlich auf untergelegten Säcken am Boden ausgebreitet. Nur Nudeln sah ich nicht. Ich aß so gern Nudeln, aber ich konnte einfach keine sehen.

Hotze, der oben geblieben war, bat uns, wieder hinaufzuklettern, und führte uns, die wir bisher nur die Küche kannten, ins Wohnzimmer. Ein großer Raum, der völlig mit Möbeln zugebaut war. Überall hingen Häkeldeckchen herunter. Es gab auch einen runden Tisch, ein samtüberzogenes Kanapee, dazu Stühle ähnlicher Bauweise, eine sehr lange Kredenz, auf der ein großes Radio stand, und an der Stirnseite des Raumes noch ein riesiges Sofa, zwei kleine Tischchen, einen Ohrensessel und einen Hocker. Alles war in tiefbraunem Holz und hellbraunem Samt gehalten. Man mußte sich durchwinden, um an die jeweils angestrebten Möbel zu gelangen.

Das Haus war größer, als man von außen vermutet hätte. Im Erdgeschoß gab es noch drei Zimmer, die wir aber nie zu sehen bekamen, und ein Badezimmer mit Toilette.

»Hier wirst du jede Woche einmal geschrubbt«, wandte er sich in seiner fröhlichen Art an mich, »oben gibt es nämlich nur ein Badezimmer mit Toilette und Waschbecken.« Er sah meine Mutter an, aber die schien alles gemütlich zu finden, was sie auch sagte, als wir wieder im Wohnzimmer angelangt waren.

Vorher zeigte uns Hotze aber noch das Dachgeschoß. Wir stiegen eine schmale Treppe hoch und standen direkt mitten in einem kleinen Zimmer. Von diesem ging eine Tür ins nächste, etwas größere Zimmer mit anschließender Toilette. Beide Zimmer hatten Fenster, die auf das Nachbargrundstück sahen.

»Hier müssen wir vorsichtig sein«, sagte Hotze und zog mich, der ich neugierig zum Fenster lief, sofort zurück. »Der Nachbar ist ein Nazi. Wir haben zwar keinen Kontakt, aber ich glaube, daß er meine Vergangenheit kennt. Wie auch immer, er darf euch nur so wenig wie möglich sehen. Am besten gar nicht. Es gibt hier Verdunkelungsrollos. Die dürft ihr aber erst gegen Abend herunterziehen. Am Tage müssen sie oben bleiben. Es fällt sofort auf, wenn die Verdunkelung den ganzen Tag herunterhängt.«

»Aber jetzt könnte er uns doch auch sehen«, sagte ich.

»Nur, wenn du nahe ans Fenster kommst. Und selbst wenn er uns jetzt beobachtet, ich darf doch Besuch haben.«

Ich schaute zum anderen Haus hinüber. Dort waren die Gardinen zugezogen, und es schien sich nichts zu bewegen.

»Am besten haltet ihr euch im Zimmer der Mama auf. Dort ist der Einsichtwinkel ungünstiger für die da drüben. Außerdem gibt es ja auch bei uns Gardinen. Die müssen nach dem Lüften immer zugezogen bleiben.« Er sah seine Frau an und legte seinen Arm um ihre Schultern.

»Ich hab's vergessen. Tut mir leid«, sagte sie. Rasch machte sie sich los und zog die Gardinen zu.

»Im vorderen Zimmer wirst ja wohl du schlafen. Als Kavalier überläßt man natürlich das mit der Waschgelegenheit der Dame.« Hotze betrachtete mich amüsiert, und ich hätte ihm eine langen wollen. Die Räume waren im Gegensatz zu unten ganz hell und sparsam eingerichtet. Es gab Bett, Tisch, Stuhl, Schrank – Mutter hatte zwei Stühle –, und alles wirkte wie selbstgezimmert. Dann war alles weiß angestrichen worden. Auch an den teilweise sichtbaren, verhärteten Farbtropfen konnte man den Eigenbau vermuten. Ich mochte die Zimmer.

»Ja«, sagte Hotze und bat damit wieder um Aufmerksamkeit, »wenn ihr also den Raum durchqueren müßt, wäre es angebracht, es nicht zu nahe am Fenster zu tun oder, wenn es sich nicht vermeiden läßt, gebückt, also unter dem Fenstersims, durchzugehen. Vielleicht wäre es praktisch, sich das von vornherein anzugewöhnen. Ich kann die Neugier unserer Nachbarn nicht genau einschätzen, und gegen einen Feldstecher sind selbst die Gardinen kein verläßlicher Schutz. Außerdem ist das Abtauchen auch gleichzeitig eine sportliche Betätigung, nicht wahr?« Er tätschelte meinen Kopf. »Auf die Straße wirst du nicht dürfen. Hier liegt alles so eng beieinander. Man weiß nie, wen die Nachbarn so alles bei sich haben, und sie selbst scheinen ja auch nicht alle ganz ›koscher‹ zu sein. So sagt ihr doch dazu, nicht wahr?«

Mutter nickte und zog ebenfalls ein fröhliches Gesicht. »Wir werden in der Nacht bei offenem Fenster im Dunkeln Kniebeugen machen, und am Tag üben wir das Kriechen unter dem Fensterbrett.«

Hotze wußte nicht genau, ob er jetzt veräppelt wurde, blieb aber sachlich und meinte nur noch abschließend, daß das Öffnen und Schließen der Fenster entweder seiner Frau oder Martchen vorbehalten bleiben müsse.

Manchmal spüre ich heute noch einen Zwang, unter einem Fenster durchzutauchen, wenn es ein besonders heller und freundlicher Raum ist.

Martchen beruhigte uns später ein bißchen und sagte, daß alles nicht so heiß gegessen wie gekocht würde, aber wir bekamen doch mit der Zeit einen ziemlich krummen Rücken. Mutter noch mehr als ich. Ich war kleiner. Aus Vorsicht gingen wir auch krumm, wenn wir nicht am Fenster vorbeimußten.

Mutter versuchte diese Gehweise mit Bodenturnen auszugleichen und hielt mich auch dazu an, aber ihre Schmerzen schienen trotzdem ziemlich stark zu sein. Ich merkte es ihr besonders an, wenn sie vom Stuhl aufstand.

Martchen nahm uns oft mit ins Wohnzimmer hinunter. Dort gab es dicke Gardinen und Sonnenstores, die man zuziehen konnte, ohne daß es von draußen besonders auffiel.

Frau Hotze machte es eine ungewöhnliche Freude, mit Mutter über Politik zu diskutieren. Fast jeden Abend holte sie uns in die gute Stube. Mir kredenzte sie selbstgemachte Limonade, und Mutter bekam ein kleines Glas vom ebenfalls selbstgemachten Eierlikör.

Frau Hotze fragte sie, ob sie denn nie politisch organisiert gewesen sei, und Mutter antwortete vorsichtig, während sie an ihrem Likör nippte, daß sie dazu ja gar keine Zeit gehabt hätte: »Wenn man einen kranken Mann und zwei Söhne hat, bleibt einem nicht viel Zeit für diese Dinge.«

»Aber die wären doch lebenswichtig gewesen.«

»Ja schon, aber mein Mann war lungenkrank, hatte TBC und konnte nicht arbeiten. Im Gegenteil, ich mußte nicht nur Geld für die Familie verdienen, sondern hatte auch seine jährlichen Kuren in Meran zu bezahlen. In seinem Beruf hätte er ja sowieso nicht weiterarbeiten können. Was blieb mir also anderes übrig, als auf dem Markt zu stehen. Das durften Juden gerade noch, wenn sie einen arischen Teilhaber hatten. Wenigstens bis 1938. Lona Furkert und ich standen also auf dem Markt und verkauften Strümpfe und Trikotagen, die ich in Chemnitz eingekauft hatte. Ich stellte mich ziemlich blöd an, und Lona, die darin mehr Erfahrung hatte, meinte immer: ›Du bist viel zu vornehm. Du mußt die Leute anlocken. Du brauchst ein paar gute Sprüche.‹ ›He, Sie, junge Frau mit altem Kopp‹, rief sie etwa, und die Leute lachten, kamen an den Stand, und Lona machte ihnen klar, wie billig sie bei uns Qualitätsware ergattern konnten. Sie hatte viele solcher Sprüche drauf. Später lernte ich ihre Sprüche auswendig und verwendete sie. Aber bei mir kam das nie so richtig an. Lona dagegen hatte das im Blut. So hatte ich sie ja kennengelernt, war auch mit solchen Sprüchen angeredet worden, und wir kamen ins Gespräch. Eines Tages taten wir uns dann zusammen. Ich vertrat sie, wenn sie zu Furkert aufs Kriminalgericht ging, und wenn ich die Kinder abfüttern mußte, war sie immer zur Stelle. Erst viel später, so ab 1938, machte sie zusammen mit meinem Mann einen richtigen Laden in der Kaiser-Wilhelm-Straße auf. Da ging es ihm schon wieder besser. Aber sehr tüchtig war er nicht als Geschäftsmann. Es kam vor, daß er so in seine Bücher vertieft war und die Kunden, die zu ihm ins Geschäft kamen, gar nicht wahrnahm. Lona und ich schmissen also auch noch den Laden. Und obwohl mein Mann immer mal wieder zur Kur fuhr und Lona für Furkert seine Prozesse finanzierte, die er dann doch verlor, machten wir Geld.«

»Es war doch aber Lonas Geschäft«, warf Frau Hotze ein.

»Natürlich, Juden durften ja keine Geschäfte mehr führen, aber wir hatten beide unser Geld in einen Topf geworfen, Lona gab ihren Namen her, und so lief das ganz gut. Es läuft ja sogar jetzt noch, sonst hätte ich diese Illegalität überhaupt nicht finanzieren können.«

»Ich weiß. Sie ist eine anständige Frau. Ihr Mann ist der Kriminelle.«

»Aber der kann sehr lustig sein. Seine Schwäche ist eben, daß er seine Finger immer in anderer Leute Sachen krallt.«

Martchen lachte hell auf und wandte sich an ihre Schwester: »Kennst du ihn eigentlich?«

»Karl hat ihn irgendwann angeschleppt, als er mal wieder draußen war.«

»Wo hat Karl ihn denn kennengelernt?« fragte Mutter.

»Als er das erste Mal verhaftet wurde, hat man ihn zu den Kriminellen gesperrt. Die Nazis hofften wohl, daß die ihn zusätzlich zusammenschlagen würden. Das taten die dann auch. Karl wurde ziemlich übel zugerichtet. Aber das Auge haben ihm die Nazis beim ersten Verhör kaputtgeschlagen. Jedenfalls hat sich Furkert vor ihn hingestellt und ihn unter seine Fittiche genommen. Er ist wohl so eine Art Respektsperson unter Gleichgesinnten. Momentan sitzt er gerade wieder. Diesmal in Sachsenhausen, glaube ich.«

Mutter zuckte zusammen. »Sind dort auch Kriminelle inhaftiert?« fragte sie.

»Sicher.«

Als Hotze am selben Abend mit einem halben Kasten Bier nach Hause kam, ging das Gerede erst richtig los. Frau Hotze hatte sich in Hitze geredet und ging auf Mutter los: »Warum war nicht wenigstens Ihr Mann politisch engagiert. Ihr habt doch sehen können, was da für ein Höllenhund auf uns zukam.«

»Wir haben gedacht, er würde bald wieder verschwinden. ›So was kann sich doch in einem kultivierten Land nicht halten‹, hat mein Mann immer behauptet. Ich glaube, wir haben uns alle geirrt, Sie nicht?«

»Er hat doch sein Programm sehr klar beschrieben und keinen Hehl daraus gemacht, was er speziell mit euch anstellen würde. Ihr habt's nur nicht wahrhaben wollen. Ihr habt geglaubt, ihr könntet eure Geschäfte so unter der Hand weitertreiben.«

»Schwester«, unterbrach sie Martchen, »das ist nicht nur ein bißchen taktlos, das ist auch unglaublich dumm, was du da von dir gibst. Jetzt red nur noch von den schachernden Juden, und du kannst dabei gleich den Arm zum Hitlergruß heben.« Martchens Augen waren jetzt tiefblau, und ihre Stimme zitterte nicht im geringsten.

»Ich will damit nur sagen, daß ihr Juden euch politisch aus allem herausgehalten habt und nicht sehen wolltet, was auf uns zukam. Ihr leidet doch am meisten darunter.«

»Das wird sich erst noch zeigen«, sagte Mutter.

Martchen nickte zustimmend. »Ja, das wird sich erst noch zeigen. Außerdem war Rosa Luxemburg auch Jüdin. Hast du das vergessen, Schwester?«

»Rosa Luxemburg war ihre Abstammung völlig egal«, mischte sich jetzt Hotze ein.

»Ein ekelhafter Großkotz«, dachte ich.

Mutter benutzte immer das Wort »süffisant«, wenn wir beide allein waren. »Süffisant«, das Wort war wie geschaffen für ihn.

»Aber sie war jüdisch«, beharrte Martchen, »und sie hat sich politisch engagiert. Für deine Partei. Und erschossen worden ist sie auch dafür.«

»Ich red' doch gar nicht von Rosa Luxemburg. Ich rede von den Juden im allgemeinen.«

»Und was hat unsere Frau Degen mit den reichen Juden zu tun? Mit den Geschäftemachern, wie du sie nennst? Was haben wir denn mit Krupp zu tun, oder mit Stinnes? Du verallgemeinerst, Schwester! Und das konnte schon immer tödlich sein. Besonders für Minderheiten.«

Hotze hatte sich seine Pfeife angezündet und sah nun ganz besonders süffisant aus. »Wo sie recht hat, hat sie recht«, schien er sagen zu wollen. Er sah auf die große braune Standuhr neben der Kredenz. »Zeit für die Nachrichten«, sagte er und stand auf. Er überzeugte sich davon, daß alle Fenster geschlossen waren, ging hinaus in den Flur und sah nach der Haustür. Dann kam er wieder herein und knipste kurz das Licht an, das er beim Hinausgehen ausgemacht hatte. Martchen ging zum Radio und suchte nach dem Sender.

»Nicht so laut«, mahnte Frau Hotze.

»Ich hab' ihn doch noch gar nicht«, erwiderte Martchen und suchte weiter. Plötzlich, nach einer Vielzahl von undefinierbaren Geräuschen und nach einem Durcheinander von Stimmen, kam ganz klar das Erkennungszeichen des englischen Rundfunks, der Anfangstakt von Beethovens Fünfter Sinfonie, wie mir später Martchen erklärte.

»Hier ist England, hier ist England, hier ist England«, tönte es aus dem Radio.

Noch viel später, als ich schon glaubte, mich daran gewöhnt zu haben, bekam ich wieder eine Gänsehaut, wenn ich das Klopfen und die Stimme hörte. »Mann«, dachte ich oft, »wenn ich jetzt drüben wäre, würde ich mir ganz sicher nicht Radio Deutschland oder ›Hier ist Deutschland, hier ist Deutschland, hier ist Deutschland‹ anhören.«

Ob die Leute um mich herum auch so dachten? Mutter ganz gewiß. Aber Hotze, Frau Hotze, Martchen?

Erst einmal kamen die Meldungen von der italienischen Front. Dann wurde über den Vormarsch der Roten Armee berichtet, und ich sah, wie Hotze die Pfeife aus dem Mund nahm und auf den Tisch legte. Danach berichteten sie über Auschwitz. Zum ersten Mal nahm ich bewußt diesen Namen auf. Mutter fing fassungslos an zu weinen, und Martchen setzte sich schnell neben sie, streichelte immerfort ihren Arm und flüsterte ihr zu, sie solle doch einfach weghören.

Mutter schüttelte den Kopf. »Ich kann nicht«, sagte sie und legte, wie sie es immer tat, den Kopf auf den Tisch.

Alle versuchten gefaßt auszusehen, aber ich sah ihnen an, wie sie mit sich kämpften. Als sie berichteten, man würde Gase aus laufenden Dieselmotoren in die mit Menschen vollgestopften Lkw leiten, um die effektiv schnellste und billigste Todesart für die Gefangenen herauszufinden, fing Frau Hotze an zu husten und konnte fast nicht mehr die Küche erreichen, bevor sie sich übergab.

»Das machen sie nur mit uns«, flüsterte meine Mutter, und Martchen legte ihren Kopf auf Mutters Rücken.

Ich fühlte gar nichts. Ich dachte an die Gesichter in Lastkraftwagen, wie sie nach Luft schnappten, wie sie blau wurden. Und allmählich wurden diese Gesichter immer bekannter. Ich sah meine Tante Cilli, Onkel Arnold, meine Kusinen, dann meinen Vater.

Ich sagte mir immer wieder: »Bleib ruhig. Du mußt Ruhe bewahren«, aber ich konnte die Bilder nicht loswerden. Ich fing an zu schreien, und Hotze hielt mir sofort den Mund zu. Sie übertrugen eine Rede von Thomas Mann, und ich hing völlig apathisch im Arm des eisernen Hotze.

Im Frühsommer 44 wurde der Bombenregen immer dichter. Jetzt blieben auch die Außenbezirke nicht mehr verschont. Und weil wir keine Bunker aufsuchen durften, konnten wir nur in Hotzes Splittergraben Zuflucht suchen.

Zwischen einer Anzahl von Obstbäumen hatte er sich einen Graben ausgehoben, ihn innen mit Mauern aus Ziegelsteinen verkleidet und sogar eine dünne Betondecke mit einigen Stahlstreben darauf montiert. Das Ganze wurde mit einem großen Sandhaufen zugedeckt. Als Ausgang hatte er zusätzlich eine dicke Holztür mit einem eisernen Riegel eingebaut, gegen den Druck der Luftminen, wie er später behauptete, und fertig war Karls Privatbunker.

In ihm saßen wir nun fast jede Nacht. Wenn ich Hotze die Stiegen hinaufkommen hörte, um uns zu wecken, wußte ich, daß die Anglo-Amerikaner schon Nauen überflogen hatten. Meistens dauerte es dann nicht mehr lange, und das erste Flakfeuer hallte zu uns herüber. Danach folgten die Einschläge.

Hotze hatte seine beiden Frauen in den öffentlichen Bunker gebracht, ehe er uns geweckt hatte, und hielt mit uns in seinem Unterstand aus. Im Splitterbunker hörte man den Lärm doppelt so stark wie zum Beispiel in der ersten Wohnung der Dimitrieff. Hotze versuchte uns abzulenken, indem er uns die verschiedenen Bombenkaliber erklärte.

Heute glaube ich, daß er keine Ahnung hatte und auch seine eigene Angst mit diesen nüchternen Referaten wegdrücken wollte. Uns ging er jedenfalls damit fürchterlich auf die Nerven. Aber wie auch immer, er schaffte es tatsächlich, uns in eine Diskussion über »Explosivkörper« zu verwickeln, und immer öfter ließen wir uns auf Wetten mit ihm ein. Besonders ich.

Wenn er von einer »Zwanzig-Kilo-Bombe« sprach, hörte ich nur 8,8 Flak. Und das Pfeifen von »Luftminen« kam in Wirklichkeit von den Stabbrandbomben, die oft in die Gräben flogen und die Bäume wie Fackeln brennen ließen.

»Eine echte Luftmine hört man entweder gar nicht, und dann hört man nie wieder etwas, oder das Ding pfeift wie ein abgeschossener Flieger. Die Explosion findet kurz über dem Boden statt, und wenn sie nah genug einschlägt, hebt sie einen aus den Socken.«

»Woher weißt du denn das?« fragte Hotze ganz verblüfft.

»In der letzten Wohnung der Dimitrieff konnte man das richtig studieren«, sagte ich großspurig. »Im vierten Stock wackelten die Wände wie Pudding. Aber jeder Explosivkörper verursachte ein anderes Wackeln.«

Mutter trat mir auf den Fuß und beugte sich nach unten, als müsse sie ihren Schuh noch einmal festschnüren. Hotze schien alles zu glauben und sah mich ernst an: »Vielleicht wirst du Sprengmeister nach dem Krieg. Da werden noch lange diese Blindgänger herumliegen. Wird sicher gut bezahlt werden.«

»Das fehlte noch«, sagte Mutter, aber ich ahnte, daß er mich durchschaut hatte.

Fast jeden Tag saß er mit uns im Splitterbunker, und als er merkte, daß unsere Angst nicht so groß war, ließ er uns in Ruhe. Meist streckte er sich auf einer der beiden Bänke aus und schlief sofort ein. Sein Gleichmut imponierte mir, und Mutter schaute neiderfüllt auf ihn herunter. »Wenn ich seinen Schlaf hätte«, seufzte sie leise, »ich würde alles viel besser verkraften.«

In dieser Splitterbunker-Periode fiel mir auf, daß Mutter anfing, die Einschläge zu zählen. Nach jedem einzelnen schien sie innerlich zu jubeln: »Gebt's ihnen, zeigt's ihnen«, murmelte sie sogar einmal. Ich erschrak vor ihrem haßverzogenen, verzweifelten Gesicht. Obwohl ich sie sehr gut verstand, erinnerte ich sie daran, daß auch wir getroffen werden konnten.

»Krieg ist Krieg«, antwortete sie. »Außerdem kann es uns gar nicht treffen. Ich habe dir doch versprochen, daß wir durchkommen. Fühlst du nicht, wie jemand die Hand über uns hält?«

Ich nickte, obwohl ich keinerlei Hände über mir fühlte. Ich glaubte ihr einfach.

Eines Tages kam Hotze früher nach Hause, holte uns aus dem Dachstuhl herunter und setzte sich mit uns ins Wohnzimmer. »Mein Freund Radny«, eröffnete er uns, »braucht Arbeitskräfte. Er hat eine Geflügelfarm in der Nähe von Köpenick, und man hat ihm fast das ganze Personal eingezogen. So ein Junge wie du könnte ihm ganz gut zur Hand gehen.«

»Ich habe doch noch nie ein Huhn in der Hand gehabt«, log ich.

»Man kann alles lernen. Du hast doch noch deine HJ-Uniform. Die werden wir etwas vervollständigen, und dann kannst du Küken verkaufen.«

»An wen verkauft er denn die Küken?« wollte Mutter wissen.

»An alle Bonzen in und um Berlin herum.«

»Der Normalverbraucher hat da wohl gar keinen Zutritt?«

»Sperrgebiet. Betreten dürfen es nur das Personal und die Kunden.«

»Was sind das für Kunden, Herr Hotze?« fragte ich jetzt.

»Alles, was SS-Runen auf den Spiegeln trägt. Vom Obersturmbannführer bis zum SS-Schützen Arsch aus Erkner. Und nenn mich nicht immer Herr Hotze, ich heiße Karl, und wir kennen uns doch nun lange genug. Ich duze dich ja auch.«

»Wie soll ich denn mit denen reden in ihren widerlichen Uniformen?«

»Wie mit jedem anderen auch. Laß dich bloß nicht einschüchtern. Von den Goldfasanen wirst du da auch eine ganze Menge lernen.«

»Was sind Goldfasane?«

»Die Herren von der SA mit ihren goldenen Parteiabzeichen. Kennst du den Ausdruck nicht?«

»Er hat sich nie in diesen Kreisen bewegt«, sagte meine Mutter.

»Das ist dann auch schon egal. Die Hosen werde ich sowieso voll haben. Muß das denn sein?«

»Günter wird dir sehr gefallen, mein Junge. Er ist ein feiner Kerl und mit allen Hunden gehetzt. Ein halber Kommunist. Zum ganzen hat es nicht mehr gereicht. Er ist in der SPD steckengeblieben. Macht aber nichts. Er ist ein Kumpel. Und je ungezwungener wir uns bewegen, desto besser werden wir über den ganzen Schlamassel kommen.«

»Und warum kriechen wir dann immer unter dem Fenster herum?« fragte ich.

»Weil da drüben einer mit dem Fernglas steht. Der kennt meine Vergangenheit. Der weiß genau, wann und wo ich gesessen habe. Dem dürfen wir keine zusätzliche Munition liefern. Das verstehst du doch?«

»Ja, das verstehe ich. Aber wenn er mich jetzt jeden Morgen aus dem Haus gehen sieht, weiß er doch auch, daß ich hier wohne.«

»Mit deiner Uniform und immer zur gleichen Zeit kann er sich denken, daß du eine feste Beschäftigung hast. Und wir haben ja verabredet, daß wir dieselbe Auskunft geben wie in Waldesruh. Ausgebombte Zehlendorfer.« Er grinste leicht.

»Wir haben nie in Zehlendorf gewohnt. Das hätten wir uns gar nicht leisten können«, sagte Mutter.

»Aber ihr seht so aus.« Sein Grinsen wurde stärker.

»Eigentlich ist er ja noch ein Schulkind«, Mutter ließ nicht nach, und Hotze blickte verblüfft.

»Das habe ich völlig verdrängt«, sagte er, »du machst einen so erwachsenen Eindruck.«

Er versuchte seinen durchdringenden Blick, und ich mußte lachen. Er auch. »Ja, da müssen wir uns was überlegen. Wir sollten uns erkundigen, wo hier in der Umgebung eine Schule ist. Kannst du radfahren?«

Ich nickte.

»Fein. Dann besorge ich dir eins aus unserer Gärtnerei. Vielleicht ein Damenfahrrad. Da kommst du leichter auf die Pedale runter.«

»Ich werde noch wachsen. Und bis dahin macht ein Damenfahrrad nichts aus.«

»Du bist wirklich ein durchtriebenes Bürschchen.«

Am nächsten Abend tauchte er mit einem ziemlich verrosteten Damenrad auf, und über seiner Schulter hing ein Schulranzen. Martchen griff sich sofort das Rad und drehte ein paar Proberunden.

»Du solltest die Kette säubern und ölen. Dem Ding ein gepflegteres Aussehen geben. Das fällt sonst auf den Jungen zurück.«

Er nahm ihr das Rad ab und machte sich ohne Widerspruch an die Arbeit. Martchen kam ins Haus und legte ihren Arm um meine Schulter. »Jetzt machen wir uns eine Limonade aus reinem Himbeersirup. Und dazu gibt's 'ne Stulle. Ganz dick mit Butter. Ich habe Butter. Rat mal, von wem?«

»Von Käthe?«

»Nicht schlecht«, sagte sie, und drückte mich in ihrer Küche auf einen Stuhl.

»Wo hast du sie getroffen?«

»Ich bin mit dem Rad nach Waldesruh und habe nach ihr geschaut.«

»Und wie geht es ihr?«

Sie schüttelte den Kopf.

»Hat sie was von Erna erfahren?«

»Erna ist tot, mein Junge.«

Ich konnte gar nichts mehr sagen. Sie stellte die Limonade auf den Tisch, schnitt Brotscheiben ab und bestrich sie mit Butter.

»Sie hat eine Lungenentzündung bekommen, und in so einem Lager hat man ja nicht die nötige Pflege.« Sie setzte sich zu mir. Ich starrte zum Fenster hinaus und sah Hotze bei der Arbeit am Rad zu. »Hast du sie denn überhaupt gekannt?«

»Sie haben sie totgeschlagen. Sie haben sie schon zusammengeschlagen, als sie verhaftet wurde«, sagte ich leise.

Martchen schob mir die Butterbrote zu. »Hast du sie so gut gekannt?«

»Sie war mein bester Kumpel.«

Hotze machte sich später über die Butterbrote her, und am nächsten Morgen begann mein erster Arbeitstag. Wir hatten sehr früh dazusein, und Hotze begleitete mich. Als wir vor der Einfahrt von den Rädern stiegen, erwartete uns schon sein Freund, der Hühnerchef. Hotze ging noch mit bis zu seinem Büro und verabschiedete sich davor. Radny, ein großer, semmelblonder Mann, führte mich in sein sehr einfach eingerichtetes Büro und fragte mich sofort, wie alt ich sei. Nachdem er es erfahren hatte, griff er mir ans Kinn und sagte, daß er wisse, wer ich sei, mich aber bitte, nur meinen Decknamen zu benutzen.

»Du wirst bei den Küken arbeiten. Wir haben da zwei Baracken, in denen nur die kleinen Dinger herumwimmeln. Die laufen da frei umher, und du brauchst nur aufzupassen, daß sie dir nicht weglaufen, wenn du durch das Holzgatter gehst. Später wirst du auch Küken verkaufen. Es gibt viele Kunden, die sich ihre eigenen Legehennen aufziehen wollen. Und ihre Brathühner. Du wirst zwischen Hennen und Hähnchen unterscheiden müssen.«

»Kann ich jetzt schon«, unterbrach ich.

»Auch bei Küken?«

»Nein.«

»Das bringe ich dir schon bei. Du wirst also dafür sorgen, daß immer was zum Schnabulieren da ist für die kleinen Dinger. Und du mußt aufpassen, daß sie genug Wasser haben. Wenn die Sägespäne nicht mehr sauber sind, wirst du sie zusammenkehren und in einer Schubkarre hinausfahren. Ich zeige dir dann noch, wo du sie ablädst. Die Säcke mit neuen Sägespänen findest du in den Abseiten der Baracken.«

»Und was mache ich in der Zeit mit den Küken?«

»Gute Frage! Es gibt einen großen Holzschieber, den kannst du rausziehen, dann scheuchst du die Tiere in den hinteren Teil der Baracke und ziehst den Schieber wieder ganz zu. Dann säuberst du den vorderen Teil, streust Sägespäne hin, füllst Körner und Wasser auf, schiebst den

Schieber wieder zurück, läßt die Küken hinein und machst den hinteren Teil. An beiden Enden der Baracke sind Türen, durch die du mit der Schubkarre hinauskannst. Kapiert?«

»Kapiert.«

»Meine Frau wird gleich kommen und dir dein Frühstückspaket bringen.«

»Ich habe schon gefrühstückt.«

»Prima, dann frühstückst du eben noch einmal. In der ersten Zeit werde ich die Kunden bedienen, und du kannst ein bißchen zuschauen, wie ich das mache. Später erledigst du das selber. Und keine Angst vor denen. Das sind alles ganz nette Leute. Wenn du dir die Uniformen wegdenkst, haben sie auch nur einen Hintern und einen Pimmel. Du kannst ihnen das Blaue vom Himmel runterlügen, wenn sie nach deiner Vergangenheit fragen. Stoß nur nicht aus Versehen an deine echte an. Wie heißt du?«

»Max Gemberg.«

»Fabelhaft.«

»Ich bin aus Zehlendorf, ausgebombt und in der Nähe meiner Mutter untergebracht.«

»Wo denn aus Zehlendorf?«

»Mexikoplatz. Veronikasteig 11«, kam es von mir wie aus der Pistole geschossen.

»Du bist aber fabelhaft präpariert.«

»Warum läßt er sich bloß die Haare so kurz schneiden, daß man die Kopfhaut sieht?« dachte ich währenddessen. »Und wenn sie mich nach der HJ fragen? Ich kann sagen, daß ich in die Ortsgruppe Köpenick eingegliedert worden bin.«

»Das läßt du lieber. Ich habe hier eine ganze Menge Kunden aus Köpenick, und wenn sich von denen einer sehr gut auskennt, könnte das Probleme geben. Nein, du sagst, daß du hier aushilfst, wenn sie dich danach fragen, und daß du immer noch zu deiner Ortsgruppe in Zehlendorf gehörst und von dort auch nicht wegwillst. Das klingt treu, ehrlich und ein bißchen hochnäsig. Genau die Mischung, die die Bonzen hier hören wollen. Und wie gesagt, es sind meist ganz harmlose Leute!« Er sah mich an. »Ihren Blutrausch haben die lange hinter sich. Sie sehen bloß zu, daß die in der Heimat bleiben können und keinen Pulverdampf riechen müssen. Also Maxe, gleich geht's rund, und vergiß bei den Kunden nie ›Heil Hitler!‹ zu sagen.«

Frau Radny kam herein und drückte mir ein Stullenpaket in die Hand. »Ich heiße Sigrid, und mein Mann heißt Günter. Wir kannten uns schon, als du noch in der Wiege lagst. Denk immer daran, daß du uns duzen mußt.«

Sie goß mir aus einer Thermoskanne eine Tasse heiße Brühe ein. Ich zögerte, und sie sagte: »Los, runter damit. Das gibt Kraft!«

Dann war sie auch schon wieder verschwunden, und ich stand da mit meiner dampfenden Suppe.

Sigrid trug richtig gelbe Zöpfe. Ich hatte noch nie so dicke Haare gesehen. Langsam trank ich meine Suppe aus, und Günter hatte Zeit, mich zu studieren.

»Ein bißchen italienisch siehst du aus.«

»Als Wikinger gehe ich bestimmt nicht durch.«

Er stand auf. »Genau so, genau die freche Schnauze mußt du einsetzen bei den Kunden.« Er nahm mir den Becher ab, hakte mich unter, und wir marschierten zu den Kükenhäusern. Ein riesiges Gewusel von gelben Wollbällchen bedeckte den Boden der Baracke.

»Wie soll ich denn da überhaupt durchkommen?«

»Keine Angst, die machen schon Platz.«

Nachdem er mir noch einmal mit praktischen Handgriffen gezeigt, was er mir in seinem Büro schon erzählt hatte, ließ er mich allein, allerdings nicht ohne noch zu erwähnen, daß heute Ausmisten dran sei.

Mit meinem Stullenpaket in der Hand sah ich auf das Gewusel herunter.

»Das schaffe ich nie«, dachte ich und öffnete vorsichtig die kleine Holztür im niedrigen Bretterzaun. Die kleinen Viecher wichen wirklich zurück, ich schloß schnell die Tür und sah über den Zaun nach, ob nicht vielleicht doch eins entwischt war. Dann ging ich vorsichtig mitten ins Gewühl, und um mich herum hüpften diese Wollknäuel, sprangen sogar auf meine Schuhe und ließen sich von mir weitertransportieren.

Ich zog den Schieber zur Hälfte heraus und trieb die Küken in die hintere Hälfte. Dann schob ich den Schieber wieder ganz zu. Zwei der Winzlinge ließen sich nicht überreden. Ich fing sie ein und betrachtete sie aus der Nähe. Sie fühlten sich ganz warm und zittrig an. Ich ließ sie behutsam zu den anderen hinunter und begann mit dem Ausmisten. Sklavenarbeit! Den Muskelkater werde ich nie vergessen.

Nach ein paar Wochen konnte ich schon die verschiedenen Hühnersorten unterscheiden und benennen. Günter paukte mir die Namen und Merkmale anhand der ausgewachsenen Tiere ein und ließ mich, nachdem ich auch noch ein bißchen mit Enten und Gänsen herumgespielt hatte, auf die Küken los.

»Kennst du dich hier aus?« fragte mich als erstes gleich ein Goldfasan.

»Klar!«

»Kommst du mal mit nach draußen?«

»Sofort.«

»Sind das Legehennen?«

Er zeigte auf ein paar herumlaufende Viecher im Gelände.

»Das sind Hühnergänse«, sagte ich.

»Ja, Hühner oder Gänse?«

»Beides«, antwortete ich. Aus den Augenwinkeln sah ich hinter mir Günter auftauchen. Und wurde frech. »Wenn man Hühner und Gänse ein paar Tage allein läßt, gibt's Ärger, und am Ende kommt so was dabei heraus.«

Günter stellte sich neben mich und schien mir sehr interessiert zuzuhören.

»Das gibt's doch nicht«, sagte der Goldfasan.

»Doch, das gibt's. Das ist so ähnlich wie Rassenschande. Aber Gott sei Dank sind die ja keine Juden oder Zigeuner.«

Der Bonze sah erst Günter und dann wieder mich an. »Redet der Quatsch?« fragte er Günter.

»Na, nein doch. Er schmückt es nur ein bißchen aus, aber die Richtung stimmt.«

Später begleitete er mich wieder in die Kükenbaracke und machte mir Vorwürfe. »Wir hatten doch verabredet, nicht deine Vergangenheit oder Herkunft zu erwähnen.«

»Hab' doch kein Wort davon gesagt.«

»Hör auf, von Juden zu sprechen. Kann sein, du triffst mal auf keinen Bescheuerten, und dann fängt der an zu fragen.«

»Ich hab' ihm aber einen ganzen Schock Küken verkauft. Alles künftige Legehennen.«

»Die kommen her, um zu kaufen. Auf Teufel komm raus. Heutzutage ist nicht der Kunde König, sondern der Verkäufer. Halte die Baracke sauber und die Kunden ein bißchen bei Laune. Dann stimmt's schon.«

Es machte mir Spaß, mich mit diesen Leuten zu unterhalten und so zu tun, als gehöre ich dazu. Manchmal hatte ich Alpträume, glaubte, mich versprochen zu haben, und sah, wie eine ganze Reihe von Goldfasanen ihre Revolver auf mich richteten. Aber das verdrängte ich schnell wieder, und meine Arbeit machte mir immer mehr Spaß.

Ich bekam oft Geschenke. Einmal verehrte mir einer sogar eine Armbanduhr, und ich trug sie ganz stolz, bis sie mir später gestohlen wurde.

Aus Günters Büro konnte ich mir Fachbücher mit nach Hause nehmen und erfuhr, daß es 260 Arten von Hühnervögeln gibt: Großfußhühner, Schopfhühner, Hokkohühner, fasanenartige Hühner, dazu gehörten auch unsere Haushühner und Hühnerflöhe. Die saßen meist in den Schulterfedern.

Günter muß sich geschüttelt haben, wenn ich den Kunden von den Flöhen berichtete und die dann eifrig nach Flöhen suchten. Ich suchte mit, und wir fanden heraus, daß die Hühner auf dem Hof sehr gut gepflegt waren. Bei meinen Stammkunden war die Flohsuche schon zur Routine geworden, und wenn Hotze zu Besuch kam oder mich abholen wollte, ließ ihn Günter unauffällig zusehen.

Manche Kunden zogen kleine Kämme aus ihren Uniformtaschen, um die Federn fachgerecht hochzuziehen. Das machte dann wieder großen Eindruck auf die anderen Kunden, und Günter überlegte, ob es sich nicht lohnen würde, kleine Holzkämme herzustellen und sie dann auf dem Gelände zu verkaufen.

Einmal wurde ich sogar von einem Gruppen- oder Obergruppenführer eingeladen, ihm seine Einkäufe tragen zu helfen. Ich durfte in seinen V170-Mercedes einsteigen und fuhr mit ihm bis nach Erkner. Seine Frau nötigte mich, bis zum Mittagessen zu bleiben, und ich sah mich in der Höhle des Löwen um.

Ein großes Haus, überhaupt nicht bewacht und, soweit

ich vom Wohnzimmer aus auf die anderen Räume schließen konnte, vollgestopft mit einer Unmenge alter Möbel. Nichts paßte zueinander. Aber alles mußte sehr teuer gewesen sein. Plötzlich wußte ich, woran mich das Ganze erinnerte, an Hotzes Wohnzimmer.

Ich wurde ziemlich lange allein gelassen. Dann erschien ein Dienstmädchen, das aber gar nicht wie ein Dienstmädchen aussah, und deckte den Tisch. Sie schien mich überhaupt nicht wahrzunehmen. Beugte sich sogar von hinten über mich, um ein Gedeck vor mich hinzulegen, und verschwand dann wieder. In ihrem schwarzen Dirndl und den blonden, aufgesteckten Haaren sah sie aus, als sei sie einer Illustrierten entsprungen.

Es gab Eierkuchen. Ein riesiger Berg wurde vom Dienstmädchen vor uns hingestellt, und dazu brachte sie ein zweites Tablett mit einer ganzen Batterie von Marmeladengläsern.

»Noch ein Omelette? Noch etwas Konfitüre?« forderte mich die Hausfrau immer wieder auf.

Das war auch das einzige, was bei Tisch gesprochen wurde. Der Gruppenführer schaufelte in sich hinein, und die Hausfrau schaute ihm leicht angeekelt zu, wie er ungeschickt sein Besteck handhabte und dabei mit offenem Mund kaute.

Ich war im Grunde froh, daß ich nicht zu reden brauchte, keine unangenehmen Fragen zu beantworten hatte und, nachdem ich mich bedankt hatte, mit seinem Wagen, den diesmal ein Chauffeur in SS-Uniform lenkte, zum Hof zurückgebracht wurde.

»Ein enorm wichtiges Tier«, erklärte mir Günter, »hochintelligent und eine richtige Bestie. Da kannst du dir was drauf einbilden.«

Einen Bonzen hatte ich »besonders« gern. Ein gemütlicher, dickbäuchiger Herr, der mich immer wieder aufforderte, ihm die Geschlechtsmerkmale der Küken zu erklären. Dabei nötigte er mich auf einen Schemel, zog sich selbst einen heran und legte wie unabsichtlich eine Hand auf mein Knie, während ich ihm anhand eines größeren Kükens versuchte, die Merkmale zu zeigen, die ich aber gar nicht immer fand.

Er war schwul und hatte eine sehr witzige Art zu plaudern. Jedes Mal legte ich seine Hand auf sein Knie zurück. Und jedes Mal ließ er das, ohne zu klagen, zu.

Er machte mir Komplimente, konnte sich über meine schwarzen Haare vor Bewunderung nicht einkriegen und versicherte mir zum x-ten Male, daß ich sicher römisches Blut in den Adern hätte. »Ich kenne den Führer seit seinen Anfängen. Wir haben damals in München eine ganze Menge zusammen durchgestanden, aber er macht einen Fehler, wenn er uns gegen andere starke und gesunde Rassen so abkapselt.« Dabei legte er wieder ganz unabsichtlich seine Hand auf mein Knie, und ich legte sie ganz selbstverständlich wieder zurück. Er lächelte traurig und sprach weiter. »Wenn wir fortfahren, unsere semmelblonden Jünglinge und Mädchen zu züchten, werden wir eines Tages eine Rasse ohne Saft und Kraft sein. Wir müssen uns ja nicht gerade mit den Juden vermischen, aber so ein Schuß Römerblut könnte uns gar nicht schaden.« Dabei strich er mir über die Haare. »Herrschaftszeiten, hast du dickes Haar!«

»Es gibt doch gar keine Juden hier. Ich habe hier jedenfalls noch keinen gesehen«, sagte ich.

»Sei froh. Das sind ganz arme Säue. Und nach dem Krieg wird es überhaupt keine mehr geben. Vielleicht können wir dann ja auch die Gesetze etwas lockern und unsere Herrenrasse 'ne Spur aufstocken. Wäre gar nicht übel.

So schwarze Haare wie die deinen und die blauen Führeraugen dazu. Der sah früher mal sehr gut aus. Als wir noch in München die Sau rausließen. Jetzt hat er immer so einen martialischen Ausdruck im Gesicht, als wolle er in jedem Augenblick seine Männlichkeit herauskehren. Ach ja, das waren noch Zeiten!«

Und schon wieder hatte ich seine Hand auf dem Knie. Bis auf diese Kleinigkeit war er ein prima Kerl. Oft kam er auch am Abend, kurz vor Geschäftsschluß, und wir saßen dann noch lange in Günters Büro zusammen. Oft erzählte er von seiner Kampfzeit im bayerischen Dialekt: »Wir hatten einen in unserer Abteilung, der war immer ganz vornan. Wenn wir einen Stall mit Sozis und Kommunisten aushoben, wer marschierte an der Spitze? Unser Heinz. Ein unglaublicher Rowdy. Er sah fast aus wie Sie, Radny, vielleicht ein bißchen dunkler. Und hatte ganz hellbraune Augen. Bildhübscher Junge. Adolf war ganz hingerissen von ihm. Und für den Jungen war Adolf der Gott. Irgendwie schaffte er es, immer in seiner Nähe zu sein. Na ja, vielleicht stellte er die Füße ein klein bißchen zu weit auswärts. Das ließ auf Plattfüße schließen. Aber warum sollte es keinen SA-Mann mit Plattfüßen geben? Die Leute vom Ballett haben alle Plattfüße. Und er war ein exzellenter Sportler. Der beste Leichtathlet in unserer Abteilung. Und dann kam der Hammer. Irgend jemand hatte herausgefunden, daß er nicht ganz astrein war. Zumindest Halbjude. Adolf war erschüttert und stieß ihn sofort aus der Partei aus. Ich glaube ja, das war nur so eine fette Intrige. Wahrscheinlich hatte sich eine kleine Tunte aus unserer Gruppe bei ihm zurückgesetzt gefühlt. Jedenfalls fand man ihn eines Tages im Mangfallfluß. Mit eingeschlagenem Schädel. Ich bin heute noch davon überzeugt, daß er kein Jude war. So einer wie der konnte kein Jude sein. Und die Plattfüße? Mein Gott! Schauen Sie sich doch nur Ihre Kunden an. Da müßten aber einige von denen welche sein. Anderthalbfache. Und sollte er wirklich einer gewesen sein? Na wennschon. Er war ein guter Nationalsozialist.«

Ich hatte mich gut eingewöhnt, freute mich auf jeden neuen Tag, den ich bei Günter und Sigrid verbringen durfte, und war ganz scharf auf Sigrids Brathähnchen. Die beiden waren ein echtes Liebespaar. Hotze nannte sie spöttisch »Tristan und Isolde«. Sie konnten keine Sekunde beisammensitzen, ohne sich anzufassen. Ich schaute immer weg, und Sigrid lachte dann oder bewarf mich mit Brathähnchenkeulen. Ich fühlte mich sehr wohl bei ihnen.

Aber das Glück dauerte keine acht Wochen. An einem Sonntagmorgen, in der Nacht hatte es einen schweren Luftangriff gegeben, stand die Gestapo vor unserem Haus in Kaulsdorf-Süd. Martchen kam die Stiege zu mir hinaufgestürzt. Ich war noch gar nicht richtig wach. Sie schüttelte mich und zerrte mich hoch. Über dem Arm hatte sie eine alte Joppe von Karl Hotze. »Du darfst nicht mehr einschlafen. Ich wecke jetzt deine Mutter, und du versprichst mir, daß du dich sofort anziehst«, flüsterte sie aufgeregt. Dann ging sie in Mutters Zimmer. Augenblicke später war sie wieder zurück, und hinter ihr erschien Mutter, verschlafen und ungekämmt. Sie war gerade in ihren Rock gestiegen, zog ihn während des Laufens hoch und versuchte, den Bund zu schließen. Ihr sah ich sofort die Panik an.

»Kannst du springen?« fragte mich Martchen, während ich mich immer noch anzog.

»Ja, aber was ist denn los?«

»Du hast jetzt die Aufgabe, aus diesem Fenster zu springen«, sagte sie und lächelte gequält, »du kannst das sicher besser als deine Mutter. Und wenn du unten bist, kannst du ihr zeigen, wohin sie springen soll. Der Boden dort unten ist ziemlich weich, und vielleicht könnt ihr nach hinten zum Gartenende laufen. Da ist eine kleine Tür, durch die ihr auf das angrenzende Grundstück kommt. Es gehört zu einem Friseurgeschäft. Um diese Zeit wird sicher noch keiner da sein. Ihr kommt dann auf die Parallelstraße zu der unseren und müßt vielleicht über den vorderen Zaun klettern.«

Mutter kam wieder aus ihrem Zimmer gelaufen und flüsterte Martchen zu, sie sei noch nie aus einer solchen Höhe aus einem Fenster gesprungen. Ich hätte fast lachen müssen, als ich mir vorstellte, wie Mutter aus dem Fenster hüpfen würde.

Martchen löschte das Licht und zog die Verdunkelung hoch. Draußen war es noch fast dunkel, es mußte sehr früh am Tag sein.

»Ihr müßt euch beeilen. Ich weiß nicht, wie lange Karl sie unten noch aufhalten kann«, flüsterte sie.

Fast geräuschlos öffnete sie die beiden Fensterflügel. Martchens stumme Panik übertrug sich auf mich. Ich kletterte auf das Fensterbrett und sah hinunter. Die Bodenverhältnisse waren nicht zu erkennen. Hinter mir hörte ich noch, wie Martchen meiner Mutter zuflüsterte, daß sie auf gar keinen Fall schreien dürfe. Ich vertraute ihr einfach und sprang. Schlug ziemlich hart auf und fiel nach vorn. Ich sprang sofort auf die Beine.

Oben sah ich Mutter auf dem Fensterbrett stehen und nach unten gucken. Ich hatte mich schon an das Dunkel gewöhnt und ruderte mit beiden Armen, um sie auf mich und meinen Standort aufmerksam zu machen. Hinter ihr tauchte jetzt Martchen auf und schien ihr wohl noch etwas ins Ohr geflüstert zu haben, denn plötzlich sprang Mutter. In ihrer Angst muß sie wohl vorher in die Knie gegangen sein und sich abgestoßen haben, denn sie kam wie eine Kanonenkugel auf mich zugeschossen. Ich war so verblüfft, daß ich kaum Zeit hatte, ihr auszuweichen. Sie streifte mich und riß mich mit zu Boden. Sie fiel zur Seite und versuchte mühsam aufzustehen.

»Geht's dir gut?« fragte sie leise.

»Ja«, sagte ich.

»Dann los.«

Wir liefen auf den hinteren Holzzaun zu, fanden nach einigem Rumtasten auch die kleine Tür, entriegelten sie und liefen über das fremde Grundstück auf den vorderen Eingang zu, nachdem wir die Tür sorgfältig wieder verschlossen hatten.

Als wir zurückschauten, sahen wir, wie in unseren Zimmern plötzlich das Licht anging. Dann wurden sofort die Rollos heruntergezogen, und wir machten, daß wir wegkamen.

Gott sei Dank brauchten wir nicht über den vorderen Zaun zu klettern, denn die Gartentür war nicht verschlossen. Mutter hätte das auch gar nicht mehr geschafft. Erst jetzt merkte ich, daß sie hinkte.

»Was hast du?«

»Schlecht aufgekommen. Aber für meinen ersten Fenstersprung war das doch ganz beachtlich, oder?«

»Olympiareif«, versuchte ich zu scherzen, aber ich sah, wie ihr die Tränen in die Augen schossen, als sie versuchte loszulaufen.

Sie humpelte vor mir her, und mir fiel auf, daß sie einen viel zu langen Mantel trug. Plötzlich merkte ich, daß auch ich Ungewohntes am Leib hatte. Es war Hotzes Joppe. Ich hatte gar nicht mitbekommen, daß Martchen sie mir angezogen hatte. Die Taschen waren dick ausgestopft, und als ich hineinfaßte, hatte ich eine Mettwurst in der Hand.

Dann fand ich noch eine alte Kunstlederbrieftasche mit Geld und Lebensmittelmarken und ein altes Brötchen. Martchen hatte wohl ziemlich wahllos alles gegriffen, was ihr gerade in die Hände fiel, damit wir uns eine Weile über Wasser halten konnten.

Während wir weiterhasteten, fragte ich Mutter, warum sie um Gottes willen ihre große Tasche bloß da habe hängen lassen, und sie antwortete nur kurz, alles Wichtige habe sie bei sich: »Geld, Schmuck und der blöde Postausweis. Steckt alles hier drin.« Sie klopfte auf ihre Manteltaschen. »Komm jetzt! Bloß weg hier! So weit wie möglich weg hier!«

»Und wohin?«

»Weiß ich noch nicht. Erst mal in die Nähe eines S-Bahnhofs. Vielleicht fällt uns ja dort was ein.« Es wurde immer heller. Dann hielt ein Laster vor uns. Der Fahrer rief uns etwas zu, und Mutter humpelte zu ihm hin.

»Macht, daß ihr von der Straße runterkommt. Es gibt gleich Alarm.«

Ich war inzwischen auch näher gekommen und sah, daß es ein Uniformierter war.

»Wir müssen nach Mahlsdorf«, sagte meine Mutter rasch.

»Nach Mahlsdorf? Wo ist das? Ich bin nicht von hier.«

»Das ist genau die entgegengesetzte Richtung«, antwortete Mutter.

»Ich kann euch nach Köpenick mitnehmen, damit ihr von der Straße wegkommt. Ich muß nach Köpenick.«

»Aber wir müssen nach Mahlsdorf«, beharrte Mutter und ging langsam los.

»Ist das noch weit?« fragte er mich.

»Ziemlich«, antwortete ich.

»Das schafft ihr nie, die Amis und ihre fliegenden Festungen sind gleich da. Das wird ein flotter Tagesangriff. Da gibt's Zunder.«

Er wartete auf Mutters Antwort, die nicht kam, dann legte er den Gang ein. »Wie ihr wollt«, sagte er und gab Gas.

»Wir hätten doch mit ihm nach Köpenick fahren können.«

»Was sollen wir denn in Köpenick?« fragte Mutter.

»Was sollen wir in Mahlsdorf?« fragte ich zurück. »Nach Köpenick hätten wir wenigstens nicht zu laufen brauchen. Und dein Fuß wird auch immer schlimmer, wenn wir weiter so marschieren.«

»Mach dir keine Sorgen um meinen Fuß. Solange der in Bewegung bleibt, funktioniert er. Schlimm wird es erst, wenn er sich ausruhen kann.«

»Soll das heißen, daß wir in den nächsten Tagen nur marschieren werden?«

»Vielleicht.«

»Na, das wird ein Fest.«

Wieder überkam mich diese ohnmächtige Müdigkeit wie damals auf der Suche nach Mutter um den Bahnhof Bellevue herum. Ich hätte mich sofort auf den Boden legen und schlafen können, trotz Kälte und herannahender Amis. Statt dessen stapfte ich weiter und bewunderte Mutters Rücksichtslosigkeit gegenüber ihrem Knöchel. Sie hatte ihr Kinn vorgeschoben und lief immer schneller.

»Ich komme nicht mehr mit«, jammerte ich, »wovor läufst du denn weg? Es verfolgt uns doch keiner.«

»Wer schnell geht, hat ein Ziel. Schlendern bedeutet das Gegenteil. Von da bis zu dem Gedanken, daß man kein Zuhause hat, ist es nur ein kleiner Schritt. Hast du alles schon vergessen, was?«

»Aber was sollen wir in Mahlsdorf?« bohrte ich von neuem.

»Wir gehen doch gar nicht bis Mahlsdorf. Vielleicht fällt uns in Kaulsdorf schon ein, was wir unternehmen könnten.«

Die Amis hatten ziemlich lange auf sich warten lassen. Aber nun schrillten die Sirenen und kaum waren sie verstummt, da ballerten schon die ersten Flakgeschütze los. Wir hörten ein tiefes Brummen, das immer stärker wurde, und dann sahen wir sie.

Gegen den morgenroten Himmel hoben sie sich ganz deutlich ab. In wohlgeordneten Pulks zogen sie ruhig ihre Bahn, flogen in Richtung Stadtmitte, und einige ließen schon ihre Bomben ab. Ob sie von der Flak getroffen waren und darum ihre Bomben so früh abwarfen, konnten wir nicht erkennen.

Nichts explodierte dort oben. Aber unten. Wir warfen uns auf die Straße und begriffen zuerst überhaupt nicht, daß das schon die Bomben waren, die wir gerade dort oben herunterpurzeln sahen.

Mutter lag dicht neben mir und legte sich plötzlich auf mich. Dabei betete und fluchte sie gleichzeitig. Sie betete auf hebräisch und fluchte auf deutsch.

Ich wagte nicht einmal den Kopf zu heben. Aus Angst vor den immer näher kommenden Einschlägen, aber auch vor dem Gesicht meiner Mutter. Um uns herum war ein einziges Pfeifen, Heulen und Krachen.

»Was gibt es denn hier in Kaulsdorf-Süd so Wichtiges, daß sie es derart beharken müssen«, dachte ich. Und dann schlug dicht neben meinem Kopf etwas ein. Ich schrie auf, weil ich dachte, Mutter sei getroffen worden, aber sie drückte mich herunter.

»Liegenbleiben«, sagte sie, »es ist gleich vorbei.«

Ich schaute nach rechts, wo der kleine Einschlag herkam. Etwa zwanzig Zentimeter neben meinem Kopf steckte ein Granatsplitter zwischen den Pflastersteinen. Er sah aus wie eine scharfe Messerklinge und dampfte vor sich hin.

»Hier bleibe ich jetzt liegen, bis der abgekühlt ist«, dachte ich, »für den kann ich von Rolf alles haben, was ich will.«

Eine Militärstreife stand wie aus dem Boden gewachsen vor uns. »Los, mitkommen, aber fix!«

Sie quetschten uns in den Beiwagen ihres Motorrades, schwangen sich selber auf den Sattel und bretterten los. Ich hatte gerade noch Zeit, meinen Granatsplitter zu greifen. Er war noch ganz heiß. Ich hielt ihn gegen den Fahrtwind und versuchte, ihn und meine Hand damit abzukühlen.

»Was hast du denn da?« fragte mich der Soldat auf dem Soziussitz.

»Granatsplitter.«

»Zeig mal her.«

»Der ist aber noch ganz schön warm, gerade runtergekommen.«

»Keine deutsche Ware. Das ist ein Gruß aus Amiland. Sammelst du das?«

Ich nickte. »Von meinem Freund in Waldesruh kriege ich mindestens drei Flaksplitter dafür.«

»Da kannste mal sehen, wie teuer die schon gehandelt werden.«

»Die Bombensplitter?«

»Nee, die Amis.«

»Die Amis können mich am Arsch lecken«, schrie ich gegen den Wind an.

»Das braucht er denen nicht zweimal zu sagen«, mischte sich der Fahrer ein, »die Neger sind doch alle schwul.«

Meine Mutter sah ihn an, und wir schwiegen, bis sie uns vor einem Hochbunker absetzten.

»Ist ja ziemlich ruhig geworden. Vielleicht gibt es bald Entwarnung.«

»Das täuscht«, erwiderte der Beifahrer. »Die nächste Welle kommt bestimmt. Macht mal, daß ihr da reinkommt.«

Sie stiegen gar nicht erst ab, sondern fuhren sofort weiter. Man schien beobachtet zu haben, wer uns abgesetzt hatte. Die Stahltür öffnete sich augenblicklich, und wir wurden förmlich reingezogen. Einer der Männer stellte sich als Blockwart aus der Umgebung vor. »Ihr habt ja vielleicht Humor. Habt ihr denn die Sirene nicht gehört?«

»Wir wurden völlig überrascht, und ich wollte nicht in den Splitterbunker unserer Bekannten hinein. Da haben uns die freundlichen Herren hierhergebracht.«

»Glück gehabt. Ihr hättet auch platt wie die Briefmarken sein können.«

»Wäre auch beinahe passiert. Hier, dieses Stück Splitter hat sich ganz dicht neben mir in den Fahrdamm gebohrt.« Ich zeigte ihm den Splitter. »Wir lagen platt auf dem Boden, als die ihre Bomben abließen. Meine Mutter hat sich richtig den Fuß verstaucht, als die beiden uns zu Boden geworfen haben. Sie ist am Motorrad hängengeblieben.«

»Zeigen Sie mal her.«

»Nicht der Rede wert«, sagte Mutter und versuchte, den Fuß unter die Bank zu ziehen. Dabei schnitt sie eine Grimasse, und der Blockwart sagte, daß sie einen Arzt hier hätten.

Er zog ihr den Fuß sachte unter der Bank hervor und versuchte, den Schuh aufzuknöpfen. Mutter stöhnte leise auf, und er sagte: »Jetzt legen Sie sich mal da auf die Pritsche, und ich hole den Arzt. Der wird Ihnen sicher helfen können«, beruhigte er meine Mutter, als sie sofort aufstehen wollte.

»Du paßt auf deine Mutti auf, damit sie uns nicht wegläuft.« Damit verschwand er die Treppen hoch.

»Jetzt hast du aber was ganz Kluges gemacht, denkst du.«

»Wieso? Du bist doch nicht beschnitten. Schon gar nicht am Fuß.«

Ich weiß nicht, welcher Teufel mich ritt, als ich das sagte. Jedenfalls schlug sie mit aller Heftigkeit zu. Das war das dritte Mal, daß Mutter so unbeherrscht auf mich eindrosch. Sie hatte mich so unglücklich getroffen, daß mein Ohr anfing, gemein weh zu tun. Fassungslos vor Schmerz und Wut, fing ich zu heulen an. »Ich wollte doch nur, daß du einen Arzt kriegst, der dir helfen kann. Das ist doch die beste Gelegenheit.«

»Hör auf zu heulen. Die müssen gleich hiersein. Nimm dich zusammen!«

»Vielleicht kann er mich gleich mitverarzten«, sagte ich und heulte weiter. »Was soll ich ihm sagen, wo ich das herhabe? Vielleicht ist meiner Mutter die Hand ausgerutscht, als sie meine Ohren waschen wollte.«

Mein Ohr tat immer mehr weh, und ich fing vor Schmerz an, richtig in mich hineinzuweinen.

Mutter sah nur weg und starrte auf ihren kaputten Fuß. »Du gibst nur an«, sagte sie in einem ganz fremden Ton. »Das ist so deine Art, dich für deine Frechheiten zu entschuldigen. Du drehst einfach den Spieß um und spielst das Opfer.«

Der Blockwart kam die Treppe herunter. »Ziehen Sie schon mal den Schuh aus, wenn Sie können, der Arzt kommt gleich.«

Mutter biß die Zähne zusammen und bekam tatsächlich den Knopf durch die Lasche, obwohl der Fuß inzwischen so angeschwollen war, daß der Lederriemen sich bis zum Zerreißen über den Spann dehnte. Vorsichtig legte sie die gesunde Fußspitze an den kranken Hacken und versuchte, den Schuh langsam hinunterzudrücken. Der Blockwart riet ihr: »Machen Sie's mit einem Ruck, dann haben Sie's hinter sich.«

Das tat sie, schrie furchtbar auf, und der Schuh segelte am Kopf des Blockwarts vorbei an die Wand. Mutter stöhnte und versuchte den Schmerz durch Hinundherwiegen des Oberkörpers zu betäuben.

»Wie ein Kantor in der Synagoge«, dachte ich.

Dann kam der Arzt mit einer großen Medikamententasche und hinter ihm ein Offizier der Wehrmacht.

»Was ist denn hier los?« fragte er.

»Die Frau und ihr Sohn sind von einer Militärstreife abgeliefert worden. Sie wurden vom Alarm überrascht, weil sie sich nicht in einem Splitterbunker bei ihren Bekannten aufhalten wollten.«

Der Arzt kniete schon und betastete Mutters Fuß. »Der sieht ja aus wie aufgeblasen. Mein Gott, wie ist denn das passiert?«

»Sie ist am Motorrad hängengeblieben, als wir uns alle auf den Boden geworfen haben. Der Mann von der Streife hat sie noch weitergezerrt, weil er nicht gesehen hat, daß meine Mutti den Fuß noch nicht frei hatte.«

Der Arzt bat Mutter, den Strumpf auszuziehen, betastete vorsichtig den Knöchel und sagte dann: »Eis, Eis und noch mal Eis. Haben wir Eis hier?«

»Im Getränkeschrank oben im Wachzimmer.«

Der Offizier lief ohne weitere Aufforderung nach oben und kam mit einer Handvoll Eiswürfel zu uns zurück. »Sie müssen mit dem Eis ganz sanft über die Beule reiben, und wenn es zu weh tut, löse ich Sie ab, oder Ihr Sohn tut es. Später machen wir dann einen dicken Stützverband, und dann kann deine Mutter wieder mit dir um die Wette laufen.«

Nach Stunden kam endlich die Entwarnung. Wir hatten die ganze Zeit im Eingangsraum gesessen und gekühlt. Abwechselnd. Sogar der Wehrmachtsoffizier hatte sich angeboten, als unsere Finger klamm wurden. Als die Entwarnung kam, sagte der Arzt, er müsse jetzt los, wolle aber vorher Mutter noch den Verband anlegen. Es waren ziemlich wenig Menschen im Bunker, die alle an uns vorbeimußten und Mutter mitleidig ansahen.

Schließlich bot der Offizier an, uns nach Hause zu bringen.

»Wir wohnen in Waldesruh«, sagte Mutter.

Ich dachte, ich höre nicht richtig.

Er brachte uns mit einem Opel P4 nach Waldesruh. Fast mußte er blind fahren, weil die abgedunkelten Scheinwerfer nur wenig Licht hergaben. Dann hielten wir vor Käthes Haus. Meine Mutter bedankte sich, sagte, die kurze Strekke bis zur Haustür könne sie sich auf ihren Sohn stützen, der Offizier legte die Hand an die Mütze und fuhr sofort weiter.

Wir gingen durch den Garten, Käthe verriegelte Gott sei Dank nie ihre Gartentür, und standen vor dem verschlossenen Haus. Wir hatten die Hoffnung, daß unsere etwas sorglose Käthe irgendein Fenster zu schließen vergessen hatte. Aber nichts dergleichen. Käthe mußte schon lange Zeit nicht mehr hiergewesen sein. Sonst standen immer irgendwelche Gartengeräte oder eine Schubkarre draußen herum. Aber diesmal war alles weggeräumt. Und das Hauptmerkmal eines verlassenen Hauses war nicht zu übersehen. Mutter zeigte stumm nach oben: Der Schornstein rauchte nicht. Käthe fror fast immer und griff als erstes zu Streichhölzern und Schürhaken, wenn wir nach Hause kamen.

Wir kauerten die ganze Nacht an der Rückwand des Hauses und sangen Loblieder auf Martchen, die uns bei aller Panik und Hast noch mit dieser dicken Kleidung versorgt hatte. Hin und wieder dösten wir vor Erschöpfung ein, aber von echtem Schlaf konnte keine Rede sein. Wir hatten zu große Angst, die Morgendämmerung zu verpassen und uns am hellichten Tag von den Nachbarn bestaunen zu lassen.

»Es gibt zwei Möglichkeiten«, flüsterte Mutter vor sich hin, »entweder wir versuchen am Morgen nach Köpenick zu kommen und bei Radny unterzuschlüpfen, oder wir fragen bei Redlich an, ob er uns ein paar Nächte bei sich unterbringen würde.«

»Was für einen Grund sollen wir denn haben, bei ihm unterzukriechen?«

»Wir haben den Schlüssel verloren, den Käthe uns überlassen hat.«

»Und wo waren wir bis jetzt?«

»Bei Verwandten in ... ich weiß nicht, wo.«

Sie legte den Kopf auf ihre Knie und schwieg. Es muß sie schwer mitgenommen haben, bei fremden Menschen um Unterkunft betteln zu müssen. Nicht zu wissen, wo man den Kopf in der nächsten Nacht hinlegen konnte. Nicht zu wissen, wann dieser Krieg endlich zu Ende sein würde.

Völlig übernächtigt und total erschöpft, stolperten wir am nächsten Tag die Landstraße nach Köpenick entlang und hatten darauf achtzugeben, daß wir wie Spaziergänger aussahen. Zur S-Bahn nach Mahlsdorf war es genauso weit wie nach Köpenick, wenn nicht noch weiter, und Busse fuhren nicht mehr regelmäßig, wenn überhaupt noch.

Mutters Fuß schien immer mehr zu schmerzen. Sie hinkte zunehmend und mußte sich öfter an einen Baum lehnen. Der Wald zwischen Waldesruh und Köpenick war noch ganz unversehrt, und die Landstraße, die durch den Wald führte, war nur wenig befahren.

Ich war hier schon oft mit Rolf auf Splittersuche gegangen, aber an diesem Tag sah der Wald ganz anders aus. Er stank förmlich nach modriger Feuchtigkeit und wirkte viel grauer und lebloser als sonst, obwohl die Bäume doch jetzt schon junge Blätter hatten. Das einzig Gute an diesem Marsch war, daß Mutter auf dem weichen Waldboden neben der Straße laufen konnte.

Das Tor zur Hühnerfarm stand weit offen. Ich nahm Mutter bei der Hand und lief mit ihr auf die Bürobaracke zu. Kunden, die mit ihren Autos vorbeikamen, grüßten mich und riefen mir Freundlichkeiten zu, die ich nicht verstand. Ich hatte den Eindruck, sie lachten über mich und meine hinkende Mutter. Vielleicht machten sie sich lustig über ihren Mantel oder über meine Joppe.

Ich lief immer schneller, und Mutter stöhnte leise vor sich hin, ließ aber meine Hand nicht los. Ich hatte den Weg vom Tor zur Baracke nie als so weit empfunden. Als wir ankamen, öffnete ich die Tür und schaute hinein.

Das Büro war leer. Ich zog Mutter hinein und setzte sie auf einen Stuhl. Dann ließ ich mich auf dem Boden nieder, lehnte meinen Rücken gegen ihren Stuhl und mußte mir Mühe geben, nicht sofort einzuschlafen. »Vielleicht dauert es ja noch ein Weilchen, bis sie auftauchen«, dachte ich, »wäre schön, wenn wir noch so ein bißchen dösen könnten.«

Mutter stieß mich mit dem gesunden Fuß an. Ich

schreckte hoch. Neben Radny stand ein Uniformierter. Ich sah sofort, daß es ein ganz hohes Tier war. Er sah erst meine Mutter an, dann mich. Dann sah er Günter an. Und der war sprachlos. Offenbar hatten sie beide Probleme mit unserer Kleidung. Mutter versuchte aufzustehen, aber ich war sofort auf den Beinen und drückte sie wieder auf ihren Stuhl zurück.

»Wir sind ausgebombt«, rief ich lauter als nötig, »es ist alles verbrannt. Die Sachen hier hat man uns bei der Auffangstelle gegeben, und meiner Mutter ist der Knöchel kaputtgegangen. Sie ist am Motorrad hängengeblieben.«

Jetzt bloß nicht aufhören zu quasseln. Die dürfen gar nicht zum Denken kommen. Und vielleicht fällt mir ja dann auch was Glaubwürdiges ein. Ich muß aber schon ganz gut gewesen sein, denn das hohe Tier fragte, wie denn das mit dem Motorrad passiert sei.

»Eine Streife hat uns mitgenommen. Und dann hat es wieder gekracht, und der Streifenfahrer hat Mutter so schnell aus dem Beiwagen rausgezerrt, daß er gar nicht merkte, wie sie mit einem Bein hängenblieb. Er wollte ja nur, daß wir uns sofort auf den Boden werfen.«

»Dann hat er es doch aber gut gemeint, nicht wahr?«

»Ja, ja«, bestätigte ich.

»Sind Sie denn schon ärztlich versorgt worden?« wandte er sich an Mutter.

Auch sie nickte ganz eifrig, und Radny erklärte, daß wir gute Freunde seien und er von unserer Situation auch erst eben erfahren habe.

»Wenn Sie Hilfe brauchen, wissen Sie ja, wo Sie mich finden. Und päppeln Sie meinen Osterbraten auf.« Er schüttelte Radny die Hand, ohne uns weiter zu beachten, und verließ den Raum.

Günter lehnte sich an seinen Schreibtisch. »Wo kommt ihr wirklich her?« fragte er ohne Umschweife.

»Aus Waldesruh«, sagte ich.

Meine Mutter hielt mir den Mund zu. »Wir sind gestern früh aus Karl Hotzes Haus geflüchtet. Es gab keine andere Möglichkeit, als aus dem Fenster im Obergeschoß zu springen. Dabei habe ich mir den Knöchel verletzt.«

Radny nickte langsam. »Karl ist verhaftet worden. Seine Frau auch.«

»Und was ist mit seiner Schwägerin?«

»Weiß ich nicht. Bis jetzt weiß ich nur, daß er und seine Frau abgeholt wurden.«

Meine Mutter schwieg wieder. Sie brachte es einfach nicht fertig, ihn um ein paar Tage Unterkunft für uns zu bitten. Ich fühlte, daß sie am Ende war, total erschöpft. Und das machte mich immer aggressiver.

»Wir müssen jetzt erst mal schlafen«, sagte ich.

Mutter schaute auf ihre Füße, und Radny schwieg.

»Wir haben in Waldesruh auf dem Grundstück einer Bekannten gelegen. Hinter dem Haus. Sie war nicht da. Und wir haben die ganze Nacht im Freien zugebracht.«

»Ich kann euch hier nicht aufnehmen.« Er schüttelte den Kopf.

»Vielleicht haben wir schon morgen eine Idee, wo wir hinkönnen«, bettelte ich jetzt ganz offen, »Mutter kann einfach nicht mehr weiter, und ich auch nicht, wenn Sie's genau wissen wollen.«

Mutter zog sich an der Lehne hoch. »Hör auf damit«, fuhr sie mich an. »Es tut mir leid«, wandte sie sich an Radny, mit dem ganzen Stolz, den sie in ihrem Zustand noch aufbringen konnte. »Es tut mir leid. Für ihn und für Sie. Seien Sie uns nicht böse, und vergessen Sie's.« Sie humpelte zur Tür.

»Ich kann es wirklich nicht, Frau Degen«, sagte er leise. »Hotze und ich sind sehr befreundet, und ich bin nicht sicher, ob er diese Verhöre noch einmal übersteht. Ohne zu singen, verstehen Sie? Ich habe ihn immer wieder davor gewarnt, diese Scheißflugblätter zu verteilen. Er kam sich äußerst raffiniert vor, wenn er die Blätter auf Ämtern unter einem Packen Formulare liegenließ. ›Irgendwann sind die Formulare aufgebraucht und dann liegen sie offen da‹, hat er gesagt. Nach Bombenangriffen hat er sie einfach auf der Straße in den Wind geschmissen, damit die Gestapo glauben sollte, die Engländer hätten sie abgeworfen. Ich glaube, daß er viel zu intelligent war, um wirklich raffiniert zu sein. Wenn man ihm nur etwas davon nachweisen kann, sehen wir ihn nie wieder. Und er hatte mir so fest versprochen, sich nicht mehr in dieser Richtung zu betätigen. ›Ich nehme dir den Jungen ab, damit er sich nicht auf der Straße rumtreibt, und du gibst mir dein Wort, daß du aufhörst mit dieser riskanten Flugblätterei‹, habe ich ihm gesagt. Er hat mir sein Wort gegeben und weitergemacht. Das war ein Vertrauensbruch, den wir vielleicht alle noch teuer bezahlen werden. Ich habe vor einem Jahr geheiratet und möchte diesen Krieg und diese Verbrecher überleben. Zusammen mit meiner Frau. Wenn ich mir vorstelle, daß meine Frau von so einem sadistischen Verbrecher gequält wird, habe ich einfach keinen Mumm mehr.«

»Ich verstehe Sie sehr gut«, sagte Mutter, und dann gingen wir.

Er lief noch eine Weile neben uns her, aber er sagte nichts mehr. Wir auch nicht. Am Tor strich er mir kurz über den Kopf und ging dann zurück.

Die folgenden zwei Tage, bis wir uns entschlossen, die zweite kleine Chance zu ergreifen, waren schlimm. Wir schlichen uns nachts in leerstehende Splitterbunker, und wenn die Eigentümer sie während eines Bombenangriffs aufsuchten, redeten wir uns heraus, daß wir vom Alarm überrascht worden seien. Meistens waren die Leute viel zu müde und apathisch, um uns ernsthafte Vorwürfe zu machen. Als wir aber auch noch unsere Lebensmittelmarken verbraucht hatten und zur Schlaflosigkeit noch der Hunger dazukam, gaben wir auf.

»Mutter«, fing ich vorsichtig an, während wir in einem noch nicht ganz fertiggebauten Graben saßen, »das halten wir nicht durch. Wir sollten Kontakt zu Lona aufnehmen. So gut kannte sie Hotze doch gar nicht, daß sie Angst haben müßte.«

»Hast du seinen guten Freund sprechen hören? Sie haben jetzt alle Angst. So kurz vor dem Ende noch aufgehängt zu werden ist wohl das Schlimmste, was einem passieren kann. Ich kann das sehr gut verstehen. Ich wüßte nicht, wie ich mich verhalten würde. Wie würdest du dich verhalten?« Sie grinste mich plötzlich an und rieb ihren Knöchel.

»Ich würde mich wie Karl verhalten«, sagte ich verbissen.

»Ja«, sie nickte und überlegte, »das ist der mutigste Mann, den ich je kennengelernt habe. Und ich habe ihn so falsch eingeschätzt, weil er so geschwollen dahergeredet hat. Und letzten Endes hat er auch damit rechnen müssen, geschnappt zu werden. Er hat alles ganz präzise geplant. Und das erste, woran er gedacht hat? Er hat uns noch rechtzeitig gewarnt und uns aus dem Fenster springen lassen.«

»Martchen hat uns gewarnt.«

»Ja, ja, dein Martchen«, grinste sie immer noch, oder

war es ihr Knöchel, weswegen sie das Gesicht verzog? Sie massierte ihn, wenn wir uns irgendwo ausruhen konnten, und machte mit dem Fuß vorsichtige Kreisbewegungen.

»Wir können Lona auf keinen Fall mit hineinziehen. Weißt du, wir sollten versuchen, sie genauso zu schützen, wie sie uns geschützt hat. Das sind wir ihr schuldig. Genausowenig, wie wir uns bei Martchen sehen lassen dürfen.«

»Und Tante Regina? Wo hält die sich denn auf?«

»Regina hat eine fabelhafte Unterkunft gefunden. Sie lebt mit einem Herrn Karfunkelstein zusammen. Er ist Jude, hat aber eine arische Frau, und die soll alles organisiert haben. Kunststück! Mit dem Geld! Der ist steinreich und hat alles seiner Frau überschrieben. Als sie sich scheiden ließen, hätte sie, häßlich, wie sie war, die schönsten Männer haben können. Mit dem Vermögen. Sie finanziert das Versteck des Herrn Karfunkelstein, der dort mit meiner Schwester seine Zeit verbringt. Ich kenne ihr Versteck nicht. Nur über Lona hatte ich eine Zeitlang Verbindung zu Regina. Und ich glaube, nicht einmal Lona kennt es genau.«

»Entweder wir nehmen jetzt Kontakt zu Regina auf, über Lona, oder ...«, ich sprach nicht weiter.

»Oder?« hakte Mutter nach.

Ich versuchte abzulenken. »Wenn Karfunkelstein nicht weiß, wohin mit dem Geld, könnte er uns doch unterstützen. Vielleicht hätte er noch Platz in seiner Unterkunft. Wenn's für zwei reicht, reicht's auch für vier. Regina würde ihn bestimmt überreden.«

»Oder?«

Ich druckste herum. »Oder wir klopfen bei Rolf an und schenken ihm reinen Wein ein.«

»Wer ist Rolf?«

»Rolf Redlich. Der Sohn vom alten Redlich.«

»Deine rotzigen Antworten sind nur noch schwer zu ertragen.«

»Entschuldigung.«

»Was werden sie tun?« fragte sie nach einer Weile. »Zeigen sie uns an, oder kommen wir bei ihnen unter?«

»Rolf würde uns bestimmt unterbringen.«

»Es gibt aber noch eine dritte Möglichkeit«, Mutter hatte mir anscheinend gar nicht zugehört, »sie jagen uns einfach weg. Weißt du, was ich im Moment am schwersten ertragen kann? Daß wir davongejagt werden. Das kommt mir schlimmer vor als Anzeige, Verhaftung und Abtransport.«

Sie bewegte fortwährend ihren Fuß. »Ich darf ihn nicht nur im Uhrzeigersinn drehen. Was meinst du? Ich muß ihn doch auch in die andere Richtung bewegen. Wie beim Walzer. Weißt du, wer gut Walzer tanzte? Papi! Er trat mir zwar dauernd auf die Füße, aber er entwickelte dabei eine große Geschwindigkeit. Ich war immer ganz atemlos und er überhaupt nicht. Obwohl er doch damals schon lungenkrank war.«

»Mutter, was machen wir jetzt?« unterbrach ich sie. Ich fing furchtbar an zu frieren und sah ihr an, daß auch sie fror und nur darüber hinwegreden wollte.

»Entscheide du.«

»Warum soll ich das entscheiden?«

»Es sind deine Freunde.«

»Glaubst du, der alte Redlich wird sich auf ein Gespräch mit mir einlassen? Als erstes wird er nach dir fragen.«

»Dann holst du mich.«

»Und wo bleibst du solange?«

»Ich warte auf der Straße.«

»Mutter, das könnte unsere letzte Chance sein.« Ich fing fast an zu heulen.

»Eben.«

Damit hatte sich's.

Am nächsten Morgen, nicht zu früh, standen wir vor Redlichs Tür. Es war ein besonders heller Morgen. Wie die sonnigen Sonntage damals, als wir noch mit Vater durch Berlin spazierten. »Damals«, dachte ich, »jetzt fange ich auch schon an, wie ein Halbtoter zu reden.«

»Warum klingelst du nicht?« fragte Mutter ungeduldig.

»Weil du neben mir stehst. Du wolltest doch auf der Straße warten. Außerdem sieht's hier noch wie im tiefsten Frieden aus.«

»Es ist aber kein tiefster Frieden«, damit verließ sie das Grundstück und fing an, nervös auf der Straße auf und ab zu gehen.

»Wie gut sie wieder laufen kann«, beruhigte ich mich. Ich sah ihr nach. Wieder kam mir blitzartig die Erkenntnis, wie schlimm ihr zumute sein mußte. Sie schien mir richtig zusammengeschrumpft und gealtert zu sein. Meine schöne Mutter!

Mir war zum Heulen. Ich hätte ihr nachlaufen, mich an ihren Hals hängen mögen und sollte statt dessen hier den starken Maxe markieren, der alles im Griff hat. Nichts hatte ich im Griff. Nichts.

Wenn in diesem Augenblick meine Mutter nicht gewesen wäre, mit ihrem erbärmlichen Aussehen, ich hätte alles ins Aus laufen lassen. Würde sie sich jemals davon erholen? Wenn wir überleben sollten, würde sie diese Demütigungen je vergessen? Wieder so aussehen wie früher?

Ich drehte mich zur Tür und klingelte. Nichts rührte

sich. Völlig außer mir fing ich an, mit der Faust gegen die Tür zu schlagen, und sie wurde fast sofort aufgerissen.

»Hast du 'ne Meise?« fragte der alte Redlich und zog mich in den Flur. Er hatte die Tür hinter mir zugeworfen und sah mich an. »Geht's dir nicht gut?«

Ich wischte mir über das Gesicht. »Doch.«

»Ich wußte ja gar nicht, daß ihr schon wieder zurück seid. Rolf hat oft nach dir gefragt,und als ich mal die Käthe Niehoff auf der Straße traf, erzählte sie, ihr wärt für eine Weile in die Uckermark zu Verwandten gefahren. Komm ins Wohnzimmer.«

Er ging voraus. Ich dachte an meine Mutter, die auf der Straße herummarschierte.

»Ich habe nicht lange Zeit, meine Mutter wartet draußen, und ich wollte nur mal hören, wie es dem Rolf geht.«

»Der macht jetzt Karriere und nimmt an der Ausbildung an panzerbrechenden Waffen teil. Er hat schon eine Panzerfaust in der Hand gehabt.«

Der alte Redlich schien ganz begeistert zu sein, und mir rutschte die ganze Courage in die Hose.

»Da soll er mal lieber aufpassen, daß die Dinger nicht nach hinten losgehen«, versuchte ich zu witzeln und stand auf. Es hatte gar keinen Sinn, ihn auf unsre Misere anzusprechen. Ich wußte bloß nicht, wie ich das Mutter beibringen sollte.

»Jetzt laß doch deine Mutter nicht länger draußen warten, oder habt ihr es sehr eilig?«

»Nein.«

»Dann holen wir sie doch am besten rein. Los, komm!«

Er öffnete die Haustür und mußte bis zur Gartenpforte gehen, um sie zu sehen. Ich war ihm nachgelaufen. Auf sein Winken kam sie etwas zögernd auf uns zu.

»Hat sie sich weh getan?« fragte er mich.

»Sie hatte einen kleinen Unfall während eines Angriffs.«

»Mensch, ihr seid doch nicht schon wieder ausgebombt worden?«

Ich gab keine Antwort.

»Und da hast du dir die Joppe von deinem Vater gegriffen, oder?«

Inzwischen war Mutter herangekommen, und er streckte ihr die Hand hin. Er betrachtete sie ziemlich fassungslos. »Kommen Sie, ich hake Sie unter. Ich habe gehört, Sie haben sich verletzt.«

Er stieg langsam mit ihr die paar Stufen zur Haustür hoch, während Mutter nur »Es geht schon, es geht schon« murmelte, sich aber trotzdem auf seinen Arm stützte. Wir brachten sie ins Wohnzimmer und setzten sie auf das Plüschsofa.

»Sie müssen das Bein hochlegen«, sagte Redlich, »und den Schuh ausziehen. Ich habe noch ein paar Löffel Bohnenkaffee. Für uns beide reicht's.«

Er schien ganz aufgekratzt zu sein und wartete Mutters Einverständnis gar nicht erst ab. Nachdem er Wasser aufgesetzt hatte, kam er sofort wieder.

»Wenn Sie wollen, schaue ich mir Ihren Fuß gerne mal an«, schlug er vor, »ich habe einen Kurs in Erster Hilfe gemacht. Verstauchungen und Prellungen sind genau mein Fall.«

Er lächelte sie freundlich an, und Mutter schien das unglaublich wohlzutun. Sie streckte einfach ihr Bein aus, und er streifte ihr vorsichtig den Schuh ab. Sie verzog nicht einmal das Gesicht. Zwischendurch lief er in die Küche und brühte den Kaffee auf, kam ganz schnell wieder zurück, mit einer Leichtigkeit, die man dem schweren Kerl gar nicht zugetraut hätte.

Mutter hatte inzwischen ihren Strumpf runtergerollt,

und er zog ihn behutsam an den Zehenspitzen vom Fuß. Dann wickelte er sehr gekonnt den Stützverband herunter. »Das sieht aber gar nicht gut aus«, sagte er. »Den tun wir am besten so lange ins Eisfach, bis er abgeschwollen ist.«

Fröhlich verschwand er wieder und kam bald mit einer Kaffeekanne zurück. »Junge, im Küchenschrank sind Kaffeetassen, und auf dem Fensterbrett steht Apfelsaft. Der wäre für dich. In einer der Schubladen sind auch Löffel. Milch gibt es leider keine, aber vielleicht noch ein bißchen Zucker. Die Dose steht da, wo auch die Tassen stehen.«

Damit scheuchte er mich in die Küche, und ich versuchte im Geschwindschritt den Tisch zu decken. Plötzlich merkte ich, wie meine Knie anfingen zu wackeln. Ich schaffte es gerade noch, die Tassen hinzustellen, und lehnte mich schnell an die Wand.

Redlich bekam davon nichts mit. Er war ganz mit Mutters Fuß beschäftigt. »Das ist eine Bänderzerrung. Das dauert. Wir müssen es kühlen. Und der Fuß braucht eine kleine Schiene.«

Mutter sah mich an, und der Schreck in ihren Augen machte ihn auf mich aufmerksam. »Jetzt kipp mir bloß nicht um. Du siehst ja ganz grün aus.«

Er legte Mutters Bein vorsichtig auf das Sofa zurück und kam auf mich zu.

»Mir ist nur ein bißchen schlecht«, wehrte ich ab.

»Was heißt, dir ist schlecht? Du hast Hunger!«

Er lief wieder in die Küche und kam mit einem ganzen Laib Brot und einem Messer zurück. Im Gehen schnitt er mir eine dicke Scheibe ab. »Erst mal das«, sagte er, »und wenn dir besser ist, kannst du die Speisekammer plündern. Ich glaube, Sie essen auch erst mal ein Stück Brot, bevor Sie den Kaffee trinken.«

Damit reichte er ihr auch eine Scheibe und widmete

sich gleich darauf wieder ihrem Fuß, tastete langsam ihren Knöchel auf beiden Seiten ab, offenbar ohne ihr weh zu tun, verschwand in die Küche und kam mit einem altmodischen Eisbeutel zurück. »Da wird der Fuß jetzt ein bißchen Zicken machen, aber das ist das einzige, was hilft.«

Er legte ihr vorsichtig den Beutel auf den Knöchel, und Mutter zuckte zusammen. »Wenn es zuviel wird, müssen wir ein Tuch drumwickeln, aber besser wäre es ohne.« Er stützte den Beutel so mit Kissen ab, daß er dicht am Knöchel blieb, und goß Kaffee ein.

Wir wurden fabelhaft versorgt. In der Speisekammer fand ich eine lange, noch nicht ausgetrocknete Hartwurst, Tomaten und Schmalz und kam damit ins Wohnzimmer.

»Käse ist auch da. Ein ganzer Edamer aus Holland. Ich kriege so was manchmal zugesteckt, wenn ich in diesen Ländern herumfahre. Mit Polen wird's ja nun bald am Ende sein. Und mit der Krakauer auch.«

Er zwinkerte mir zu und war bester Laune. Er war nicht wiederzuerkennen. Mutter trank langsam ihren Kaffee und kaute an ihrer Scheibe Brot herum. Sie war ganz fasziniert von seiner Geschäftigkeit. Er schnitt ihr kleine Scheiben von der Wurst ab und machte ihr noch einmal klar, daß der Fuß geschient werden müsse. Sie brauche gar keinen Arzt dazu. Er könne die Schiene selber herstellen.

»Warum betont er so auffällig, daß sie keinen Arzt braucht?« fragte ich mich.

»Ich bastele Ihnen eine Schiene zusammen, die Sie dann bequem selber anlegen können, wenn Sie bei Frau Niehoff sind. Sie wohnen doch wieder bei Frau Niehoff?«

»Wir warten schon den ganzen Morgen auf sie und wollten jetzt nach Köpenick ins Lager. Aber wir waren eigentlich hier verabredet.« Meine Mutter schien sich wieder einigermaßen erholt zu haben. Ihre Schwindelei hatte die alte Selbstverständlichkeit, die so fabelhaft überzeugte.

»Na, dann warten Sie eben hier auf sie. Es wird ihr sicher was Wichtiges dazwischengekommen sein. Und Rolf wird sich nicht mehr einkriegen, wenn er dich hier sieht.«

»Fehlt nur noch, daß sie doch noch nach Guben versetzt worden ist«, sagte ich.

»Das hätte sie mich sofort wissen lassen. Sie kannte doch unsere Adresse«, winkte Mutter ab.

»Wie denn, wenn es ganz plötzlich ging?«

»Keine Angst, mein Junge. Das Haus ist riesengroß. War für eine große Familie gedacht. Wenn du satt bist, kannst du dich ja mal oben umschauen.«

Er goß sich den Rest Kaffee ein, als Mutter abwinkte.

»Manchmal muß man einander eben helfen. Wo käme man denn da hin, wenn man sich nicht mehr auf den anderen verlassen könnte.«

Er schien immer noch fröhlicher werden zu können.

»Jetzt lassen wir deine Mutter vielleicht ein bißchen schlafen, und du hilfst mir, die Hölzer für die Schiene zurechtzuschnitzen. Oder willst du zuerst nach oben?«

»Ach, das hat Zeit«, wandte Mutter ein, »und vielleicht möchte ich ja gar nicht schlafen.«

»Wie Sie wollen. Ich bin jedenfalls in der Garage. Die habe ich mir zur Werkstatt umgebaut.« Er stand langsam auf. »Ach, wenn Sie vorher gehen wollen, sagen Sie wenigstens Bescheid. Ich will doch Ihre Schiene nicht umsonst gebaut haben.«

Als wir die Haustür einschnappen hörten, sagte Mutter: »Der hat uns von Anfang an durchschaut. Ich bin gespannt, wie schnell die Gestapo hier auftaucht.« Mutter gab das mit einer so lässigen Gleichgültigkeit von sich, daß mir angst und bange wurde.

»Du hast versprochen, daß wir durchkommen.«

»Und was man verspricht, muß man halten. Du hast völlig recht. Vielleicht findest du hier irgendwo ein Handtuch oder Geschirrtuch. Dieser Eisbeutel brennt wie Feuer.«

Als ich mit einem Handtuch zurückkam, bat sie mich, ihr noch etwas Wurst abzuschneiden. Sie genoß es richtig, auch einmal bedient zu werden, und ich atmete auf. Gott sei Dank hatte sie es aufgegeben, noch einmal weglaufen zu wollen.

Wir hatten uns den Magen vollgeschlagen, vor allem mit Brot, um ihm seine polnische Wurst nicht vollständig wegzuessen, und warteten. Mutter schlief tatsächlich ein, und ich muß auch weggenickt sein.

Ich hatte den alten Redlich gar nicht hereinkommen hören. Er hatte zwei ziemlich breite und dünne Hölzer in der Hand, die er mit Streifen Segeltuch verbunden hatte.

Ich schaute ihn an, und er flüsterte: »Das braucht sie nur anzulegen, wenn sie sich bewegen will. Wir müssen es ihr aber vorher anpassen. Eventuell muß ich dann noch ein bißchen daran rumbasteln. Das Tuch hält eine ganze Menge aus, und ich habe es mit Nägeln an den Hölzern befestigt. Siehst du, so macht man das. Und die Nägel nicht innen einschlagen. Am besten verkleidet man sie noch einmal mit dem Tuch, damit sich nichts durchdrückt.«

Als Mutter wach wurde, paßte er ihr die Schiene an, lief noch ein paarmal hinaus, und endlich schien Mutter zufrieden zu sein. »Das können Sie sich patentieren lassen«, meinte sie.

Rolf kam in voller Montur nach Hause. Als er uns in der Stube versammelt sah, dachte ich, er kriegt einen Herzschlag. »Wo kommst du denn her? Ich glaub', mich tritt ein Pferd!«

Dann begrüßte er meine Mutter und machte wieder seine artige Verbeugung. Er deutete auf ihren Fuß: »Wie ist denn das passiert?«

»Bei einem Bombenangriff. Wir waren nicht schnell genug im Bunker.« Ich grinste ihn an.

»Ich verstehe, die Amis haben euch überrascht, bevor du den Colt ziehen konntest.«

Sein Vater blickte ihn voller Stolz an. »Ich mach' uns jetzt allen was zu essen. Frau Niehoff hat die Gembergs versetzt, und jetzt können sie doch nicht draußen vor ihrem Haus auf sie warten. Wer weiß, was ihr dazwischengekommen ist. Kann sein, daß sie wirklich nach Guben versetzt worden ist, wie dein Freund vermutet. Dann müssen wir uns was überlegen.«

»Machst du wirklich mit Panzerfäusten rum?« fragte ich Rolf später, als wir in seinem Zimmer saßen.

»Ich kriege eine richtige Ausbildung. Für den Ernstfall.«

»Sag bloß, du zielst damit auf den T34. Die Scheißpanzerfäuste kommen doch gar nicht durch. Und dann machen die dich platt wie eine Flunder.«

»Dann gehe ich eben zur Marine.«

Wir saßen nebeneinander auf seinem Bett, und er legte einen Arm um meine Schulter.

Ich sah an seiner Uniform herunter. »Sieht man dich jetzt nur noch so?«

»Ja.«

»Schnieke Uniform. Bist du jetzt Leitwolf bei den Pimpfen?«

»Hör auf, so zickig zu sein, du dürrer Hering! Wo hast du eigentlich deine Kluft?«

»Verbrennen lassen. Beim letzten Angriff.«

»Du darfst doch keine Uniform verbrennen lassen. Die muß als erstes in Sicherheit gebracht werden. Hast du das denn nicht gelernt?« Er grinste mich an, aber ich hatte keine Lust mehr auf dieses blödsinnige Frage-Antwort-Spiel.

»Als erstes bringe ich mich in Sicherheit. Und vor allem meine Mutter.«

»Würde ich doch genauso tun«, beruhigte er mich, »aber jetzt hör endlich auf, so zickig zu sein.«

Er boxte mich leicht vor die Brust, und bevor wir wieder hinuntergingen, sagte er: »Wenn du Spaß dran hättest, könnte ich dich mal mitnehmen. Das ließe sich vielleicht machen.«

Ich war hellwach. »Der belauert mich«, dachte ich, »sobald die eine Uniform anhaben, ist die beste Freundschaft im Eimer.«

»Nee, geht doch nicht. Du hast ja deine Uniform verbrennen lassen.« Er hatte wieder diesen Gestapoblick.

»Mutter könnte mir ja eine neue besorgen«, tat ich harmlos, »aber vielleicht brauchen wir sie auch gar nicht mehr.«

Er blieb stehen. »Genau, wahrscheinlich stecken die uns gleich in die Wehrmacht. Da mußt du aber vorher noch ein bißchen was ansetzen. So als Strich in der Landschaft bist du kein lohnendes Kanonenfutter.« Er grinste wieder und hielt mir die Tür zum Wohnzimmer auf.

Mutter lag immer noch auf dem Sofa und ließ sich Redlichs Reiseerlebnisse erzählen. Mit Polen sei es ja nun vorbei. Die Russen stünden schon vor Warschau. Und wenn sie das erst hätten, wäre es nicht mehr so weit bis nach Posen und Königsberg. »Dann müssen wir uns warm anziehen.«

Rolf und ich schauten uns an. »Vielleicht hast du Glück, und du mußt die Wehrmachtsuniform auch nicht mehr anziehen«, dachte ich.

»Im Moment holen sie mich wieder zu Fahrten nach

Holland und Dänemark. Dort kann man zwar mehr zu futtern organisieren. Aber der polnische Wodka wird mir fehlen.«

»Vielleicht kann man sich den wieder kaufen, wenn der Krieg vorbei ist«, sagte Mutter.

Vater Redlich schüttelte bedenklich den Kopf. »Ob die uns dann noch was verkaufen wollen?«

In dieser Nacht hatten wir wieder Alarm. Redlich deutete auf Mutters Fuß und sagte, daß sie es so nicht bis zum Bunker schaffen könne. Wenn es dicke käme, müßten wir eben alle in den Hauskeller. Der wäre ganz schön stabil. Mit einer Eisentür und vielen Weinflaschen in den Regalen. Da könne man dann picheln, wenn man sich vom Lärm draußen ablenken wolle. Seine Fröhlichkeit machte einem langsam zu schaffen. Ich sah es auch Mutter an. Und selbst Rolf betrachtete seinen Vater, als sehe er ihn so zum ersten Mal.

Es blieb ruhig. Nur die Flak bellte ein paarmal los, aber man hörte keine Bombermotoren, und wir warteten auf die Entwarnung. Aber die kam nicht. Erst lange nach Mitternacht hörten wir sie endlich, und Redlich machte den Vorschlag, wir sollten hier übernachten. Die Niehoff würde jetzt bestimmt nicht mehr auftauchen, und es wären genug Zimmer oben. Fürsorglich bezog er uns sogar noch die Betten.

»Fassen Sie mal an, wie leicht die sind. Die habe ich mir in Polen anfertigen lassen. Aus polnischen Gänsedaunen. So was kriegt man bei uns schon lange nicht mehr. Unsere Großkotze haben ihre in den Postwagen nach Hause geschickt. Da haben wir welche für uns einfach dazugepackt. Die kosteten ja fast nichts. Und in die Plumeaus haben wir noch die Wodkaflaschen eingewickelt. Die waren allerdings sehr viel teurer.« Er seufzte, und wir gingen alle schlafen.

Käthe Niehoff ließ sich natürlich auch in den nächsten Tagen nicht sehen. Mutter begann, für uns alle zu kochen, und Redlich schien das sehr zu genießen.

»Jetzt fühlt er sich als Familienvater. Das hat ihm lange gefehlt. Als Lokführer wird er nur noch ab und zu gebraucht, wenn irgendwo ein paar Züge in die Luft geflogen sind. Er ist seit einem Jahr krank geschrieben. So was wie ein Frührentner. Die Nerven machten nicht mehr mit«, erzählte Rolf, als sein Vater wieder mal auf Achse war. »Er darf eigentlich nie sagen, wohin er muß, aber er verrät es mir trotzdem immer. Irgendwann kriegt der noch einmal eine auf die Nuß, wegen seines Leichtsinns.«

»Was war denn das mit seinen Nerven?« fragte Mutter.

»Das ging schon lange mit ihm. Seit meine Mutter nicht mehr hier ist. Darum freut er sich ja so, daß Sie jetzt für uns kochen. Er fühlt sich wie zu Hause.«

»Aber er ist doch hier zu Hause.«

»Er war hier nie zu Hause. Das hat er auch immer gesagt«, erklärte Rolf. »Ich habe das Haus sehr gern. Wie findet ihr's?«

»Läßt sich leben hier«, sagte ich.

Rolf schlug mir auf die Schulter. »Dann hoffe ich, daß sich Frau Niehoff nicht so beeilt.«

»Er ist mein bester Freund«, dachte ich, »aber irgend etwas versteckt er vor uns. Er tut so, als ob er alles weiß.«

Ich sprach mit Mutter darüber, und die sagte nur: »Natürlich wissen die, aber solange sie damit nicht zur Gestapo rennen, soll mir das egal sein.«

Wenn Redlich von seinen Fahrten zurückkam, brachte er immer was mit. Wie ein Hamster häufte er Fressalien auf Fressalien. Mutter hatte immer ausreichend Mehl, Zucker und manchmal auch Eier zur Verfügung. Jetzt konnte sie sogar backen und endlich wieder ihre in unserer Familie berühmten Piroschki zubereiten. Piroggen. Teigtaschen, die mit Kartoffelbrei und gebräunten Zwiebeln gefüllt wurden.

Als Redlich sie zum ersten Mal aß, kriegte er sich nicht wieder ein. »Wo haben Sie das denn gelernt?«

»Von einer russischen Freundin«, antwortete Mutter kurz und verbat sich damit jede weitere Frage.

Die Redlichs hatten nur vor einem Angst: daß Käthe Niehoff wieder auftauchen könnte. Auch mir war es sehr recht, daß sie noch nicht aufgetaucht war. Wir hatten einen schönen Sommer. Nach Fliegerangriffen suchten wir in den Wäldern Granatsplitter und fanden einmal sogar Teile von abgeschossenen Flugzeugen. Aber niemals sahen wir einen toten Ami oder Engländer in der Nähe rumliegen. Von mir aus hätte es immer so bleiben können!

Im Herbst 44 war es dann vorbei mit der schönen Zeit. Die Anglo-Amerikaner stießen mit ihren Bombenangriffen immer weiter nach Osten vor. Vielleicht, um den Russen ein bißchen den Weg zu ebnen.

Bei einem Nachtangriff ging das Haus zu Bruch. Mutter und ich saßen im Keller. Die Redlichs waren zu einer Geburtstagsfeier eingeladen und hatten vorher nicht mehr die Zeit gefunden, nach Hause zu kommen. Die Bomben machten einen Lärm wie nie. Bald war keine Flak mehr zu hören. Dafür aber MG-Feuer und schwere Bomben. Die Einschläge kamen immer näher. Vor allem das widerliche Pfeifen der Luftminen machte uns angst. Als wir glaubten, wir hätten es wieder mal hinter uns, hörten wir ein paar dumpfe kleine Einschläge.

Es hörte sich an, als klopfe jemand an die Eisentür. Dann fing es an zu knistern. Das Geräusch kam vom Garten, und vor dem Kellerfenster wurde es immer heller. Plötzlich gab es einen riesigen Schlag. Der Kellerboden stand schräg, und ich saß zwischen geplatzten Mehl- und Zuckertüten am Boden. Das Notlicht war weg. Nur am glühendroten Schein, der durch das Kellerfenster kam, konnte ich mich einigermaßen orientieren.

»Mutter!« schrie ich.

Es kam keine Antwort. Ich tastete mich auf dem Boden vorwärts. So groß war der Keller doch gar nicht. Ich schrie immer wieder nach Mutter. Endlich antwortete sie mit einem Stöhnen.

Sie war unter das Fenster geschleudert worden, während ich in den Kellerraum hineingekrochen war. Sie stöhnte weiter, bewegte sich aber ein bißchen.

»Was hast du? Bist du verletzt?«

»Ich glaube nicht. Sei nur leise. Es können jetzt Leute draußen sein.«

»Wo hast du denn was abgekriegt?«

»Mir ist etwas an den Kopf geflogen.«

Ich tastete nach ihr, setzte mich an die Wand und bettete ihren Kopf in meinen Schoß. Dann fühlte ich vorsichtig ihr Gesicht ab.

»Da ist nichts«, sagte sie, »es muß mir direkt auf den Kopf gefallen sein. Ich nehme an, das war eine von Herrn Redlichs kostbaren Weinflaschen.«

Ihre Haare fühlten sich wie Stroh an. Dann schrie sie leise auf.

»Du hast eine ganz schöne Beule am Hinterkopf. Ich müßte nachsehen, ob du blutest.«

»Faß noch mal hin und versuch, die Finger ans Licht zu halten.«

Es wurde immer heißer im Keller. Ich tastete sie noch einmal ab, sie schrie wieder ein bißchen, und ich stand erst auf, nachdem ich sie vorsichtig zum Sitzen gebracht hatte. Soviel ich sehen konnte, waren meine Finger nicht blutig.

»Also dann fehlt mir nichts.«

Sie versuchte auf die Beine zu kommen und wäre fast hingefallen.

»Vielleicht hast du eine Gehirnerschütterung?«

»Oder einen Schädelbruch. Hast du noch so was Hübsches auf Lager?«

Mutter klang wütend. Ich atmete auf.

»Du könntest mal die Tür aufmachen. Das ist ja eine quälende Hitze hier.«

Ich versuchte die beiden übereinander angebrachten Hebelgriffe herunterzudrücken. Man konnte sie gerade noch anfassen. Die Tür war schon zu heiß.

»Ich kann sie nicht runterziehen«, sagte ich. »Sie rühren sich nicht!«

Mutter stand ächzend neben mir und tastete nach den Griffen. Dann zog sie rasch ihre Hände zurück.

»Das ist ja heiß wie eine Herdplatte. Warum ist denn die Tür so heiß, um Gottes willen!«

»Ich glaube, das Haus über uns brennt. Und der Garten auch. Wo soll denn das Feuer sonst herkommen?«

Mutter folgte mir zum Fenster. »Los«, sagte sie, »steig auf meine Hände und versuche, das Gitter zu bewegen. Vielleicht läßt es sich öffnen.«

Sie war wieder ganz da. Mann, hatte ich eine Mutter! Ich stieg auf ihre Hände und suchte das Gitter nach Scharnieren oder einem Riegel ab. Nichts! Dann versuchte ich, das Gitter mit aller Kraft nach oben zu drücken, obwohl ich mir dabei die Hände verbrannte.

Mutter konnte mich nicht mehr halten. Ich sprang auf den Boden und suchte nach der Bank, auf der wir gesessen hatten.

»Kleinholz«, hörte ich meine Mutter sagen, »so schlau war ich auch. Hätte ich dir sonst meine Hände angeboten?«

Die Hitze wurde immer unerträglicher.

»Wenn wir nicht bald hier rauskommen, ersticken wir.«

»Ersticken würde ich nicht sagen«, Mutter fing an zu kichern. »Rösten, braten. Das käme eher hin.«

»Kannst du jetzt mal mit deinen Scherzen aufhören? Wir müssen hier raus!«

»Ja, natürlich müssen wir hier raus! Aber es bleiben uns nur zwei Wege. Der durch die Tür und der durch die Luke. Welchen nehmen wir?«

Sie kicherte stärker.

»Herr Redlich ist ein ganz besonderer Handwerker. Die Tür und das Gitter sind bestimmt Handarbeit. Mit deutscher Gründlichkeit hergestellt. Made in Germany.« Jetzt fing sie richtig an zu lachen. »Hitler erwischt uns überall. Jetzt will er uns bestrafen, weil wir uns nicht vergasen lassen wollen.« Ihr Lachen kippte um, und sie schluchzte hilflos vor sich hin.

Ich erinnerte mich an die Ohrfeige, die ich ihr gegeben hatte, als sie kurz vor unserer Flucht die Fassung verlor. Diesmal umarmte ich sie. »Wir müssen versuchen, die Tür aufzukriegen. Vielleicht machen wir mit den Hebeln was falsch, und sie müssen nach oben gedrückt werden.«

Sie antwortete nicht.

»Und irgendwann hört das Feuer auch mal auf. Das brennt ja nicht ewig.«

Ich fühlte mich furchtbar schlapp und atmete immer flacher. Ich hatte mal gehört, daß man in solchen Situationen ganz flach atmen sollte, um so wenig Luft wie möglich zu verbrauchen. »Das Feuer ist stärker als die Luft. Das verbrennt sie ganz einfach«, hatte mir irgendwer erzählt, aber mir fiel nicht ein, wer das gesagt hatte.

Die Flaschen in den Regalen zerplatzten wie kleine Splitterbomben, und wir versuchten instinktiv, unsere Köpfe mit Armen und Händen abzudecken. Ich wurde ein paarmal getroffen, aber wo, hätte ich nicht sagen können. Mutter ging es sicher genauso.

Irgendwann hörten wir jemanden von draußen gegen die Tür schlagen, und als ich vorsichtig den Kopf hob, sah ich einen Schatten über dem Lukengitter. Ich hörte Rolfs Stimme. Er rief, glaube ich, dauernd: »Frau Gemberg!«, und dann wurde Wasser durch die Luke in den Keller geschüttet.

Immer wieder hörte ich jemanden weglaufen. Dann kamen die Schritte zurück, und wieder strömte Wasser durch die Luke. Jetzt klatschte es auch von draußen gegen die Tür. »Wir müssen die Hitze aus dem Metall kriegen«, sagte eine fremde Stimme.

Dann hörte ich Redlich brüllen: »Ich brauche ein Stemmeisen! Hol mir das Stemmeisen aus der Garage!«

»Die Garage ist also heil geblieben«, sagte ich mir, »dann kann es ja nicht so schlimm gewesen sein.«

»Frau Gemberg!« rief jetzt Redlich, und ich sah ihn ganz deutlich über dem Lukengitter. »Können Sie sich hinaufziehen, oder ist einer von euch verletzt?«

»Wir sind beide noch ganz gut in Schuß«, antwortete Mutter. »Dich fragt man auch«, wandte sie sich an mich. Ich sagte gar nichts.

Oben arbeitete Redlich wie ein Berserker und stemmte langsam das Gitter weg. Rolf schob ein Brett zwischen Gitter und Luke, und dann brachen sie mit lautem Krach das Gitter zur Seite.

»Danke!« rief Redlich nach hinten, »wir kommen jetzt schon alleine zurecht. Ihr könnt euch jetzt um die anderen Häuser kümmern.«

»Max!« rief Rolf, »ich schiebe euch jetzt einen Hocker durch die Luke und noch eine alte Kiste. Die müßt ihr hochkant stellen, falls der Hocker nicht ausreicht.«

Ich nahm gleich die Kiste. Mutter kletterte drauf, und ich hatte Mühe, die Kiste zu halten. Dann verschwand sie rasch nach oben, und schon griffen Redlichs riesige Hände nach mir.

Redlich brachte uns in die Garage und lief gleich wieder zur Ruine zurück. »Ich muß in den Keller hinunter. Vielleicht gibt's da noch was zu retten!« rief er Rolf zu.

Der lief ihm nach. »Das schaffst du nie. Durch die Luke kommst du doch nicht durch. Laß mich runter.«

Rolf ließ sich hinunter und verlangte nach einer Taschenlampe. »In der Garage ist eine. Auf dem Regal an der hinteren Wand«, rief er mir zu. Ich rannte in die Garage, fand die Lampe und sah Mutter dort auf der Drehbank sitzen. Sie ließ die Füße baumeln und sagte, daß man sicher noch in diesem Haus wohnen könne. Es gäbe bestimmt noch Räume, die man notdürftig wiederherstellen könnte.

Ich hatte ihr nur halb zugehört und war schon wieder auf dem Weg zu den beiden. Ich hörte Herrn Redlich nach unten fragen, ob die Tür immer noch so erhitzt sei und ob Rolf das mal prüfen könne.

»Die Hebel lassen sich noch nicht bewegen«, rief Rolf nach einer Weile rauf, »aber die Tür ist schon ziemlich abgekühlt.«

Ich reichte ihm die Stablampe nach unten. »Vielleicht sollten wir es mal von außen versuchen«, sagte ich zu Redlich. Er marschierte sofort los. Ich lief ihm hinterher. Wir kamen durch den Flur, durch den man in Rolfs Zimmer nach oben blicken konnte, stiegen über teilweise noch qualmende Schuttberge und arbeiteten uns die Treppe hinunter.

»Tritt nicht auf irgendwelch glühendes Zeug. Die haben ihre Stabbrandbomben hier abgelassen, und wenn man damit in Berührung kommt, pappt das an einem fest wie Pech und Schwefel. Höllisches Zeug, das!«

Bis auf das Sofa im Wohnzimmer, auf dem Mutter noch vor ein paar Stunden gesessen hatte und das jetzt mit halb abgebrochener Lehne quer über der Treppe lag, war noch alles intakt, aber staubig.

Wir brauchten nur über das Sofa zu klettern und kamen unversehrt die Treppe bis zur Eisentür hinunter. Redlich legte vorsichtig die Hand auf den obersten Griff. Er war anscheinend abgekühlt. Er schlug mit der flachen Hand an die Tür: »Rolf?«

»Ich will euch gerade die Tüten und Flaschen nach oben reichen, und wer ist nicht da? Ihr!« kam es von drinnen.

»Wir versuchen, ganz normal durch die Tür zu kommen«, rief Redlich und machte sich an den Hebeln zu schaffen.

»Hier drinnen bewegt sich was«, rief Rolf.

»Hier draußen nicht«, ächzte Redlich. Er trat zurück.

»Ich glaube, die Hebel stehen wirklich nicht mehr so wie vorher«, meinte ich.

»Max?« kam es wieder von drinnen.

»Ja?«

»Meine Uniform kannste auch wegschmeißen.«

»Jetzt wirste verhaftet!« gab ich zurück.

Redlich hatte den unteren Hebel ganz nach oben gezogen und machte sich an dem oberen zu schaffen.

»Los, Vati, zieh! Hau ruck!« rief Rolf. »Nicht nachlassen! Der Sieg ist unser!«

»Laß mich erst mal drin sein, dann erkennst du dich nicht wieder!« stöhnte Redlich, und dann hatte er auch den zweiten Hebel oben. »Komm, zieh mit!« forderte er mich auf. »Und du, drück von innen gegen die Tür!«

Wir schwitzten wie die Affen, aber die Tür kam uns langsam entgegen.

»Wir müssen das heilgebliebene Zeug rausschaffen, bevor uns da noch was auf den Kopf fällt. Deine Keile kannst du dir später abholen«, sagte er zu seinem Sohn und umarmte ihn. »An die Arbeit!«

Es war inzwischen hell geworden, und ganze Gartenteile glühten noch immer vor sich hin. Aber bei Tageslicht waren sie nicht mehr so gut zu erkennen.

Wir liefen mit unseren Tüten und Flaschen im Slalom über den Rasen und lieferten sie bei Mutter ab, die alles ordentlich stapelte.

Rolf kam mit der Kiste, die er mir hinuntergereicht hatte, und ließ mich hineinsehen: »Vatis eiserne Reserve. Krakauer Hartwurst. Die kannst du auch als Totschläger benutzen.«

Später kam Redlich mit einem höllischen Krach und in einer riesigen Staubwolke aus dem Haus gefegt. Hinter ihm brachen ganze Brocken aus der Wand. Dann buddelte er eine Matratze aus dem Schutt. »Da sind noch mehr. Die werden wahrscheinlich mit nach unten gekommen sein.«

»Du bist wohl lebensmüde!« schrie Rolf und half seinem Vater, die Matratzen in Sicherheit zu bringen.

»Wenn wir die anderen auch noch finden, können wir uns erst mal ein Lager in der Garage bauen und sind nicht auf fremde Hilfe angewiesen.«

»Da gehst du nicht mehr rein«, sagte Rolf.

»Da muß ich wieder rein, wenn wir vier nicht alle auf einer Matratze schlafen wollen.«

Wir sahen wie die Mehlwürmer aus, als wir endlich die

Matratzen und sogar noch die Decken aus dem Schutt gezogen hatten.

»Die sollten aber erst mal in die Reinigung«, sagte Mutter trocken.

Und dann saßen wir auf den ausgelegten Matratzen, Redlich schnitt mit seinem alten Klappmesser Wurstscheiben ab und verteilte sie. »Morgen wird alles wohnlicher aussehen. Ich werfe den alten Spirituskocher da oben an, und dann wird gekocht.«

»Das bleibt ja wohl an mir hängen«, grummelte Mutter, und Redlich servierte ihr eine Wurstscheibe auf der Messerspitze.

Wir schliefen bis in die Nacht hinein, und wenn uns nicht ein Feuerwehrmann geweckt hätte, würden wir auch noch den nächsten Alarm verschlafen haben.

»Ihr solltet längst im Bunker sein. Die Amis haben schon Nauen überflogen.«

»Das schaffen wir nicht mehr«, meinte Redlich.

»Nein, jetzt nicht mehr.«

Der Mann sah sich um: »Gemütlich, gemütlich! Dann seht mal zu, daß ihr heil rauskommt. Kein Licht, keine Taschenlampe. Das Fenster ist auch nicht abgedunkelt.«

»Wird nachgeholt.«

»Haben sich noch mehr von eurer Sorte hier in der Gegend verkrochen?«

»Wir haben uns nicht verkrochen. Das da draußen ist unser Haus!« Rolf stand kerzengerade in seiner verdreckten Uniform.

»Ich meine, ob es hier noch weitere ausgebombte Volksgenossen nicht mehr bis zum Bunker geschafft haben?«

Er sprach fast überdeutlich, und wir waren sicher, daß er Rolf auf die Schippe nahm.

»Das müssen Sie schon selber herausfinden«, sagte Redlich.

»Na denn, Heil Hitler! Ich wünsche noch einen gemütlichen Fliegeralarm!«

Er hatte die Tür wieder hinter sich geschlossen, und wir saßen im Dunkeln.

»Na, das war aber mal ein Fanatiker«, sagte Mutter.

In dieser Nacht geschah nichts bei uns. Ganz entfernt krachte es hin und wieder, und nach einer Stunde kam schon die Entwarnung.

»Schade um das schöne Haus«, meinte Mutter.

»Ich habe es nie gemocht«, erwiderte Redlich, »das Grundstück ist prima, aber das Haus ist ein alter Kasten, mit allen Macken, die ein Haus nur haben kann. Wir glaubten damals, wir hätten einen Riesenreibach gemacht, haben aber immer nur Geld reinstecken müssen. Ich hatte mir vorgenommen, das Haus irgendwann nach dem Krieg einmal abreißen zu lassen. Jetzt haben mir die Amis die Arbeit abgenommen. Und Geld habe ich so auch gespart.«

»Von wem haben Sie denn das Haus gekauft?« fragte Mutter.

Redlich schwieg einen Moment, dann sagte er überlaut, so, als ob er jemanden übertönen wollte: »Vom Gärtner aus Erkner! Nee, nee, Frau Gemberg, das Haus wurde ganz ordentlich von uns erworben. Ein Inspektor von der Reichsbahn hat es mir angedreht, weil er sich in Richtung Wannsee verändern wollte. Nee, nee, nicht was Sie glauben!«

»Was glaube ich denn?«

»Na, daß wir uns den Kasten vielleicht unter den Nagel gerissen haben. Von Juden und so weiter. Hier in der Gegend konnte das gar keiner. Hier haben nämlich keine Juden gewohnt.«

Mutter schwieg.

»Glauben Sie mir vielleicht nicht?«

»Warum soll ich Ihnen denn nicht glauben? Was haben Sie denn nur?«

Wir schliefen bis tief in den nächsten Tag hinein. Ab und zu kamen Nachbarn, die noch ein Dach über dem Kopf hatten und brachten uns alte Kleidungsstücke oder Dekken.

Wir hatten drei Kannen heißen Blümchenkaffee stehen, den wir nicht anrührten. Redlich reparierte dauernd im Keller herum und kam mit der Nachricht, daß wir wieder heißes Wasser hätten. Wir könnten uns im Wäschekeller ordentlich säubern.

Mutter ließ sich das nicht zweimal sagen. Und als sie »gepudert und geputzt«, wie sie zu sagen pflegte, zurückkam, eröffnete er uns, daß wir uns bei der Meldestelle als ausgebombt registrieren lassen müßten, damit wir Anspruch auf neuen Wohnraum hätten.

Mutter und ich blieben stumm. »Mein Gott«, dachte ich, »jetzt geht der ganze Scheiß wieder von vorne los!« Ich hatte keine Lust mehr auf NSV-Schwestern und Auffangräume in Schulen oder Amtsgebäuden.

»Ich finde es ganz lustig hier in der Garage. Wir könnten doch eine Weile hier aushalten, bis wir etwas zugewiesen bekommen.«

»Es wird uns vielleicht nichts anderes übrigbleiben, die Meldestelle ist auch kaputtgegangen. Es soll sogar eine Menge Tote gegeben haben. Man kann sie nur nicht identifizieren, weil sie nicht registriert waren.«

Am späten Nachmittag, als ich mit Rolf die Gegend umrunden wollte, kam uns Martchen Schewe auf der Straße entgegen.

»Ich träume!« dachte ich. »Das ist eine fremde Frau, die ihr nur ähnlich sieht.«

Aber Martchens Nase war unverwechselbar. »Ein Unikat«, wie sie selbst immer behauptete.

Wir standen voreinander, und Martchen sah Rolf an. »Guten Tag«, sagte sie.

Am liebsten wäre ich auf sie zugelaufen und hätte sie umarmt, aber ich wußte nicht, wie sie in Gegenwart von Rolf darauf reagieren würde.

»Das ist mein Freund Rolf«, sagte ich.

»Guten Tag«, sagte Martchen noch einmal und sah freundlich an seiner Uniform herunter.

»Ja, ja, die müßte mal wieder gebügelt werden.«

»Wo ist denn die Mami?« fragte Martchen.

»Mami?« dachte ich. »Was hat sie denn?«

»Mutter ist in der Garage«, antwortete ich.

»In der Garage?«

»Wir haben hier eine ganze Weile gewohnt, und gestern sind wir alle Mann ausgebombt worden«, redete ich weiter.

»Ich würde gern mal mit ihr reden, wenn es ginge. Wir haben heute morgen schon gehört, daß auf Mahlsdorf und Köpenick Bomben gefallen sind. Da wollte ich mal nachschauen, ob hier auch was runtergekommen ist.«

»Ziemlich heftig«, sagte Rolf. Er zeigte auf unsere Ruine. »Sehen Sie, das war mal unser Haus.«

»Und jetzt wohnen wir in der Garage. Wir können uns da ganz gut versorgen«, ergänzte ich.

»Spinn nicht rum, das ist auf Dauer keine Bleibe!« fuhr Rolf mich an.

»Das meine ich aber auch«, sagte Martchen und ließ sich von uns zur Garage führen.

Mutter starrte sie an wie ein Gespenst. Dann sprang sie auf und fiel Martchen um den Hals. »Daß du lebst«, stammelte sie immer wieder.

»Ja, wir haben gestern nichts abgekriegt. Mach dir um mich keine Sorgen. Aber hier scheint's ja mächtig eingeschlagen zu haben. Wo wart ihr denn?«

»Im Weinkeller«, antwortete ich.

Das war selbst für Martchen zuviel. »Wo wart ihr?«

»In unserem Keller«, erklärte Rolf, »mein Vater hat da 'ne Menge Flaschen stehen. Die beiden haben es nicht mehr zum Bunker geschafft.«

Martchen sah ihn lange und freundlich lächelnd an. »Und wo warst du?« fragte sie.

»Bei einer Geburtstagsfeier.«

Ich sah Herrn Redlich auf die Garage zukommen und machte Mutter darauf aufmerksam. Sie ließ Redlich gar nicht zu Wort kommen und stellte Martchen gleich vor: »Eine sehr gute Freundin von uns. Sie hat von dem Malheur hier gehört und wollte sich nach uns erkundigen.«

Er schüttelte Martchens Hand. »Vielleicht wissen Sie, wohin Käthe Niehoff verschwunden ist? Ihr Haus steht ja noch, aber Sie sollte sich mal um ihre Freunde kümmern.«

»Deswegen bin ich ja hier«, antwortete Martchen. »Sie hat ganz dringend zu ihrer Schwester müssen und konnte euch nicht mehr verständigen.«

Mutter schaute sie ganz entsetzt an, und Martchen schüttelte unmerklich den Kopf. »Ich weiß auch gar nicht, ob sie ihre Schwester noch angetroffen hat. Jedenfalls habe ich euch ganz schön gesucht. Ich nehme euch gleich mit, wenn ihr wollt.«

Mutter schluckte. Sie wollte Redlich nicht weh tun, aber er sah ihr an, wie sehr sie sich das wünschte.

»Da würde ich aber nicht lange fackeln«, sagte er.

»Kaulsdorf«, antwortete Martchen, »im Notfall müssen wir zur S-Bahn nach Mahlsdorf, wenn noch kein Bus fährt.

Und von da ist es nicht mehr weit.« Sie lächelte mich an, und ich dachte an den Fußmarsch von Kaulsdorf zum Haus.

»Wollt ihr beide euch denn nicht mehr sehen?« wandte sich Redlich an mich.

Ich sah Martchen an. Sie schwieg. Dann sah ich Mutter an. Sie sagte auch nichts.

»Ihr müßt erst mal sehen, wo ihr unterkommen werdet«, versuchte ich die Situation zu retten.

»Damit wissen wir aber noch lange nicht, wo du bist«, sagte Rolf.

Ich sah ihm an, daß er wütend war.

Der alte Redlich schloß die Garagentür und riß die Abdunkelung vom Fenster. »Wenn wir nicht wissen sollen, wo Sie wohnen, dann können wir das verstehen. Und vielleicht ist es auch für uns besser, daß wir es nicht wissen. Sicherer ist es auf jeden Fall. Alles Gute, und kommen Sie gut rüber!« Er gab uns allen feierlich die Hand und ging hinaus.

Rolf nahm meinen Arm und zog mich ganz dicht an sich.

»Mensch«, dachte ich, »der heult ja!«

Martchen öffnete ihre Tasche und holte etwas zum Schreiben heraus. Dann gab sie Rolf einen Zettel. »Damit kannst du jetzt machen, was du willst. Und wenn du uns besuchst, kannst du dir ja was Unauffälligeres anziehen.«

Rolf rannte raus, und wir machten uns auf den Weg. Wieder war Martchen die lange Fußstrecke nicht anzumerken, als wir bei ihr zu Hause ankamen. Mutter dagegen humpelte wieder, und mir hing die Zunge aus dem Hals.

»Ich habe überall nach euch gesucht, habe Lona gefragt, ob ihr euch bei ihr gemeldet hättet, und habe vor allen

Dingen versucht, mit Käthe Niehoff Verbindung aufzunehmen. Aber sie ist spurlos verschwunden. Um sie mache ich mir große Sorgen.«

»Wir sind zu ihr gelaufen, weil wir nicht wollten, daß irgend jemand, der zu euch engeren Kontakt hat, mit hineingezogen wird. Lona war ja fast jede zweite Woche bei euch hier draußen«, verteidigte sich Mutter.

»Aber bei den Hühner-Radnys wart ihr doch auch. Ihr müßt ziemlich verzweifelt gewesen sein, sonst hätte euch doch klar sein müssen, daß sie bei denen als erstes hätten auftauchen können. Günter ist ein langjähriger Freund von Karl.«

»Hat er Unannehmlichkeiten gehabt?« fragte Mutter.

»Deswegen nicht. Aber sie haben ihn gestern eingezogen. Zur Waffen-SS. Ausgerechnet ihn, einen Sozi. Ich kann mir überhaupt nicht vorstellen, wie der in dieser Uniform aussieht.«

»Ich schon«, sagte Mutter, »groß, blond, blauäugig. Einfach ideal.«

»Er kommt aus Norddeutschland. Da sehen die meisten Menschen so aus.« Martchen setzte ihr sanftes Lächeln auf. »Es gibt auch hellblonde Nazi-Gegner.«

»Wird er erst mal ausgebildet, oder kommt er gleich an die Front«, fragte ich.

»Er bekommt die scheußlichste Ausbildung, die es überhaupt gibt. Die Waffen-SS ist doch unsere Elitetruppe.« Martchen schaute mich sehr ernst an. »Vielleicht solltest du froh sein, daß du von denen verfolgt wirst. Wenn wir das überleben, wird es eine gewaltige Abrechnung geben. Die Frage ist, wie Günter Radny glaubhaft machen will, daß er da nicht freiwillig eingetreten ist. Jedenfalls bin ich froh, daß ihr wieder hier seid. Dieses Haus ist der letzte Ort, an dem sie nach Juden suchen werden.«

»Martchen«, sagte Mutter, »ich will nicht, daß dir auch noch etwas passiert. Ich hab' ein ganz ungutes Gefühl.«

»Hier seid ihr am sichersten. Außerdem hatten sie keinerlei Verdacht in der Richtung. Hotze hatte Flugblätter verteilt, und sie wollten wahrscheinlich aus ihm rausquetschen, wer die Zettel gedruckt hat. Unglücklicherweise hat er meine Schwester mit hineingezogen. Ich fürchte, das wird eine sehr schwere Zeit für die beiden.«

Martchen entschuldigte sich und verließ rasch die Küche.

»Wir können ihr das nicht antun. Wir können sie nicht auch noch gefährden.«

»Zurück zu Redlichs?« fragte ich.

Martchen kam wieder herein und hatte rote Augen. Sie setzte sich neben Mutter und sagte, daß sie uns auf keinen Fall fortgehen lassen würde. Sollte uns etwas geschehen, wäre es doch gleichgültig, ob da zwei oder drei Menschen über die Klinge springen müßten.

Dann erzählte sie uns, daß Lona unseretwegen Kontakt zu Tante Regina und Hans Kochmann aufgenommen hätte und alle sehr besorgt um uns gewesen wären. Sie würde Lona spätestens morgen Bescheid geben müssen, daß wir hier seien.

»Sonst machen die noch Dummheiten«, erklärte sie. »Hans Kochmann kann immer noch ganz legal leben. Er kriegt zwar als Halbjude reduzierte Lebensmittelkarten, braucht aber wegen seiner deutschen Mutter nicht einmal einen Stern zu tragen. Hitler hat da wirklich bei euch gestohlen. Auch für ihn ist nur die Mutter der maßgebende Faktor in der rassischen Zuordnung. Wir allein tragen den Bazillus der Rassenvergiftung. Immer die Weiber!« Sie lachte und umarmte Mutter. »Kommt, wir gehen ins Wohnzimmer. London sollten wir aber lieber nicht mehr hören. Wir können Musik machen. Ich habe ein Grammophon.«

Martchen hatte sogar noch Platten von der Dietrich, Rudi Godden und Otto Reutter. Selbst wenn wir die ganze Nacht in Hotzes Splitterbunker verbracht hatten und am Morgen noch nicht schlafen konnten, brachte uns Otto Reutter immer noch zum Lachen. Mutter konnte sich nicht satt hören an dem ziemlich kleinen, rundlichen Mann, wie Martchen ihn beschrieb.

Eines Abends tauchte Hans Kochmann auf und brachte Tante Regina mit. Mutter schimpfte leise vor sich hin. Wie sie nur Kochmann und sich selbst so gefährden könne.

Regina winkte ab. »Die haben jetzt so viel mit Aufräumarbeiten und der Instandsetzung von Verkehrsmitteln zu tun, daß sie für Kontrollen gar keine Leute mehr haben.«

Wir alle lachten, und Martchen meinte, daß die Leute, die kontrollierten, nie zu Aufräumarbeiten herangezogen würden. Kochmann sagte: »In der Stadt herrscht ein ununterbrochenes Chaos. Ist eine Strecke repariert, wird sie spätestens nach zwei Tagen wieder außer Betrieb gesetzt. Die Amerikaner haben die Berliner Verkehrsmittel nie gemocht. Schon in den dreißiger Jahren, wenn Besuch aus New York kam, schaute der mitleidig auf unsere U-Bahn herunter. ›Das soll eine Underground sein? Das ist bestenfalls eine überdachte Straßenbahn.‹«

Nur meine Tante Regina verteidigte die U-Bahn: »Sie ist immer noch das verläßlichste Verkehrsmittel.« Wir staunten alle, daß sie den ängstlichen Hans Kochmann dazu gebracht hatte, uns aufzusuchen. »Der Junge muß Unterricht haben«, sagte sie, »er soll nicht so blöd aufwachsen wie ich, und für Hans ist es sicher eine Befriedigung, wenigstens einen Schüler zu haben und vielleicht einmal in der Woche seinen Beruf ausüben zu können.« Dann wandte sie sich direkt an Kochmann: »Oder lieben Sie die Schinderei und die Rüstungsbetriebe?«

Kochmann wand sich erst ein bißchen, sagte aber dann, daß er es gern wieder übernehmen wolle. Es müsse aber mindestens zweimal pro Woche sein, wenn etwas dabei herauskommen solle. Und dafür hätte er nicht mehr das Fahrgeld zur Verfügung. Sein Hungerlohn würde ihm solche Ausgaben nicht mehr erlauben.

»Karfunkelstein wird das erledigen«, sagte Regina bestimmt, »und nicht nur das Fahrgeld, dafür werde ich sorgen.«

»Das hätte ich aber nicht so gern«, mischte sich jetzt Mutter ein. Sie konnte Karfunkelstein immer noch nicht leiden. »Der nutzt meine Schwester nur aus«, sagte sie einmal zu Martchen. »Sie ist sein Sexualproviant für die dunklen Tage, und nach dem Krieg heiratet er dann wieder seine arische Frau, und Regina steht im Regen.«

So kam es dann ja auch, aber erst mal bekam Hans Kochmann sein Fahrgeld und seinen Lehrerlohn und fuhr zweimal die Woche nach Kaulsdorf. Egal, ob es regnete oder bombte. Manchmal konnte er sich erst in der Frühe wieder mit der ersten S-Bahn auf den Weg nach Hause machen.

Wenn er mich nicht gerade mit Orthographie traktierte, ließ er mich Texte auswendig lernen. Beim letzten Mal, als er mich unterrichtete, hatten wir noch mit verteilten Rollen gelesen. Jetzt mußte ich den ersten Teil des »Faust« allein bimsen.

Ich keuchte vor Wut und Anstrengung, wenn er mir auftrug, bis zum nächsten Treffen einen ganzen Akt zu lernen. Aber meistens fragte er mich dann gar nicht ab, weil er die Aufgaben total vergessen hatte oder sich schon wieder eine neue Quälerei für mich ausgedacht hatte. Ich erinnere mich, daß ich den »Faust« bis zum Ende lernte, obwohl er sich schon längst nicht mehr damit abgab.

Er versuchte, mir seinen Liebling nahezubringen: Thomas Mann. Gemeinsam lasen wir die »Buddenbrooks« und vor allem den »Zauberberg«. Nicht einmal im Splitterbunker unterbrach er seine Vorträge über die Mannsche Satzstruktur. Ich mußte diese endlosen Sätze so lange wiederholen, bis ich den gedanklichen Faden nicht mehr verlor und ihn auch sprachlich zum Ausdruck bringen konnte. Während draußen der Kriegslärm tobte, machte er mich auf die Beschreibung des Klirrens der Glastür aufmerksam, wenn Madame Chauchat den Speisesaal des Davoser Lungensanatoriums betritt.

Ich wollte viel lieber rechnen. »Mutter, kannst du ihm nicht mal beibringen, daß er mit mir rechnen soll?«

Aber Mathematik war nicht seine Sache, und Mutter schien Spaß am Literaturunterricht zu haben. Auf seinen Vorschlag, man könne doch wieder einmal mit verteilten Rollen lesen, ging sie gern ein. Und auch Martchen ließ sich nur zu leicht zum Mitmachen überreden.

Eines Tages erhielt Martchen ein lakonisches Schreiben, daß ihre Schwester in Ravensbrück an einer Lungenentzündung verstorben sei. Die Hinterlassenschaften würden ihr zugeschickt werden.

Martchen weinte nicht. Sie erzählte uns auch erst Tage später davon, aber ihr Gesicht und auch ihre Augen hatten eine andere Farbe.

Zur gleichen Zeit ließ sich Sigrid Radny bei uns sehen und teilte uns völlig aufgelöst mit, daß ihr Mann in Jugoslawien gefallen sei. »Er sollte im Partisanengebiet eingesetzt werden und wurde, kaum daß sie die Grenze überquert hatten, mit seinem ganzen Zug in die Luft gesprengt.«

Sigrid machte einen fast irren Eindruck. Dauernd schüttelte sie den Kopf und sagte vor sich hin: »Es kann doch gar nichts von ihnen übriggeblieben sein. Was soll man denn da noch begraben können? Wenn die mir eine Urne oder so was Ähnliches schicken, werden die doch nicht annehmen, daß ich so blöd bin und glaube, daß da mein Mann drin ist.«

Martchen ließ sie den ganzen Tag nicht auf ihre Hühnerfarm zurück, obwohl Sigrid ständig jammerte, wie sehr man sie doch brauche, denn ohne sie ginge dort alles drunter und drüber.

Als Sigrid dann endlich in Martchens Zimmer zur Ruhe kam, erzählte uns Martchen vom Tod ihrer Schwester und von ihrer Sorge um Karl Hotze. Sie fürchtete, daß sie über kurz oder lang wieder so eine Nachricht erhalten würde, und ich hatte den Eindruck, das könnte sie nicht mehr ertragen.

Plötzlich stand sie vor dem Radio und suchte den englischen Sender. Mutter und ich schossen nach draußen und kontrollierten, ob die Türen alle verschlossen waren und Sigrid auch wirklich schlief.

»Die Russen stehen immer noch vor Warschau«, meldeten die Engländer, »und die Deutschen massakrieren die aufständischen Polen in der Stadt.«

Der Sender meldete weiter, daß alle politischen Gefangenen nach Mauthausen transportiert würden und daß die Rote Armee inzwischen in Ungarn eingedrungen sei. Martchen hoffte, daß, wenn auch Karl Hotze nach Mauthausen verfrachtet worden war, die Russen bald bei ihm sein würden.

Unser Haus wurde immer voller. Tante Regina kam öfter, benutzte immer sorgloser alle öffentlichen Verkehrsmittel, die noch zur Verfügung standen, und Mutter wurde zunehmend unruhiger.

Einmal brachte Regina sogar ihren Herrn Karfunkelstein mit. Statt Blumen verehrte er Martchen ein Kommißbrot und einen mordsmäßigen Schinken, den er in einer Papiertüte getragen hatte.

Mutter schlug die Hände über dem Kopf zusammen. »Willst du jetzt noch erwischt werden?« fragte sie.

Mutter ignorierte Karfunkelstein derart, daß es uns allen peinlich war. Er war ein ziemlich kleiner Mann mit einem angeberischen Schnurrbart und wachen, sehr hellen Augen. Das Auffallendste an ihm waren seine quittegelben, fast braunen Finger. Wo er ging und stand, zündete er sich eine Zigarette an. Ich sah gar nicht, wie er sie rauchte. Ich sah bloß immer, wie er sie sich anzündete. Das einzige Zeichen seines immensen Reichtums schien sein Feuerzeug zu sein. Ein schwerer goldener Brocken, der immer gleich beim ersten Schnippen funktionierte. Ich durfte sogar damit spielen, als er meine Bewunderung bemerkte. Er schien gleichbleibend freundlich und aufmerksam zu sein. Selten sah er seine Gesprächspartner an. Man konnte nie herausbekommen, was ihn wirklich interessierte.

Kochmann kam nach wie vor zweimal die Woche und hielt seine Lehrstunden ab. Mutter hatte ihm gesagt, daß Mathematik meine Achillesferse sei, aber er lehnte ab. »Ich bin Deutschlehrer, Geschichte und Erdkunde können auch noch mitschwingen, aber Mathematik? Ich wüßte auch keinen, den ich Ihnen im Augenblick empfehlen könnte«, grinste er.

Also mündete jede seiner Unterrichtsstunden unweigerlich in eine Lesung mit verteilten Rollen. Doch bald verweigerten Mutter und Martchen ihre Mitwirkung. Hans

Kochmann ignorierte den Krieg und alles, was damit zusammenhing. Konzentrationslager gab es für ihn nicht. Und Hitler war für ihn eine Verirrung des deutschen Volkes, der man bald wieder ledig sein würde. Als Martchen ihn einmal fragte, wer ihn uns denn vom Halse schaffen sollte, nickte er traurig und sagte: »Die Saukommune. – Sie haben völlig recht, wir treiben den Teufel mit dem Beelzebub aus.«

Martchen wurde zum ersten Mal ungehalten. »Das mit der Saukommune muß ich mir verbitten. Mein Schwager sitzt im KZ, und meine Schwester ist gestorben. Alles wegen der ›Saukommune‹, wie Sie das nennen.«

Kochmann entschuldigte sich, wandte aber doch ein, daß man bald wieder seine Meinung sagen dürfe. Man müsse so schnell wie möglich wieder Übung darin bekommen. Er könne aber verstehen, daß es in diesem speziellen Fall besonders schmerzlich für sie wäre, solche krassen Bezeichnungen zu ertragen.

Nach dem Krieg erfuhren wir von Käthe Niehoff, daß auch ihre Schwester Erna in Ravensbrück gestorben war. Ein überlebender Häftling hatte ihr berichtet, daß sich die weiblichen Angehörigen der Lagerwache einen Spaß daraus machten, ihre dressierten Schäferhunde auf die Genitalien der Häftlinge loszulassen. »Die Frauen sollen unter entsetzlichen Qualen zugrunde gegangen sein.«

Die Front rückte immer näher. Im Frühjahr 45 konnten wir den ununterbrochenen Geschützdonner hören. Unsere Nazinachbarn, vor denen wir aus Gewohnheit immer noch unter dem Fenster durchkrochen, standen mit einemmal bei uns im Haus und sagten aufgeregt, daß die Russen in Küstrin stünden und alles mitgehen ließen, was nicht niet- und nagelfest sei.

»Die vergewaltigen unsere Frauen am laufenden Band. Sogar alte Omas werden nicht verschont. Und den Männern reißen sie den Arsch bis zum Stehkragen auf!«

Nach jedem Alarm, und wenn er die ganze Nacht dauerte, kamen sie und brachten Bohnenkaffee mit. Martchen brühte ihn auf, und wir hörten uns ihr endloses Gejammer an.

Mitte April traten die Russen zum Generalangriff an. Rolf Redlich war plötzlich vorbeigekommen und erzählte von ihrem Haus, in dem sie immer noch wohnten. Die hinteren Zimmer im oberen Stockwerk waren noch ziemlich heil. »Da, wo ihr geschlafen habt. Vater hat eine ganz solide Treppe gebaut und die alte Haustür oben eingesetzt. Sieht picobello aus. Nur die Küche mußten wir in der Garage installieren. Vater hat eine Wasserleitung gelegt. Das mußt du dir ansehen, das ist genial. Wenn's kracht, gehen wir einfach in euren Keller. Der hält noch einiges aus.«

»Und du? Übst du immer noch an deinen Panzerfäusten?«

»Vater hat gesagt, ich soll mich drücken. Die wollen uns jetzt noch richtig einsetzen und sagen uns, die Russen drüben verbraten auch nur noch Kinder.«

»Na prost!« sagte ich.

»Wenn ich nicht mitziehe, kriege ich gleich eins über die Rübe. Und mein Vater auch. Der stellt sich das immer so leicht vor.«

Ich wollte unbedingt nach Waldesruh und ihren neuen Bau sehen, wie sie das nannten, aber Mutter kreischte gleich los, und Martchen schlug vor, Rolf solle doch seinen Vater bitten, zu uns zu kommen.

Rolf schüttelte den Kopf. »Der rührt sich nicht vom Haus weg«, sagte er.

Er kam aber doch. Am frühen Morgen, kaum war er da, ging es schon los. Die Amis flogen mit Geleitschutz. Die Jäger stürzten sich auf unsere spärliche Flakabwehr. Dann konnten sie in aller Ruhe ihre Bomben ausklinken.

»Das ist sehr günstig für uns«, erklärte Redlich. »Wenn die nicht gestört werden, können sie ihre Ziele viel genauer angreifen und brauchen nicht panisch einfach abzuladen.«

Trotzdem wurden wir ganz schön durchgeschüttelt, wenn die großen Kracher einschlugen, und Redlich bekam allmählich doch Angst. »Wenn sie bloß nicht wieder mein Haus maßnehmen«, murmelte er.

»Sie haben ja mehr Angst um die Ruine als um ihr ehemaliges Haus«, sagte Mutter.

»Jetzt ist es erst wirklich meines. Sie werden es nicht glauben, aber ich habe eine echte Beziehung zu dieser Ruine.«

Sie besuchten uns, sooft sie konnten. Dann wurde Rolf nach Köpenick zum Volkssturm eingezogen, und wir hörten nichts mehr von ihnen. Auch die anderen blieben weg, obwohl die S-Bahn immer noch fuhr. Keine Lesungen, kein Unterricht. Man verkroch sich und wartete auf das Ende.

Am 22. April ging es dann los. Die Katjuschageschosse hagelten zu Tausenden auf Berlin herunter. Wie glühende Pfeile jagten sie über den Himmel. Der Geschoßhagel war so dicht, daß er manchmal wie eine dunkelrote Decke über uns lag.

Aber das Schlimmste an dem Beschuß war die Geräuschkulisse. Die Raketengranaten heulten, jaulten und explodierten pausenlos. Wir konnten uns nur noch schreiend verständigen. Eine ganze Nacht und einen ganzen Tag hämmerten sie auf uns herunter.

Plötzlich brach der ganze Wahnsinn ab.

»Was jetzt?« fragte Martchen. »Es wird ihnen doch nichts passiert sein?«

Keiner von uns lachte. Wir saßen in unserem Splitterbunker und horchten auf die angespannte Stille. Kamen jetzt die Deutschen mit ihrer Gegenkanonade, oder war den Russen der Munitionsvorrat ausgegangen?

Nicht mal ein Gewehrschuß war zu hören. Stunden danach, wir waren gerade eingenickt, hörten wir langsam näher kommendes Motorengeräusch. Erst dachten wir, die Amis mit ihren Flugzeugen wären wieder da. Aber der Lärm, der da näher kam, hatte nichts mit Fliegern zu tun.

»Das sind Dieselmotoren«, flüsterte Martchen. »Entweder sind das die Unseren mit einem Gegenangriff, oder die Russen haben alles zusammengeschossen und rollen nun mit ihren dicken Panzern an.«

Der Lärm wurde zu einem Dröhnen. Die Fahrzeuge schienen sich unserem Haus zu nähern.

Martchen sprang hoch. »Es wird nicht geschossen«, flüsterte sie, »wir müssen sehen, was draußen los ist.«

Ich hatte sie noch nie so erregt gesehen. Behutsam öffnete sie die Bunkertür und lauschte. Dann ging sie langsam hinaus, und wir folgten ihr.

Es war ein faszinierender Anblick. In der Morgendämmerung sah alles noch viel gespenstischer aus. Panzer an Panzer rollte an uns vorbei, ganz dicht aufgeschlossen. Aus den Luken schauten Köpfe in fremdartigen Lederkappen heraus, und viele der Panzer hatten hinten Klappen ausgefahren, auf denen Soldaten in khakibraunen Uniformen herumlagen. Auf dicken Federbetten.

»Die haben sie aus den leerstehenden Häusern mitgehen lassen, diese Schlitzohren«, flüsterte Martchen und lachte leise. »Wahrscheinlich sind sie den Unseren so schnell hinterhergelaufen, daß sie ganz außer Atem gekommen sind.«

Die Panzerkette wollte gar nicht aufhören. Wir schauten vorsichtig über die Gartentür. Plötzlich sahen wir Frau Ritter, unser Gegenüber, die auch am Zaun stand. Sie rief uns leise zu: »Wo haben die denn bloß die ganzen Panzer her? Die pfeifen doch schon seit zwei Monaten auf dem letzten Loch, hat man uns immer erzählt.«

»Seien Sie doch still«, zischte Mutter und sah mit leuchtenden Augen auf die Panzer. »Wir haben es überstanden«, sagte sie zu Martchen.

Dann packte sie mich und drückte mich wie verrückt an sich. Sie entwickelte eine solche Kraft, daß ich glaubte, meine Rippen würden sich nie wieder davon erholen. Dann griff sie nach Martchen und schien mit ihr tanzen zu wollen. Sie fing laut zu singen an. Einer der Soldaten drehte ihr seinen Kopf zu und beugte sich weit aus seinem Turm heraus. Er schrie Mutter etwas zu, und Mutter lachte, wie ich sie noch nie hatte lachen hören. Mit einem tiefen, fremdartigen Gurgeln in der Kehle.

Martchen erschrak richtig vor ihr und ließ sich von ihr herumschwingen.

»Hast du verstanden, was der Soldat gesagt hat?« versuchte sie Mutter abzulenken.

»Ja«, Mutter verschluckte sich vor lauter Aufregung und lachte wieder. »Was ganz Gemeines hat er gesagt, was ganz Gemeines. Aber es war die schönste Gemeinheit, die ich je gehört habe!«

Sie ließ Martchen nicht los. »Jetzt werden wir leben, Martchen. Jetzt werden wir anfangen zu leben. Wir werden ganz normale Menschen sein. Wie ihr, Martchen!« Sie merkte gar nicht, daß sie anfing zu taumeln, und ich bekam Angst, daß sie überschnappen könnte.

Martchen hielt sie fest und fragte sie ganz ruhig, woher sie denn Russisch verstünde.

Mutter schaute sie an und sagte plötzlich ebenso ruhig: »Ich war eine ganze Zeit auf einem Internat in Prag. Da war Russischunterricht Pflicht.«

Es war inzwischen fast ganz hell geworden, und die Panzer quietschten immer noch an uns vorbei. Wir unterhielten uns jetzt laut, um gegen den Lärm anzukommen.

»Und wo hast du so gut Deutsch gelernt?« fragte Martchen, während wir weiter auf den russischen Vorbeimarsch starrten.

»Zu Hause sprachen wir deutsch, polnisch, russisch und jiddisch. Wir gehörten zu Österreich. Mein Vater war Offizier in der österreichischen Armee und ist im Ersten Weltkrieg für Österreich gefallen!«

»Ist ja gut, ist ja gut«, Martchen zog sie sehr energisch ins Haus hinein und schloß die Tür hinter ihnen. Mich schien sie ganz vergessen zu haben.

Ich stand immer noch da und schaute auf die fremden Uniformen, auf die unrasierten Gesichter, die mit offenen Mündern auf ihren geklauten Plumeaus schliefen.

»Wenn ich nicht wüßte, daß das Russen sind, würde ich sie für echte Verlierer halten«, dachte ich.

Waren das wirklich Russen, oder waren das getarnte SS-Leute? Ich konnte es einfach noch nicht glauben. Mutter hatte gesagt, wir könnten jetzt wieder »wie normale Menschen leben«. Was war normal? Ein Leben ohne Dauerflucht konnte ich mir einfach nicht vorstellen. Für mich war das die Normalität. Aber vielleicht würde sich das ja irgendwann einmal ändern.

Ich konnte meine Augen nicht von den Panzern lassen und wartete geduldig, bis der letzte verschwunden war. Gegen die wollte Rolf seine Panzerfäuste abdrücken? Ich ging langsam ins Haus und sah Mutter und Martchen in der guten Stube sitzen. Martchen drehte am Radio herum, und auf dem Tisch stand Eierlikör »Marke Eigenbau«.

»Komm«, sagte Mutter zu mir, »heute darfst du mittrinken. Heute feiern wir unsere Wiedergeburt.«

»Wiedergeboren kann man nur werden, wenn man vorher tot war.«

»Stimmt!« rief Mutter und kippte ihr zweites Glas. »Wir waren tot, mausetot!«

Martchen bekam den BBC nicht und fluchte.

»Wozu brauchst du den denn noch?« rief Mutter. »Werden die uns vielleicht berichten, daß die Russen gerade durch Kaulsdorf-Süd marschiert sind? Wir wissen doch hier viel mehr, Martchen. Stell das ab!«

Die Frauen tranken, bis die Flasche leer war. Ich hätte auch gern noch einen Likör gehabt. Das Zeug schmeckte gut und war nur ein bißchen scharf.

»Ich muß Rolf warnen. Der bringt es fertig und geht mit seiner Panzerfaust auf diese russischen Kolosse los!«

»Du kannst ihn nicht warnen«, entgegnete Martchen. »Du müßtest ja durch die russischen Linien durch, um zu den Deutschen zu kommen, und das wirst du schön bleiben lassen.«

Wir hatten gar nicht gehört, daß jemand durch unseren Garten gekommen war. Plötzlich schlug es an die Haustür. Eine Stimme schrie etwas auf russisch, und dann wurde mit einem harten Gegenstand gegen die Tür gedonnert.

»Du mußt öffnen, Martchen. Sie schreien ›aufmachen!‹«

»Kommst du mit?« fragte Martchen.

Mutter stand auf, und ich wollte auch mit.

»Du bleibst hier!« sagte Mutter.

Dann gingen beide auf den Flur und schlossen die Wohnzimmertür hinter sich. Ich bezog Lauschposten und versuchte mitzukriegen, was draußen vor sich ging. Ich hörte, wie die Haustür aufgeschlossen wurde, und dann ging alles ganz schnell. Die Russen müssen die beiden Frauen sofort von der Tür weggedrängt haben. Ich hörte, wie Mutter auf russisch protestierte, aber das schien ziemlich wirkungslos zu sein. Die Wohnzimmertür wurde krachend aufgestoßen, und ich flog beinahe mit dem Kopf gegen die Tischkante. Zwei Russen wurden sichtbar und zogen Mutter und Martchen ins Zimmer hinein. Einer der Russen hob seine unförmige Maschinenpistole und zielte auf Martchen. Mutter sprang ihn an und stieß seine Pistole zur Seite. Sie schrie ihm auf russisch etwas zu und zeigte auf Martchen. Der Russe schaute ziemlich unschlüssig zur Tür herüber, in der jetzt ein dritter Russe auftauchte. Sie sprachen leise miteinander, dann liefen die beiden Russen, die zuerst dagewesen waren, auf Martchen und mich zu und wollten uns hinauszerren.

Martchen ließ es fast willenlos mit sich geschehen, aber ich schrie wie am Spieß. Ich versuchte, dem einen in den Magen zu boxen, aber er drehte mir die Arme auf den Rücken und tat mir dabei sehr weh.

»Das sollen unsere Befreier sein?« schrie ich Mutter zu, »die sind ja fast genauso schlimm wie die Nazis!«

»Nur nicht heulen« war das einzige, was ich danach noch denken konnte. Aber es nützte nichts. Mir traten vor Schmerzen die Tränen in die Augen.

Mutter sprach jetzt ganz ruhig auf den dritten Kerl ein. Plötzlich wurde ich losgelassen, und mein Folterknecht verschwand, nachdem er die Tür hinter sich geschlossen hatte.

»Wir dürfen doch Martchen nicht mit diesem Scheißkerl alleine lassen«, heulte ich, »die bringen sie doch um!«

»Ganz ruhig, es wird ihr nichts passieren«, antwortete mir der Russe in fast fehlerfreiem Deutsch. »Ich will mich nur ein paar Minuten mit euch allein unterhalten.«

Erst jetzt konnte ich ihn genauer betrachten. »Er sieht aus wie ein Filmstar«, dachte ich, »wenn diese blöde russische Uniform nicht wäre, sähe der richtig gut aus.«

Er forderte uns auf, Platz zu nehmen, und setzte sich. Neben mich.

»Bist du ein deutscher Junge?« fragte er mich freundlich.

»Ja«, sagte ich.

»Gut.«

Er wandte sich an Mutter. »Du sprichst Russisch?«

»Ja«, bestätigte Mutter.

»Woher?«

»Meine Familie ist aus Russisch-Polen. Nach dem Ersten Weltkrieg ist sie nach Deutschland ausgewandert.«

»Ihr seid geflüchtet?«

Mutter nickte.

»Vor der Roten Armee?« bohrte der Russe weiter.

»Das glaube ich nicht«, widersprach Mutter schnell, »eher vor den Kugeln und vor den Kosaken.«

»Langsamer, langsamer sprechen!«

Mutter nickte wieder.

»Wo ist dein Mann?«

»Tot«, sagte Mutter.

»Wann ist er tot?«

»Vor fünf Jahren.«

»In Deutschland?«

Der Kerl regte mich immer mehr auf. »Was will der von Mutter?« fragte ich mich, »es gibt doch genug deutsche

Frauen hier, die er verhören kann. Warum ausgerechnet meine Mutter?«

»Wo ist er tot?« fragte der Russe jetzt etwas schärfer.

»Im KZ.«

»Mein Gott, sie hat ihn doch noch rausgekriegt«, dachte ich, »warum sagt sie ihm das denn nicht?«

»KZ«, wiederholte der Russe.

»Das ist die Abkürzung für Konzentrationslager«, sagte Mutter langsam.

»Ich weiß, ich weiß, aber du hast sehr lange nachgedacht. Sehr spät hast du das gesagt.«

Plötzlich sah er mich an, hörte ihr aber zu.

»Du hast mir doch befohlen, langsam zu sprechen«, sagte Mutter. Sie hatte ihn geduzt, und ihm war das anscheinend gar nicht aufgefallen. Er sah jetzt immer nur mich an.

»Warum war dein Mann im KZ?«

»Er war Jude.«

Der Russe zuckte zusammen und sah kurz zu ihr hin.

»Du bist Deutsche und hast einen Juden geheiratet, nicht wahr?«

Er war wieder mit seinen Augen bei ihr. Mutter wollte antworten, doch er schnitt ihr das Wort ab. »Du hast einen Juden als Mann, sprichst fließend Russisch, bist Deutsche und wohnst in einem Luxushaus.«

»Das ist kein Luxushaus«, rief Mutter.

»Gut, gut, das ist kein Luxushaus«, bestätigte er scheinbar. »In welchem KZ ist dein Mann tot?«

»In Sachsenhausen.«

»1940?«

Mutter nickte nur.

»Hat man damals im KZ schon Juden getötet?« fragte er.

»Mein Mann war auch kein Deutscher. Er war aus der gleichen Gegend wie ich.«

»Aber du bist Deutscher. Oder sprichst du auch Russisch oder Polnisch?«

»Er ist hier geboren«, antwortete Mutter statt meiner, »er spricht weder Polnisch noch Russisch.«

»Ich möchte, daß er mir antwortet. Bist du ein deutscher Junge?«

»Ja.«

»Obwohl dein Vater Jude ist?«

Ich sah Mutter an. »Ich bin Deutscher und Jude«, sagte ich.

»Du bist kein Jude. Wenn dein Vater Jude ist, bist du noch lange kein Jude.«

Ich sah wieder Mutter an. Warum half sie mir nicht?

»Wo ist deine Uniform?«

»Was für eine Uniform?« fragte ich verblüfft.

»Deine HJ-Uniform.«

»Ich habe keine.«

»Als deutscher Junge hast du eine HJ-Uniform«, beharrte er.

»Ich bin ein deutscher Jude. Und als Jude durfte man nicht in den Verein.«

»Du bist Deutscher.«

»Und Jude.«

»Du bist kein Jude.«

»Doch.«

Er schien sich zu amüsieren. Dann wandte er sich wieder an Mutter. »Ich will deinen Paß sehen.«

»Ich habe keinen Paß.«

»Ich will deinen deutschen Paß sehen.«

»Ich habe keinen. Ich kann dir nur meinen alten Postausweis zeigen, der auf einen anderen Namen lautet.«

»Weil du eine Spionin bist!« schrie er unvermittelt, »du hast keinen jüdischen Mann gehabt. Du weißt genau, daß die Juden abtransportiert und vergast wurden! Viel später. Bei uns hat man sich nicht einmal diese Mühe gemacht. Da haben sie sich ihr eigenes Grab schaufeln müssen!«

Er hatte sich so in Rage geredet, daß er fast nicht mehr sprechen konnte. »Du bist eine Verräterin und Spionin!«

Er zog meine Mutter vom Stuhl hoch und zerrte sie zur Tür. Ich weinte und versuchte seine Hand von Mutters Arm wegzureißen. Da packte er mich am Kragen: »Du bist Jude, ja?«

Ich konnte nicht sprechen, und Mutter versuchte, meinen Kopf zu erreichen. Aber er zerrte sie weg.

»Du bist Jude? Gut. Dann weißt du ja, daß deine Mutter auch jüdisch sein muß, ja?«

Ich konnte nur stumm nicken.

»Aber das ist eine Lüge. Deine Mutter hat dich zum Lügen erzogen!«

Er war außer sich vor Wut, und ich dachte: »Jetzt bringt er uns alle um!«

Von der Küche her kamen Rufe von Martchen. Sie rief wohl dauernd den Namen meiner Mutter. Plötzlich wurde er ganz leise und noch gefährlicher.

»Du weißt doch, daß Hitler alle Juden umgebracht hat?«

Er sprach zu mir, aber er meinte wieder meine Mutter.

»Ja«, sagte ich, »ja.«

»Wie kommt es dann, daß du und deine Mutter noch leben?«

»Wir haben uns die ganze Zeit versteckt«, beschwor ich ihn. Ich hätte ihm die ganze Geschichte unserer Flucht erzählt, wenn er gewollt hätte. Er sollte nur Mutter und mich endlich in Ruhe lassen.

»Hitler«, er sprach Hitler wie Gittler aus, »Hitler hat alle Juden umgebracht. Gut organisiert. Sehr gut. Und da wollt ihr mir erzählen, daß ihr als Juden überlebt habt? Hier, mitten in Deutschland, in Berlin?«

»Wir haben uns versteckt!« schrie ich, »wir haben uns über zwei Jahre versteckt. Bei Freunden, Nutten, Emigranten, Kommunisten. Sogar eine Nazifrau hat uns geholfen, und dafür ist sie umgebracht worden. Und ich habe sie sehr gut leiden können, weil sie uns nie so behandelt hat wie du! Die ganze Zeit haben wir auf euch gewartet, und jetzt wollt ihr meine Mutter umbringen. Und Martchen. Sie hat uns wieder aufgenommen, obwohl ihre Schwester und ihr Schwager ins KZ gekommen sind. Weil sie Kommunisten waren und Flugblätter verteilt haben. Sie hat mehr Mut als ihr alle zusammen. Mit euren Panzern und Raketen. So, und jetzt kannst du mich erschießen. Weil du ein Arschloch bist!«

Mutter sah mich an, und ich fühlte, daß sie mich bewunderte. Mehr brauchte ich nicht. Er hätte ganze Ladungen in mich hineinschießen können, mir wäre es egal gewesen. Ich riß mich los und setzte mich auf einen Stuhl. Ließ aber Mutter und ihn nicht aus den Augen.

»Ich habe ihn verunsichert, sonst hätte ich mich gar nicht befreien können«, dachte ich, »vielleicht läßt er jetzt auch Mutter los.«

Er riß die Tür auf und rief seinen Leuten etwas zu. Dann schloß er sie wieder.

»Du bist Jude, hast du gesagt«, fing er noch einmal an.

Ich antwortete nicht mehr.

»Und deine Mutter und dein Vater sind auch Juden.«

»Mein Vater ist tot.«

»Bist du auch als Jude erzogen worden?«

Ich sah ihn an und dachte: »Leck mich doch am Arsch!«

»Wenn deine Eltern aus Russisch-Polen sind, dann seid ihr möglicherweise auch fromm gewesen.«

»Nein!« schrie ich plötzlich.

Er hielt meine Mutter immer noch am Arm fest.

»Warum seid ihr nicht fromm gewesen?«

»Weil du meiner Mutter weh tust mit deinen blöden Knochen«, schrie ich weiter.

Ich weiß nicht, ob er mich verstanden hatte, und bei Mutter kam wieder Angst auf.

Er aber blieb gelassen. Scheinbar.

»Weißt du, was du als Jude tun mußt, wenn dein Vater gestorben ist?«

Jetzt ließ er Mutter los und trat ganz dicht an mich heran. Ich nahm zum ersten Mal wahr, daß er hellbraune Augen und eine ungewöhnlich hohe Stirn hatte.

»Also, was tust du, wenn dein Vater gestorben ist?«

Wir sahen uns lange an. Ich wütend und er mit Rehblick.

»Vater unser« hätte ich beinahe gesagt. Heute weiß ich, daß das unser Tod gewesen wäre. Ich schaute zu Mutter hinüber. Sie sah mich ganz gespannt und beinahe nachdenklich an.

»Das Totengebet«, sagte ich und drehte mich zur Wand. Die Pause nahm kein Ende.

»Kannst du noch Kaddisch sagen?« hörte ich ihn fragen.

Jetzt hatte ich aber genug. Ich blieb zur Wand gedreht sitzen, ratterte das Kaddischgebet in rasender Geschwindigkeit herunter und schaukelte dabei meinen Oberkörper wie ein alter Jude in der Synagoge. Es war eine ziemlich miese Parodie, aber er merkte es nicht. Als ich fertig war, gab es wieder eine lange Pause.

»Sag mir das Gebet, das der Jude spricht, bevor er stirbt.«

Ich rasselte auch das »Schemah Jisrael« herunter und verstärkte die Pantomime noch ein bißchen. Dann kam mir in den Sinn, daß Mutter lachen könnte, und ich brach ab.

»Mehr will ich nicht«, sagte ich und drehte mich zu ihm um.

Er weinte. Er weinte ganz eigenartig. Sein Gesicht blieb fast unbewegt, aber die Tränen liefen ihm runter, als hätte er innen einen Wasserhahn aufgedreht. Er zog umständlich ein Tuch aus der Hosentasche und wischte sich damit übers Gesicht.

Die Tür wurde geöffnet und Martchen hineingeschoben, ohne daß man die anderen Soldaten sah. Sie sah etwas zerzaust aus und ganz gelb im Gesicht, aber sie schienen ihr nichts getan zu haben. Mutter lief sofort auf sie zu und führte sie zum Sofa.

»Hat er dir was getan?« fragte Martchen.

Mutter verneinte, und ich setzte mich demonstrativ neben Martchen. Wir drei saßen auf dem Sofa wie die Hühner auf der Stange und schauten den Mann an, der vor uns stand und der sich ebenfalls Zeit nahm, uns zu betrachten.

»Du bist Kommunist?« fragte er Martchen.

»Nein.«

Er sah mich wieder an.

»Ihre Schwester und ihr Schwager sind Kommunisten«, sagte ich.

»Wo ist dein Schwager?«

»Im KZ«, antwortete Martchen.

Sie war ziemlich kurz angebunden. Der Russe dagegen bemühte sich, höflich zu sein.

»Wo?« fragte er.

»Mauthausen. Österreich.«

»Das ist weit weg von hier.«

»In der letzten Zeit haben sie alle Politischen dahin gebracht.«

»Und Schwester?«

»Gestorben.«

Er warf mir wieder einen kurzen Blick zu.

»Sie ist im KZ gestorben. In Ravensbrück. An Lungenentzündung«, erklärte ich.

Er zog sich einen Stuhl heran und setzte sich uns gegenüber. »Aber der Schwager war Kommunist?«

»Er ist Kommunist.«

»Gut, und deine Schwester war Kommunist?«

Ich hatte den Eindruck, wenn er noch weiterfragte, würde Martchen aus der Haut fahren. Sie war am Ende. Man sah es ihr genau an. Er sah es auch.

Er stand auf und beugte sich über den Tisch. »Du heißt Martchen, und wir werden jetzt für Versöhnung trinken.« Plötzlich sprach er mit einem eindeutigen jiddischen Akzent. Seine Leute stellten zwei volle Flaschen auf den Tisch und holten aus der Küche die großen Kaffeetassen.

»Wir haben auch Gläser«, sagte Martchen. Sie war wie versteinert.

Die Russen bestanden auf den Tassen und füllten sie bis zum Rand. Der Offizier stand auf und hob die Tasse. »Wir werden auf Frieden trinken und auf Tod von Hitler.«

Wir mußten alle aufstehen, und als ich meine Tasse nicht nahm, wurde sie mir von dem einen Untergebenen in die Hand gedrückt.

»Du hast Kaddisch gesagt für deinen Taten, und jetzt trinkst du für die Seele von deinem Taten und auf den Tod von Gittler. Sag mir nach: Wir leben ewig!«

»Wir leben ewig«, wiederholte ich.

»Jetzt trink!«

»Mir wird schlecht.«

»Jetzt bist du Mann. Trink!«

Ich sah, wie die Russen ihre Tassen ansetzten und das ganze Zeug auf einmal hinunterkippten, sah Martchen mit versteinertem Gesicht trinken und Mutter, die mich angstvoll anstarrte. Ich kniff ganz fest die Augen zu und schluckte.

»Ich habe schon mal ein ganzes Glas Rizinusöl ausgesoffen, da werde ich das wohl auch schaffen«, dachte ich.

Als ich aufwachte, lag ich in Martchens Schlafzimmer, und Martchen saß auf dem Bettrand. »Sie haben jetzt eine Wache vors Haus gestellt. Der Offizier ist aus Leningrad und säuft wie ein Loch. Und was glaubst du, was deine Mutter tut? Sie säuft mit! Steht wie eine Eins.«

»Und warum liege ich hier?«

»Du hast deine ganze Tasse ausgetrunken. Und dann ist das Licht ausgegangen bei dir. Du bist umgefallen wie ein kleiner Baum.« Sie nahm meine Hand. »Du warst sehr tapfer.«

»Was hätte ich tun sollen? Geschmeckt hat's mir weiß Gott nicht«, sagte ich.

»Es war gut, daß du getrunken hast. Die Russen nehmen es sehr übel, wenn man ihnen das Mittrinken verweigert.«

»Es hat mir aber gar nicht viel ausgemacht. Ich bin bloß müde geworden.«

»Schwindle nicht. Ich habe dich eine halbe Stunde übers Klobecken gehalten.«

»Wo ist Mutter?«

»Im Wohnzimmer, mit den Russen.«

»Was macht sie denn noch da?«

»Trinkt.«

Mutter hatte natürlich nur ganz wenig getrunken. Der Teppich unterm Tisch stank noch nach Monaten, bis wir ihn endlich in die Reinigung geben konnten. Wo ich ging und stand, kam mir dieser Alkoholgeruch hinterher.

Dem Russen verdanke ich meine Abneigung gegen scharfe Schnäpse. Er hieß Wassili Jakowlewitsch Tunkelschwarz und war Pianist. Von irgendwoher ließ er eines Tages ein Klavier anschleppen und gab abends für uns Konzerte.

»Wie kann ein solches Volk so gute Komponisten haben«, pflegte er immer wieder zu sagen.

Er spielte wie ein Gott, und am liebsten hatte ich, wenn er Bach oder Händel spielte und es fertigbrachte, auf dem Klavier ein Cembalo zu imitieren.

Als Offizier im Rang eines Hauptmanns konnte er sich allerhand erlauben. Er blieb fünf Jahre als Besatzungsoffizier in Berlin und wurde im Zuge immer wiederkehrender Säuberungsaktionen innerhalb der Armee in die Sowjetunion zurückbeordert. Obwohl wir unsere Adressen austauschten, haben wir nie wieder etwas von ihm gehört.

Im April 45 hatte er seinen Sitz in der Kommandantur Kaulsdorf und hielt unser Haus von allen Angriffen frei.

Die Front rückte immer näher zum Stadtkern vor. Wir hörten und sahen, besonders in der Nacht, was da im Gange war, aber es ging uns im Moment nichts an.

Wassili versorgte uns vor allem mit russischem Schwarzbrot und viel Zwiebeln, und mir wurde schon schlecht, bevor es auf den Tisch kam.

Als die ersten Läden von der Roten Armee beliefert wurden und sich lange Warteschlangen bildeten, durfte Mutter immer gleich in den Laden hinein und mußte als erste bedient werden. Die Wache vor unserem Haus wurde bis zur Kapitulation nicht abgezogen.

»Die Fronttruppen«, sagte Wassili, »sind gute Männer. Sie benehmen sich einigermaßen anständig. Aber in der Etappe gibt es ganz widerliche Banden. Sie vergewaltigen Frauen und schießen auch ziemlich schnell. Doch im Vergleich zu dem, was sie von euren Leuten in unserem Land gesehen haben, ist das hier ein Fliegendreck.«

Allmählich flüchteten sich immer mehr Frauen aus der Nachbarschaft in unser Haus. Sie brachten Matratzen mit und lagen sogar in der Küche herum. Wassili war nicht sehr erbaut darüber, aber er schluckte es. Nur wenn er abends kam, mußten alle außer uns das Wohnzimmer räumen.

Frau Ritter, unsere Nachbarin von der anderen Straßenseite, wurde immer wieder vergewaltigt. Erst hörte man sie ab und zu schreien und fluchen, aber mit der Zeit wurde es drüben ruhiger. Oft standen viele Russen vor ihrer Tür und warteten brav, bis sie dran waren. Meistens hatten sie Kommißbrote unter den Arm geklemmt oder in Zeitungspapier eingewickeltes Schweineschmalz. Martchen ging am Tag nach den ersten Attacken zu ihr hinüber und bot ihr an, bei uns zu übernachten. Aber Frau Ritter lehnte ab.

Sie war nicht gerade eine Schönheit. Ihre Vorderzähne bestanden aus lauter Silberkronen. Wenn sie lachte, mußte man die Augen schließen. Außerdem war sie auch ziemlich fett. Sie sagte: »Wenn ich schon ran muß, dann kommt's auf einmal mehr oder weniger nicht an. Aber zahlen sollen sie dafür, und nicht zu knapp. Man muß nur mit den Jungens umgehen können. Dann sind sie so klein mit Hut. Und wenn ich keine Lust mehr habe und ›Feierabend‹ sage, gehen sie ganz brav weg und kommen erst am nächsten Tag wieder. Wenn man natürlich rumzetert und ein Geschrei macht, werden sie rabiat. Ich muß allmählich daran denken, die Preise in die Höhe zu treiben, dann bleiben die vielleicht ganz von selbst weg.«

Martchen konnte damit überhaupt nichts anfangen. »Und wenn Ihr Mann aus der Gefangenschaft kommt?«

»Ach, Frau Schewe, da war doch schon nach dem letzten Urlaub kein Saft mehr drin.«

Mutter hatte sie gern. »Ihr Lachen kann einen für Stunden aufheitern«, sagte sie zu Martchen, »und wenn ihr keiner von den Kerlen die Syphilis anhängt, wird sie's überleben.«

Ich mochte sie auch. Dieses dicke Weib mit ihren geblümten Sommerkleidern und dem fabelhaften Lachen, bei dem sie stolz ihre Silberklunker zeigte, hatten fast alle gern, und keiner nahm ihr etwas übel.

Während in der Stadt noch einmal der absolute Wahnsinn tobte, marschierten eines Tages etwa zehn Jungen in abgerissenen Wehrmachtsuniformen durch unsere Straße. Begleitet von zwei bis an die Zähne bewaffneten Russen und einem dritten, riesigen Kerl, der seinen Helm auf den Hinterkopf geschoben hatte, wurden sie in den Garten unserer Nachbarn, der Parteigenossen, geführt.

Sie mußten sich an der Hauswand auf den Boden setzen, und der riesige Kerl von einem Russen trabte vor ihnen auf und ab, wobei er mit dem Entsicherungshahn seiner Maschinenpistole herumspielte.

Die Frau des Parteibonzen rief uns aus dem Seitenfenster zu, daß es kleine Jungen seien, die von den Russen gefangengenommen worden wären, als sie mit Panzerfäusten auf die Feindpanzer angelegt hätten. Jetzt sollten sie erschossen werden. Und ob meine Mutter nicht etwas dagegen unternehmen könne.

Der Russe hob sofort seine MP und zielte auf das Fenster. Es ballerte mordsmäßig, und ein paar Ziegel krachten vom Dach herunter und flogen in der Gegend herum. Die Frau schlug ihr Fenster zu und gestikulierte hinter geschlossenen Scheiben weiter.

Die Jungen an der Hauswand fingen an zu weinen, und

Mutter lief auf den Russen zu. Sie sprach auf ihn ein, aber ich konnte nichts hören. Ich versuchte, die Gesichter der Burschen an der Wand zu erkennen, und war erleichtert, daß Rolf nicht darunter war.

Plötzlich hob der Russe seine MP und stieß Mutter mit der Mündung leicht in den Bauch. Er schrie sie an, und Mutter resignierte.

»Nichts zu machen«, sagte sie, als sie wieder bei uns angelangt war, »und unsere Wache will sich da auch nicht einmischen.«

»Er hätte dich beinahe erschossen!« rief Martchen.

»Quatsch«, winkte Mutter ab, »ich glaube, der ist ganz gutmütig. Aber er hat eben seine Befehle.«

»Wer gibt denn bloß Befehle, Kinder zu erschießen?« fragte Martchen erregt.

Mutter zuckte die Achseln. »Man hat sie erwischt, als in Köpenick schon die weißen Fahnen herausgehängt wurden. Sie sollen erschossen werden, um ein Exempel zu statuieren. Der Krieg hat sie alle verrückt gemacht.«

»Hast du ihm so etwas zu verstehen gegeben?« fragte Martchen.

»Ja, daraufhin hat er mich doch in den Bauch gepiekst.« Jetzt sahen wir, wie die anderen Russen eine Kiste anschleppten und vor dem Offizier auf den Boden stellten.

»Da sind noch mehr Waffen drin«, Martchen fing an wie Espenlaub zu zittern, und Mutter versuchte, sie ins Haus zu ziehen.

»Nein, ich will das sehen«, schrie sie nach drüben, »ich will sehen, wie diese erwachsenen Kerle auf kleine Jungen schießen!«

Der riesige Russe drehte sich zu uns um und winkte uns mit der MP zu, wir sollten verschwinden. Dann wandte er sich zu seinen Kameraden um und gab ihnen einen kurzen Befehl. Die Soldaten öffneten die Kiste, und wir starrten wie gebannt hinüber.

Mutter zischte mir zu: »Geh sofort ins Haus.«

Aber ich blieb einfach stehen.

Plötzlich hatten die Russen dicke Würste in der Hand und gingen damit auf die Jungen zu, die sich in ihrer Todesangst ganz eng an die Mauer gedrückt hatten, die Köpfe zwischen ihre Beine gesteckt.

Sie zogen die Jungen hoch, drückten ihnen die Würste in die Hand, jedem einzelnen, und schoben sie auf die Straße. Der Offizier rief ihnen etwas zu.

»Was sagt er, was?« Martchen zerrte Mutter am Arm.

»Warte«, Mutter trat weiter an den Zaun heran, der die beiden Grundstücke voneinander trennte.

Die Kinder standen unschlüssig und todmüde auf der Straße. Der Russe schrie sie an und klatschte in die Hände, als wolle er sie verscheuchen. Sie schauten zu uns herüber. Mit den Würsten in der Hand, als wären es Kerzen. Der Russe rief meiner Mutter auf russisch etwas zu, und Mutter übersetzte es den Kindern.

»Ihr sollt machen, daß ihr nach Hause kommt. Der Krieg ist zu Ende. Sagt das euren Müttern.«

Jetzt liefen die Jungen, und der riesige Russe schlug sich begeistert auf die Schenkel. Dann griff er in die Kiste und warf den Rest der Würste zu uns in den Garten herüber.

Martchen ging sofort ins Haus. Ich wurde den Gedanken nie los, daß sie Mutter verdächtigte, von dieser Schweinerei gewußt zu haben.

»Er hat dir doch gesagt, was er vorhat?«

»Er hat es mir nicht gesagt. Aber selbst wenn es so wäre, wie hätte ich ihn daran hindern können?«

Am 30. April besuchten uns die Redlichs.

»Nein«, antwortete Rolf auf meine Frage, ob er zum Einsatz gekommen wäre. »Vater hat mich im Weinkeller versteckt. Aber es kam auch keiner mehr, um nach mir zu fragen.«

Sie waren auf ihren alten Rädern zu uns nach Kaulsdorf gefahren und selbst verwundert, daß man ihnen die Fahrräder nicht beschlagnahmt hatte.

»Selbst so alte Mühlen wie die unseren stehen bei denen hoch im Kurs«, sagte Rolf.

»Wohnt ihr immer noch in eurem Haus?« fragte ich.

»Klar, so eine Ruine beschlagnahmen doch die Russen nicht. Wenn die eines Tages wieder verschwunden sind, baut Vater an. Er will die olle Ruine wieder klarmachen. Hat er mir versprochen.«

Wir überredeten Mutter und Martchen unter Beihilfe vom alten Redlich, mich mit nach Waldesruh zu lassen.

»Vielleicht können wir Wassili breitschlagen, uns mit dem Wagen hinzubringen«, schlug Mutter vor.

Ich wollte aber unbedingt mit den Redlichs fahren. Nachdem Herr Redlich Mutter fest versprochen hatte, kein wie auch immer geartetes Wagnis einzugehen, fuhren wir los.

Kurz vor Waldesruh wurden wir dann doch noch angehalten. Die Russen sprangen von ihren offenen Autos herunter und verlangten »Uhri, Uhri!«

Keiner von uns hatte eine Uhr dabei. Dafür nahmen sie dann unsere Räder, warfen sie auf die Hintersitze und fuhren weiter. Während wir den restlichen Weg zu Fuß tippelten, überlegten wir, ob wir die Räder wohl hätten behalten können, wenn einer von uns eine Uhr gehabt hätte.

Das Kaff, wie Mutter Waldesruh immer nannte, lag wie ausgestorben da, als wir ankamen. Aber das Haus hatte

Charakter bekommen. Zur Hälfte abrasiert, konnte man oben und unten in ein paar Zimmerhälften hineinsehen. Die Treppe, die in die hintere obere Hälfte hinaufführte, sah noch immer sehr ordentlich aus. Und die Haustür paßte wirklich fabelhaft in die Öffnung, die die noch bewohnbaren Räume verschloß. Selbst die Küche hatte er inzwischen wieder ins Haus zurückgeholt. Die Vorräte mußte man natürlich im Keller verstauen, aber fast alle Installationen waren intakt, und sogar Wasser lief in eine kleine, auf dem Boden stehende Fußbadewanne. Nur abzuschließen war die Küche nicht. Nachdem ich alles gebührend bewundert hatte, wollten Rolf und ich in unseren Wald.

»Geht aber nicht zu tief hinein«, sagte sein Vater, »da strolcht jetzt allerhand Gesindel herum.«

»Russen?« fragte ich.

»Nein, unsere Penner haben sich da niedergelassen. Erst plündern sie, und dann teilen sie dort drinnen ihre Beute. Das sind inzwischen schon ganze Banden. Wie schnell so etwas geht!«

»Vater übertreibt, weil er uns angst machen will«, klärte mich Rolf nachher auf. »Ich sage dir, da liegen jetzt die ganzen Stücke von den russischen Katjuschas rum. Die sind am ersten Angriffstag wie die Hölle eingeschlagen. Da gibt's ordentlich was zu holen.«

Unsere alten Weidestellen waren völlig abgegrast. Kein einziger Splitter lag herum. Wir fluchten und liefen in Richtung Köpenick weiter. Immer in Sichtweite der Chaussee.

Und dann sahen wir zwei Gestalten auf dem Boden sitzen. Fast am Straßenrand. Der eine lehnte an einem Baum, der andere saß nicht weit von ihm entfernt auf einem Moosstück und kaute.

»Das sind keine Penner«, flüsterte Rolf. »Der da kaut, ist ein Russki.«

»Und der andere?«

»Kann ich von hier nicht erkennen.«

Wir pirschten uns vorsichtig heran.

»Mann, das ist ja ein Deutscher. Da sitzen die beiden friedlich nebeneinander und tun sich nichts.«

»Hätten sie sich schon eher überlegen können«, sagte ich leise. »Das ist auch kein Landser, das ist ein Fallschirmjäger. Sieh dir mal an, wie der ausgerüstet ist. Der sitzt da ganz still, und der Russe frißt.«

»Und gibt ihm nicht mal was ab«, fügte Rolf hinzu.

Wir krochen immer näher an den Fallschirmjäger heran. Fast konnten wir ihn berühren. Der Russe hatte uns gesehen, schien sich aber nicht um uns zu kümmern. Ich schaute dem Deutschen ins Gesicht.

»Der Mann ist tot, verdammte Scheiße«, sagte ich erschrocken, »toter geht's gar nicht!«

Rolf robbte näher an mich ran. »Der stinkt noch gar nicht. Die müssen sich gerade erst getroffen haben.«

Dann sahen wir dicht unter dem Helm das Loch im Kopf.

»Dem ist der Schuß durch die Birne durch«, sagte Rolf, »wahrscheinlich hat er nach hinten raus geblutet.«

Jetzt wurde der Russe unruhig. Er machte eine heftige Handbewegung und schrie uns etwas zu.

»Der verteidigt seine Beute«, sagte Rolf, während wir die Beine in die Hand nahmen, »ich habe noch nie so einen schnieken Toten gesehen. Die Stiefel waren sogar blank gewichst.«

Wir kehrten um und machten einen weiten Bogen um die beiden. Ich lief voraus und hatte meine Augen immer noch am Boden, auf der Suche nach einem Splitterstück.

»Ich habe was«, hörte ich Rolf rufen, »der glänzt ja wie eine Speckschwarte.«

Ich drehte mich um, und plötzlich gab es einen leisen Knall.

»Aua! Mensch, verdammter Mist!« rief Rolf.

Ich warf mich auf den Boden. »Los, runter mit dir«, schrie ich, »der Russki macht Scheibenschießen auf uns!«

Er warf sich auch hin. »Ich glaube nicht, daß der Russki das war«, sagte er. »Mich hat da was gestochen. Ich bin vielleicht auf was getreten.« Er versuchte aufzustehen. »Mann, tut mir mein Bein weh!«

Ich sprang auf ihn zu, griff ihm von hinten unter die Achseln und zerrte ihn hoch.

»Ruhig, ruhig, Maxe. Nicht so hastig. Es tut verdammt weh!«

»Deine Hose ist ganz naß.«

»Ich habe vor Schreck in die Hose gepißt.«

»Das ist Blut«, sagte ich, »du bist voller Blut da unten. Komm, stütz dich auf mich. Ab nach Hause.«

Er versuchte ein paar Schritte. »Es geht nicht. Mein Bein ist wie Gummi. Ich leg' mich hier hin, und du holst Vater.«

»Und ich lass' dich hier ausbluten, was? Du hast wohl nicht alle Tassen im Schrank. Es ist doch gar nicht mehr weit. Wir müssen dich nur auf meinen Rücken kriegen, dann schaffen wir's.«

Ich kniete mich hin, und er kroch auf meinen Rücken.

»Leg die Arme um meinen Hals, und dann nichts wie weg.«

Nach einer Weile wurden seine Arme schlapp.

»Halt fest«, sagte ich und verschränkte meine Hände unter seinem Hintern, »mach jetzt bloß nicht schlapp.« – »Mein Gott«, betete ich, »wenn du da bist, dann ist ihm nichts Schlimmes passiert. Dann ist ihm nur eine Ader geplatzt oder so was!« – »Wie geht's dir da oben«, fragte ich Rolf.

»Prima, und wenn du nicht so schaukelst, geht's mir noch viel besser.«

»Ich muß dich schnell nach Hause kriegen.«

»Klar. Aber du hast so einen Kamelgang. Da wird man ja seekrank. Mach doch mal Pferdegalopp. Herrgott, tut mir der Arsch weh. Oder ist es der Pimmel? Ich weiß nicht, was mir alles weh tut.«

»Das ist wie Zahnschmerzen. Das geht bis in die Kopfhaut.«

»Der Kopf tut mir bestimmt nicht weh.«

Ich mußte lachen.

»Mach das ja nicht!« schrie er.

Meine Lunge brannte wie Feuer. »Den kriegst du nicht nach Hause«, dachte ich, »aber den mußt du nach Hause kriegen.«

»Jetzt ist gleich der Wald zu Ende, und dann kann man auch schon unsere Ruine sehen«, meinte Rolf und wurde immer schwerer.

»Ich muß dich ein bißchen hochhieven, sonst fällst du mir runter«, sagte ich.

»Mach nur«, antwortete er langsam.

Er hatte recht. Jetzt konnten wir das Haus sehen. Ich trabte fast besinnungslos auf die Ruine zu und sah den alten Redlich in der Sonne stehen.

Er schaute zu uns rüber und schien erst verdutzt zu sein. Dann rannte er mir entgegen. Ich hörte nicht mehr, was er rief, fühlte nur, wie mir Rolf vom Rücken genommen wurde, und lag keuchend am Boden.

Langsam kam ich wieder hoch. Redlich hatte sich tief zu Rolf hinuntergebeugt und hielt seinen Kopf dicht an den seines Sohnes.

»Warum schafft er ihn nicht wenigstens in die Küche?« dachte ich.

Dann stand er auf und kam zu mir. Er war wachsbleich. »Die Mühe hättest du dir sparen können«, sagte er und ging zum Haus zurück.

»Du hast nicht geholfen, lieber Gott, du hast nicht geholfen«, dachte ich und sah auf Rolf hinunter. Sein Gesicht, das mir so vertraut war, sah jetzt fremd, abwesend aus, ein toter Mensch, den ich genauso gut kannte wie mich.

Redlich kam mit einer Bettdecke wieder und breitete sie über Rolf aus. »Ich kann ihn nicht ins Haus bringen«, sagte er leise, »ich hab' die Kraft nicht dazu.« Dann setzte er sich neben seinem Sohn auf den Boden.

»Aber ich habe doch gerade noch mit ihm gesprochen. Er hat noch Witze gemacht.« Ich kniete vor dem Mann und sah ihm fest in die Augen. »Wir müssen ihn ins Haus bringen und einen Arzt holen. Ich helfe Ihnen.« Ich riß die Decke weg und schaute Rolf ins Gesicht. Dann legte ich ihm meine Hand an die Wange. »Er ist noch ganz warm. Wir müssen einen Arzt holen!«

Doch plötzlich akzeptierte ich, daß der Mann vor mir recht hatte. Ich hatte es nicht geschafft, meinem besten Freund das Leben zu retten.

Redlich saß da, als hätte er alle Türen hinter sich zugeschlagen. Er antwortete nicht, beachtete mich nicht, nahm nicht einmal wahr, daß ich die Decke von Rolf weggerissen und dann wieder ordentlich über ihn gebreitet hatte. Er war innerlich davongelaufen, und ich sah, wie der Mann immer tiefer in sich hineinsank und zusehends älter wurde.

Ich lief wie ein Verrückter. »Ich muß nach Kaulsdorf. Ich muß zu Martchen«, spornte ich mich an, »sie wird wissen, was man mit dem Alten machen kann. Wie man ihn wieder zur Vernunft bringt.«

Ich weiß nicht mehr, wie ich diese Strecke so schnell zurückgelegt habe. Ich bekam einen endlosen Hustenanfall und dachte: »Gleich kotze ich meine Lunge aus.«

Mutter organisierte dann alles. Wassili kam mit einem deutschen Kübelwagen, und wir rasten nach Waldesruh.

Redlich saß immer noch neben seinem toten Sohn, und einige Nachbarn standen um ihn herum. Als sie uns sahen, verschwanden sie wie weggepustet. Wassili schaute sich den toten Rolf kurz an und drehte ihn auf den Bauch. »Es hat ihm unten alles zerrissen«, sagte er.

Er beschlagnahmte die Leiche und ließ sie ins Militärkrankenhaus nach Köpenick überführen. Erst nach zehn Tagen wurde sie freigegeben, und Redlich konnte seinen Sohn begraben.

Wir fuhren im Kübelwagen wieder nach Hause. Redlich hatten wir einfach mitgenommen. Wassili hatte ihn hochgehievt und ihn fast zum Auto getragen. Im Haus bekam er mein Zimmer, und ich wurde zu Mutter auf ein Matratzenlager ausquartiert.

Außer zur Toilette bewegte er sich nirgendwohin, lag auf meinem Bett und starrte an die Decke.

Die Nazisse von nebenan hatte inzwischen auch bei uns Unterschlupf gesucht und ließ es sich nicht nehmen, Redlich zu bemuttern. Ihr Mann war verhaftet worden, nachdem er von ehemaligen Freunden angezeigt worden war. »Warum hat er auch allen Leuten erzählt, daß er dauernd mit Göring herumgesoffen hat«, jammerte sie, »das macht die Menschen doch nur neidisch.«

Am 9. Mai 1945 war ein Riesenfest angekündigt. Am Alexanderplatz wollten die Russen ein gigantisches Feuerwerk zu Ehren der unterschriebenen bedingungslosen Kapitulation starten. Wassili erzählte uns davon, hatte aber keine Zeit, uns hinzufahren. Durfte er wahrscheinlich auch gar nicht. Wir beschlossen, auf jeden Fall hinzukommen, auf welche Weise auch immer, und marschierten schon am frühen Morgen los. Mutter, Martchen und ich. Die Ritter hatte den Oberbefehl im Haus übernommen, und unsere Nazisse von nebenan kümmerte sich weiter um Redlich.

Es war ein ungewöhnlich heißer Tag. Nicht ein Auto war zu sehen. Höchstens sowjetische Militärfahrzeuge, und die hatten keine Lust anzuhalten. An öffentliche Verkehrsmittel war nicht zu denken. Auf dem Weg zum Alex erzählte uns ein Zivilist, daß die S-Bahn zwar ab und zu wieder führe, aber der Bahnhof Lichtenberg, an dem wir vorbeikamen, war geschlossen. Je länger wir die Frankfurter Allee in Richtung Straußberger Platz entlangliefen, desto mehr stank es. Der süßliche Leichengeruch, vermischt mit dem Ziegelstaub, der permanent aus den Schuttbergen hochwehte, war nur schwer zu ertragen. Die ehemals breite Straße war teilweise so zertrümmert, daß wir sie zwischen Schutt und Steintrümmern regelrecht suchen mußten.

Der Straußberger Platz existierte nicht mehr, und wir verloren für eine Weile die Orientierung.

»Der Alexanderplatz muß ungefähr da drüben liegen«, sagte Martchen und zeigte in eine Richtung, von der sie glaubte, da müsse Westen sein.

Wir kletterten also durch Ruinen, über Berge von Trümmern und standen auf einer schmalen Straße, die ziemlich aufgeräumt aussah.

»Jetzt weiß ich aber wieder, wo wir sind!« rief Martchen,

»das könnte die Memhardtstraße sein. Die führt direkt zum Alex.«

»Wie sollen wir denn plötzlich in die Memhardtstraße gekommen sein? Die liegt doch auf der anderen Seite vom Alex«, sagte Mutter.

Sie lief ein paar Schritte in die entgegengesetzte Richtung und rutschte so aus, daß sie sich mit beiden Beinen in der Luft auf den Hintern setzte. Wir liefen zu ihr und richteten sie wieder auf. Martchen klopfte sie ab, aber viel besser sahen wir ja alle nicht aus. Und dann sah ich, worauf Mutter getreten war. Ich hob den Handschuh auf. Er war gefüllt und stank eklig. Mutter schrie wie am Spieß, Martchen sah mich an, sah den Handschuh an und machte Anstalten, sich zu übergeben. Aber dann lief Mutter plötzlich wieder in die Richtung, aus der wir vorher gekommen waren, und wir hatten Mühe, sie einzuholen.

Martchen vergaß ihre Übelkeit, und wir führten Mutter vorsichtig zurück, lotsten sie an der Stelle vorbei und kamen tatsächlich zum Alexanderplatz. Martchen hatte recht behalten. Aber wir waren einen enormen Umweg gegangen, oder besser: geklettert.

Inzwischen war es später Nachmittag. Wir setzten uns in eine Ruine und fingen an, unsere russischen Stullen auszupacken. Das Brot schmeckte scheußlich, aber wir hatten Hunger.

Und dann sah ich meinen ersten Ami. Von unserem Platz aus konnten wir alles sehr gut überblicken. Der Ami trug einen weißen Helm, stieg aus einem Jeep und ließ sich von herbeigelaufenen Rotarmisten umarmen. Jetzt stiegen auch seine Mitfahrer aus, und man schüttelte Hände.

»Fehlt nur noch, daß die SS in Galauniform mit weißen Handschuhen vorfährt und beim Händeschütteln mitmacht«, dachte ich.

»Mutter, da sind Amerikaner«, sagte ich und zeigte auf den Jeep. Beide Frauen fuhren hoch und schauten.

»Tatsächlich«, sagte Martchen nach einer Weile.

Plötzlich standen Russen vor uns und trieben uns weg.

»Für Deutsche verboten«, lächelte Martchen.

Wir tauchten in eine große Ansammlung von Zuschauern ein und konnten kaum noch etwas sehen.

»Schade, der Platz in der Ruine war ein Logenplatz«, sagte Mutter bedauernd, »die Russen sind eben auch Antisemiten.«

Martchen antwortete nicht und lächelte weiter. Jetzt sahen wir Frau Platz auf uns zukommen. Sie winkte wie wild, und hinter ihr tauchte Hans Kochmann auf. »Regina und die Karfunkelsteins stehen auf der anderen Seite. Von da kann man viel besser sehen.«

»Hat der Herr Karfunkelstein einen Logenplatz?« fragte Martchen.

Frau Platz lachte. »Nein, nein, stehen muß man da auch.«

Sie umarmte uns alle, Martchen wurde ihr vorgestellt, und dann sah sie mich an. »Mein Gott, du bist ja gar nicht gewachsen«, sagte sie.

»Bist du blind?« fragte Mutter und zog mich an sich.

Frau Platz sah sich verwirrt nach Hans Kochmann um.

»In dem Alter wächst man noch nicht so schnell«, half er ihr.

Wir zwängten uns durch die Menge zu den anderen hinüber.

»Na«, begrüßte uns Frau Karfunkelstein, »alles gut überstanden?«

Karfunkelstein erzählte, daß an den Kandelabern in der Charlottenburger Chaussee und in der Bismarckstraße vom Knie bis zum Adolf-Hitler-Platz die Leichen von

SS-Männern hingen. »Auch die Familie Goebbels soll darunter sein. Ich habe sie selber nicht gesehen, aber es gibt Augenzeugen.«

»Glaube ich nicht«, rief Martchen.

»Wie gesagt, es gibt Augenzeugen«, redete Karfunkelstein weiter, »und es soll dort inzwischen ganz unerträglich stinken. Aber die Russen haben verboten, die Leichen abzunehmen.«

»Zuzutrauen wär's ihnen«, stimmte Hans Kochmann zu. Plötzlich zischten die ersten Feuerwerkskörper in die Höhe. Die Russen tanzten auf dem saubergefegten Platz Krakowiak und luden ihre Waffenkollegen ein mitzutanzen.

Es waren mittlerweile immer mehr geworden. Amerikaner, Franzosen, Engländer tanzten, tauschten Zigaretten und Schnapsflaschen und soffen sich die Hucke voll. Spät in der Nacht trennten wir uns von den anderen, und Regina nahm uns mit in ihre Wohnung in der Invalidenstraße.

»Wie lange hast du hier gewohnt?« wollte Mutter wissen, als wir ihr Kellerzimmer betraten.

»Zwei Wochen. Glaubst du, daß ich noch weiß, wo ich überall gewohnt habe?«

»Und Karfunkelstein war immer dabei?« bohrte Mutter weiter.

»Immer.«

»Und jetzt?«

»Er wohnt wieder in Zehlendorf. Sein Haus hat keinen Kratzer.«

»Ihr Haus«, sagte Mutter.

»Ihr Haus«, bestätigte Regina ungerührt. »Und er hatte auch sofort ein Auto zur Verfügung und Benzingutscheine ohne Ende«, fuhr sie stolz fort.

»Den Seinen gibt's der Herr im Tiefschlaf«, grollte Mutter.

»Im Tiefschlaf des Herrn«, fügte Regina hinzu und lachte Mutter an.

Es ging gar nicht anders, Mutter mußte sie einfach umarmen.

Am nächsten Tag marschierten wir den ganzen Weg zurück. Frau Ritter empfing uns in heller Aufregung. »Der Mann hat sich umbringen wollen. Wir haben ihm gerade noch rechtzeitig das Messer aus der Hand nehmen können. Jetzt sitzt er oben im Zimmer und sabbert vor sich hin.«

Als er Mutter vor sich stehen sah, rutschte er vom Bett auf seine Knie und umklammerte ihre Füße.

»Das ist die Strafe dafür, daß ich eure Leute in den Waggons dahin gekarrt habe. Darum hat Gott mir meinen Sohn genommen und den da leben lassen.«

Er zeigte auf mich.

»Und als ich dachte, er hätte mir verziehen, hat er erst mal richtig zugeschlagen.«

»Es gibt keinen Gott«, sagte ich, und Mutter wollte sich aus seiner Umklammerung befreien.

»Ich hab' ja alles gesehen«, redete Redlich weiter, »ich hab' gesehen, wie sie ausgesucht wurden. Ich hab' den Gestank gerochen und den roten Himmel gesehen. Obwohl sie mich gleich zum Essenfassen abkommandiert hatten. Und ich bin blind übers Gelände gestolpert, weil ich die Augen zugekniffen hatte. Aber es half nichts. Ich habe mich in die Klapsmühle abgemeldet, und sie haben mich suspendiert. Mehr konnte ich doch nicht tun. Ich mußte da nie wieder hin. Was konnte denn mein Sohn dafür?«

Mutter hatte sich mit Hilfe der Ritter und der Nazisse befreien können, und mir liefen die Tränen übers Gesicht.

»Rolf konnte überhaupt nichts dafür. Der hatte nichts zu tun mit deinem Scheiß!« schrie ich und rannte aus dem Zimmer.

Nach dem neunten Mai wurde die Wache vor Martchens Haus abgezogen. Die sowjetische Militärverwaltung verhängte schwere Strafen über jeden Soldaten, der noch weiter plünderte und vergewaltigte. Mutter wurde eine Etage in einem hübschen Haus, ebenfalls in Kaulsdorf-Süd zugewiesen, und wir veranstalteten ein großes Fest zu Ehren unserer ersten eigenen Wohnung.

Lona und sogar die Dimitrieff hatten sich eingefunden. Lona mit ihrem aus Moabit ausgebüxten Furkert, der mit Hotze unbedingt Wiedersehen feiern wollte. Es war schwer, ihm klarzumachen, daß Karl Hotze, falls er nicht tot war, noch irgendwo in Österreich stecken mußte, und Ludmilla, wie immer solo. Ihr Markenzeichen, die Zigarettenspitze, nahm sie überhaupt nicht mehr aus dem Mund! Sie unterhielt sich leicht und flüssig auf russisch mit Wassili, dem Mann, dessen Genossen ihre ganze Familie umgebracht hatten, wie sie später immer wieder betonte. Ganz selbstverständlich redeten sie miteinander, spielten sogar auf dem Klavier vierhändig russische Volkslieder, je später der Abend wurde.

Wassili hatte sein Klavier von Martchens Wohnzimmer zu uns herüberbringen lassen und spielte deutsche Schlager aus den dreißiger Jahren. Karfunkelstein tanzte entweder mit meiner Tante oder mit seiner Frau. Mutter versuchte Wassili vom Klavier wegzuziehen und mit ihm zu tanzen. Dann mußte Hans Kochmann musikalisch einspringen.

Der alte Redlich war in eine Ecke gesetzt worden, und

außer dem Ansetzen der Wodkaflasche, die ihm Wassili in die Hand gedrückt hatte, blieb er völlig bewegungslos dort hocken. Ich setzte mich zu ihm und wollte mit ihm reden, aber er blieb stumm, kniff die Lippen zusammen und rückte etwas von mir ab.

Auf dieser Feier beschloß Karfunkelstein, sich wieder ins Strumpf- und Trikotagengeschäft zu stürzen. Er hatte gehört, daß man in Sachsen ein neues Strumpfgewebe erfunden hatte, ähnlich dem des Nylongewebes.

»Perlon soll es heißen«, erzählte er, »und es soll reißfester sein als Nylon. Die Amerikaner sind ganz verrückt nach diesen Dingern, weil sie damit die deutschen Mädchen ködern können und weil sie billiger sind. Man muß bloß einen kleinen Lkw organisieren und vor allem die Genehmigung der Russen für so einen Vertrieb bekommen.

Sigrid Radny versprach, ihren alten Lkw zur Verfügung zu stellen, den die Russen verschmäht hatten, und gegen Beteiligung auch einen Fahrer.

»Die Russen haben sogar die Küken mitgehen lassen. Der ganze Hof ist ratzekahl leer gefressen, und die Lizenz hat man mir auch entzogen, weil ich die Nazibonzen gefüttert habe. Benzin habe ich aber keines. Ich könnte höchstens einen Holzkohleofen anmontieren lassen. Mein Schwager kennt sich damit aus.«

Karfunkelstein sagte, daß man darauf noch zurückgreifen würde, wenn er nicht genügend Benzin organisieren könne, und überlegte, ob man nicht doch besser vorher testen sollte, wie die Amis auf diese neue Strumpfart reagierten.

»Die können das gar nicht unterscheiden«, sagte Tante Regina.

»Die sind cleverer, als du denkst«, widersprach Karfunkelstein, »vor allem werden sie fragen, wo wir die Dinger herhaben. Und deswegen müssen wir uns bei den Russen absichern.«

Mutter bekam die Lizenz von der Militärverwaltung und war damit der Boß des ganzen Unternehmens. Sigrid Radny stellte den Lkw, und ihr Schwager brachte den Holzofen an, da Karfunkelstein keinen Dieselkraftstoff organisieren konnte. Und schon stapelten sich die ersten Kisten mit Perlons auf unserer Veranda. Mutter hatte noch nicht en gros eingekauft, weil man sie erstens noch nicht in solchen Mengen bekam und zweitens nicht ahnen konnte, wie die Dinger einschlagen würden.

»Wie kriegen wir Kontakt zu den Alliierten?« fragte sie ihre Schwester.

»Spiel dich nicht auf«, raunzte Regina, »ich mach' das schon.«

»Wo willst du sie denn ansprechen? Auf der Straße? Du stehst keine zwei Minuten mit denen da, und schon hat dich die Militärpolizei beim Kragen, und ich muß versuchen, dich wieder aus dem Knast zu holen.«

»Mach dir keine Sorgen, Karfunkelstein hat alles im Griff. In der Reichstagsruine werden noch ganz andere Sachen verscherbelt. Die Valuta sind Zigaretten. Wir dürfen kein Militärgeld nehmen. Amerikanische Zigaretten sind der Schlager. Vor allem bei den Russen. Die Frage ist nur, wer spricht sie an? Frau Karfunkelstein fährt uns gern bis in die Nähe des Reichstags, aber dann müssen wir selber sehen, wie wir an sie rankommen. Karfunkelstein meint, es dürfte auf keinen Fall ein Mann sein. Am besten täten es Kinder.«

Regina kam also auf die Idee, mich bei der Hand zu nehmen und bis vor den Reichstag zu bringen. Dort sollte ich »den Alliierten« Strümpfe anbieten. »Wir binden ihm eine Schnur um den Bauch, wie eine Wäscheleine, und hängen die Strümpfe darüber. Dann bekommt er von Karfunkelstein einen alten Mantel, den er zuknöpfen kann, und der Bauchladen ist fertig.« Sie lachte. »Was sagst du dazu?« fragte sie mich.

»Spinnst du?« fragte ich zurück, aber es war wirklich keine schlechte Idee, und nach anfänglichem Zögern von Mutters Seite machten wir uns an die Arbeit.

»Es wird ihm nichts passieren«, beruhigte Regina meine Mutter. »Ich werde immer in Sichtweite sein.«

Am Tag meiner Geschäftseröffnung war es unheimlich warm. Es war Juli, und ich schwitzte wie ein Affe unter Karfunkelsteins Wintermantel. Frau Karfunkelstein hatte uns bis etwa einen Kilometer an den Reichstag herangefahren, dann nahm mich Regina an der Hand, und wir gingen langsam auf die Ruine zu. Davor standen eine Menge Jeeps.

Wir kletterten über Schutthalden bis zu den Kellerräumen hinunter. Da war was los. Amis, Engländer, Franzosen ließen sich von Deutschen alles mögliche anbieten. Mädchen versuchten, die GIs auf sich aufmerksam zu machen und wegzuziehen. Es stank nach Staub, Schweiß und Urin, und ich hatte keine Lust, noch tiefer hineinzugehen.

»Wenn du glaubst, du hast einen Kunden, zieh ihn in eine ruhigere Ecke, und zeig ihm nicht gleich alles, was du auf dem Bauch hast«, erklärte Regina. »Noch mal, was heißt Strümpfe?«

»Stockings.«

»Zigaretten?«

»Cigarettes.«

»Prima. Du tauschst gegen Zigaretten. Nur gegen Zigaretten. Zwei Paar Strümpfe sind eine Stange Zigaretten.« Sie war aufgeregter als ich. »Und zieh immer erst mal nur einen Strumpf raus, solange du mit ihnen verhandelst. Und laß dir auch vorher die Zigaretten zeigen.«

»Ja, ja, ja«, sagte ich und ging in den völlig besudelten Kellergang.

Ich hatte gleich einen Kunden. Es war ein weißbehelmter MP. Er zog mich etwas zur Seite und redete auf mich ein. Ziemlich laut. Wahrscheinlich wollte er nur den Lärm übertönen, aber ich machte mir fast in die Hose. »Stokkings«, schrie ich vor lauter Schreck und hätte mir aufs Maul schlagen können.

Er blieb ruhig und machte eine Geste, ich solle sie ihm zeigen.

»Na gut«, dachte ich. »Beim nächsten Mal werde ich klüger sein«, zog aber doch erst mal nur einen Strumpf heraus. Dazu mußte ich den obersten Knopf direkt am Kragen öffnen, um an die Strümpfe unter dem Mantel heranzukommen. Dann zog ich einen in Halshöhe raus und gab ihn dem Ami. Er lachte und streckte zwei Finger in die Luft.

Ich sagte: »Cigarettes.«

Er bedeutete mir, ich solle warten, und ging zum Ausgang.

»Was soll mir schon passieren«, sagte ich mir, »das sind doch keine Nazis.«

Ich lehnte mich an die Mauer und wartete. Nach ein paar Minuten kam er zurück, hatte sich ganz offen mindestens vier Stangen Zigaretten unter den Arm geklemmt und hielt mir eine davon hin. Ich zog einen zweiten Strumpf raus. Er hielt beide Strümpfe nebeneinander und lockte wieder mit dem Zeigefinger. Ich zog also wieder einen Strumpf unter dem Mantel hervor, während ich mit der anderen Hand krampfhaft die Stange Zigaretten festhielt. Er zeigte mir eine zweite Stange, während ich meine auf den Boden legte und meinen Fuß darauf stellte, und zog den nächsten Strumpf aus dem Kragen. Er nahm die zweite Stange Zigaretten, hob meinen Fuß, mit dem ich auf der ersten stand, legte die zweite auf die erste und stellte meinen Fuß wieder drauf. Erst als sie anfingen zu klatschen, merkte ich, daß wir von einer Menge weiterer Soldaten umringt waren.

Mein MP-Freund hielt mir die restlichen Stangen hin, und ich knöpfte den Mantel ganz auf. Als sie die Schnur um meinen Bauch mit den herunterbaumelnden Strümpfen sahen, schlugen sie sich auf die Schenkel, hielten Zigarettenpackungen in die Höhe, und mein erster Kunde konnte ihnen nur mit Mühe klarmachen, daß er Vorrang hatte.

Andere konnte ich aber doch noch mit Strümpfen versorgen, weil ihm die Zigarettenstangen ausgegangen waren.

Als eine MP-Streife am Eingang erschien und hereinschaute, drückte man mich schnell herunter und umringte mich. Wahrscheinlich zogen sie deshalb schnell wieder ab, weil sie einen von ihrer Truppe dabeistehen sahen.

Man redete mit Händen und Füßen, und ich verstand nur eines: Ich sollte wiederkommen.

Ich hatte über zehn Stangen Zigaretten unter meinem Mantel zu verstauen und damit ins Freie zu laufen. Ich sah aus wie eine schwangere Lerche, als ich wieder bei Regina ankam, aber ich hatte keine Stange verloren.

»Weißt du, wem ich die meisten Strümpfe verkauft habe? Einem von der Militärpolizei. Ich hab' für jedes Paar eine Stange Zigaretten gekriegt. Darum konnten auch noch ein paar andere mithalten«, erzählte ich atemlos, »und ich soll wiederkommen.«

Bei Frau Karfunkelstein im Wagen machten mir die beiden Frauen große Elogen und versicherten mir, ich würde noch einmal steinreich werden mit meiner Geschäftstüchtigkeit.

»So reich wie dein Mann?« fragte ich Frau Karfunkelstein.

Hatten die eine Ahnung. Mein Militärpolizist war nur so spendabel und hatte den Preis von vornherein höher angesetzt. Ich ließ mich trotzdem gebührend feiern und dachte an Rolf. Wenn ich wenigstens vor dem hätte angeben können!

Karfunkelstein hatte den Test als erfolgreich gewertet und startete nun die Offensive. Er karrte immer mehr Strumpfberge heran. Sigrids Lkw genügte ihm schon nach einer Weile nicht mehr, und er beschaffte sogar amerikanische Militärlastwagen. Sigrids Schwager betreute den Wagenpark auf dem Gelände der ehemaligen Hühnerfarm und richtete in der Bürobaracke ein Strumpflager ein.

Mutter fuhr mit Karfunkelstein viel in Sachsen herum, und ich durfte wieder zu Martchen ins Haus und mich versorgen lassen.

Eines Tages, Ende Juli, stand Hotze vor der Tür. Gerade als sich Redlich wieder einmal zu einem seiner stummen Besuche bei Martchen entschlossen hatte. Hotze hielt ihn für einen Mann, den sich Martchen in der Zeit der Not angelacht hatte, um eine Hilfe fürs Haus zu haben. Aber er verstand bald, daß mit Redlich überhaupt nicht zu rechnen war und er eigentlich in die Klapsmühle gehörte.

Martchen verteidigte ihn wie ihr eigenes Kind und konnte ungewohnt böse werden, wenn es jemandem einfiel, über ihn zu lachen. Redlich hatte freies Haus bei ihr und nutzte das, zu Martchens Leidwesen, viel zu selten aus.

»Er hat seine mörderische Trauer in den Wiederaufbau seines Hauses gelegt«, erzählte Martchen einmal, als sie ihn in Waldesruh besucht hatte. »Er tut das sehr akkurat, und wenn es auch von außen noch ein bißchen schäbig aussieht, innen kann man schon sehr ordentlich wohnen.«

Hotze sah immer noch recht drahtig aus. Sein Glasauge funkelte wie eh und je, wenn er es in die Sonne hielt, und er erzählte nur wenig über seinen Aufenthalt in Mauthausen. Als er eines Abends Anstalten machte, über den Ausbruch gefangener Russen zu berichten, die ihre Strohsäcke über die elektrisch geladenen Zäune geworfen hatten, schnitt ihm Martchen das Wort ab. »Später«, sagte sie, »später. Keiner von uns bringt jetzt die Kraft auf, sich das anzuhören. Und du solltest dich auch schonen.«

Plötzlich hatte sich alles umgekehrt. Martchen war jetzt die Autorität im Haus. Hotze schien zwar seine Gewohnheiten wieder aufzunehmen, als sei er gar nicht weg gewesen, zündete sich die Pfeife an, während er über Haus und Garten sprach und sich über ihren Zustand beklagte, aber Martchen gab jetzt den Ton an. Sie teilte jedem die Arbeit zu. Brachte alles auf Vordermann, und Hotze und Mutter, wenn sie da war, und ich fügten uns dem ganz automatisch.

Einzig mit Redlich machte sie eine Ausnahme. Er durfte Stunden im Zimmer oder draußen auf der Gartenbank sitzen, ohne sich an einem Gespräch zu beteiligen. Bei den Mahlzeiten legte sie ihm immer zuerst auf und begleitete ihn oft nach Hause, wenn es ihre Zeit erlaubte.

Mutter fiel zuerst auf, daß Martchen quittegelbe Augäpfel hatte und immer weniger aß. Sie rührte fast überhaupt nichts mehr an und lief öfter auf die Toilette, als sie wollte. Als ich dann die gelben Augäpfel bekam, wußte Mutter, was los war. Ein Arzt aus Kaulsdorf-Süd stellte bei uns beiden Gelbsucht fest und verordnete strenge Diät und Bettruhe.

Mutter, Hotze und Frau Ritter versorgten uns abwechselnd. Tante Regina schaffte nach und nach heran, was wir zu dieser Diät brauchten, sonst wären wir beide verhungert.

Nach sechs Wochen ging es uns besser, aber Hunger hatten wir beide nicht. Die gelbe Farbe verlor sich bei mir, aber dafür lief mir plötzlich das Blut aus dem Mund. Wieder wurde der Arzt alarmiert. Der verschaffte mir eine Röntgenuntersuchung im Köpenicker Krankenhaus. Ich hatte Lungentuberkulose. Eine ziemlich große Kaverne, also eine angefressene Stelle im linken Lungenlappen, wie der Röntgenologe meiner Mutter erklärte. Dazwischen Sprenkeleien auf den Lungenspitzen. Ich müsse im Krankenhaus bleiben und auf die Isolierstation, bis man festgestellt habe, ob ich an einer offenen TBC leide. Die Kaverne sei so groß wie ein Markstück, und er sei fast sicher, daß ich eine Gefahr für meine Umwelt wäre.

Mutter handelte sofort. Sie bat Wassili in seiner Kommandantur um Hilfe, und der fuhr uns mit seinem Kübelwagen eigenhändig ins ehemalige Jüdische Krankenhaus, das jetzt im französischen Sektor lag und von einer amerikanischen Organisation verwaltet wurde. Für Deutsche war der Zutritt verboten.

Das Tor war offen, und Wassili trat aufs Gaspedal. Dann standen wir im Hof auf einem Rasenstück, und eine Menge Leute, darunter auch Krankenschwestern, wieselten um uns herum. Wassili brüllte, daß er den Chefarzt sprechen wolle. Als man ihn fragte, wer er sei, antwortete er: »Ich bin Hauptmann der Roten Armee, und wenn jetzt nicht sofort der Arzt kommt, werde ich sehr viel Radau mit dem hier machen.«

Dabei zog er seinen Armeerevolver und fuchtelte mit ihm herum.

Anscheinend verstanden nur wenige vom amerikanischen Personal sein Deutsch. Sie schrien ziemlich aufgeregt durcheinander und liefen zum Haupthaus zurück, aber einer mußte wohl doch den Arzt informiert haben, denn der kam etwas hinkend auf den sich amüsierenden Wassili zu und sprach ihn auf amerikanisch an.

Wassili erwiderte recht laut, daß er hier Deutsch sprechen wolle: »Ich habe einen deutschen Patienten im Wagen, und Sie werden ihn untersuchen!«

»Ich bin Amerikaner, unterstehe der amerikanischen Militärverwaltung und kann Ihnen leider nicht helfen.«

»Es handelt sich um einen dreizehnjährigen jüdischen Jungen, der den Krieg überlebt hat«, sagte Wassili jetzt sehr ernst. »Er spuckt Blut.«

Der Arzt schaute in den Wagen. »Wo hat er überlebt? Und wer ist diese Frau?« fragte er in tadellosem Deutsch. Ich glaubte sogar, einen Berliner Akzent herauszuhören.

»Soll ich Ihnen seine Geschichte erzählen, bevor Sie ihn untersucht haben, oder danach?«

»Sie haben völlig recht. Jetzt brauche ich nur noch Ihren Namen, damit ich weiß, wem ich die Unannehmlichkeiten mit meiner Verwaltung verdanken werde.«

»Wassili Jakowlewitsch Tunkelschwarz.«

»Tunkelschwarz?«

»Tunkelschwarz.«

»Amcho?«

»Amcho.«

»Amcho« heißt wörtlich »Dein Volk«. So erkannte man sich gewöhnlich.

»Kommen Sie mit!« Der Doktor hinkte uns voran.

Der Arzt hieß Doktor Cohen und leitete das Spital, bis

es später wieder in die Hände der Jüdischen Gemeinde zurückgegeben wurde. Er war klein, hatte einen riesigen Kopf und einen Klumpfuß.

Im Ordinationszimmer schlug er Mutter vor, mich im Krankenhaus zu behalten, bis die Blutungen gestillt seien und die Röntgenplatten eingetroffen wären, die er aus Köpenick anfordern würde. Ich wurde von allen in ein schönes helles Zimmer begleitet und bekam als erstes eine Kalziumspritze. Während Doktor Cohen injizierte, unterhielt er sich mit Wassili und Mutter. Sie schienen sich alle sehr zu mögen.

Die Spritze löste eine unangenehme Wärme aus, und ich fühlte mich gar nicht wohl. Cohen erklärte mir, daß die Spritze meine Blutungen bald stillen würde und die Wärmeentwicklung nichts Schlimmes sei. Dann verließen sie in fröhlicher Laune mein Zimmer.

Drei Tage später trafen aus Köpenick meine Röntgenplatten ein, und Doktor Cohen fragte mich, nachdem er sie eingehend begutachtet hatte, welchen Körperteil ich denn um Gottes willen an den Röntgenapparat gehalten hätte.

»Die Blutungen kommen von einer Überreizung der Bronchien«, erklärte er Mutter, »und er muß aufpassen, daß er sich physisch nicht überfordert. Wenigstens in den nächsten Jahren. Er hat ein sehr empfindliches Bronchialgewebe, und mit der Lungenspitzentuberkulose hat das schon seine Richtigkeit. Außerdem ist er unterernährt. Wir werden ihn hierbehalten, ihn aufpäppeln und einen gesunden Kerl aus ihm machen. Zumindest, bis diese Blutungen endgültig gestoppt sind«, wandte er sich direkt an mich. »Sieht auch blöd aus, wenn einem in Gesellschaft das Blut aus den Lefzen läuft.«

Er versuchte, meine Traurigkeit zu verdrängen. Ganz

gelang es ihm nie während meines Krankenhausaufenthaltes, aber ich hatte ihn sehr gern. Er strahlte eine solche Gelassenheit aus, daß ich ihm alles glaubte. Er hätte mir sonstwas erzählen können. Nach sechs Wochen wurde ich von ihm hinausgeworfen.

Wassili hatte mich besucht und mir erzählt, daß es in der Staatsoper »Parsifal« gäbe. »Die Sänger sollen fabelhaft sein, und Furtwängler dirigiert. Wagner war Antisemit, und Furtwängler soll Nazi gewesen sein. Aber der eine hat große Musik geschrieben, und der andere dirigiert sie wie kein zweiter. Ich habe zwei Karten, und Mutter will nicht mit. Sie haßt Wagner.«

Ich wollte.

»Du mußt aber erst meinen Freund Cohen fragen.«

Ich versprach es ihm und fragte nicht. Ich war schon lange nicht mehr bettlägrig, durfte mich frei bewegen, auch auf die Straße gehen, hatte aber spätestens um 18 Uhr zurück zu sein.

Der »Parsifal« dauerte unter Furtwängler fast sechs Stunden. Wassili brachte mich vor die Pforte und fuhr weiter. Als ich am Hauptpförtner vorbeiwollte, fragte er mich, was ich hier zu suchen hätte. Ich nannte ihm Station und Zimmernummer und sagte großspurig, er könne ja Doktor Cohen anrufen und nach mir fragen. In der Hoffnung, daß dieser gar nicht auf Station sei. Es war ja schließlich schon weit nach Mitternacht. Der Nachtpförtner ließ sich nicht beeindrucken und wählte. Ich konnte sehen, wie sein Gesicht immer freundlicher wurde. Er legte auf und fragte mich, ob er mich begleiten solle.

»Nein, nein. Ich kenne ja den Weg«, sagte ich, »aber mit wem haben Sie denn gesprochen?«

»Mit dem Chefarzt.«

Ich war platt.

Um sechs Uhr morgens wurde die Tür aufgerissen, und Doktor Cohen, begleitet von der Nachtschwester, kam rasch ins Zimmer.

»Na, wie fühlen wir uns denn heute morgen?« fragte er fröhlich und riß mir die Bettdecke weg.

»Jetzt geht's los«, dachte ich. »Gut, gut«, beruhigte ich ihn, »und auch gar nicht müde.«

»Erstaunlich, daß ein Junge in deinem Alter so wenig Schlaf braucht. Du mußt kerngesund sein. Raus aus den Federn, und pack deine Sachen.«

Er war schon wieder an der Tür und drehte sich um: »Wo warst du so lange?«

»In der Oper.«

Er kam zu mir zurück. »Was für eine Oper?«

»Parsifal.«

»Und?« Er setzte sich auf den Bettrand.

»Zu lang.«

»Wer hat dirigiert?«

»Furtwängler.«

»Verstehe. Hast du dich gelangweilt?«

»Nicht immer.«

»Hat's dir gefallen, oder nicht?«

»Doch, doch. Nur wenn er so rumdröhnte, ging er mir auf den Keks.«

Doktor Cohen stand auf. »Also verschwinde. Deine Mutter benachrichtige ich. Vielleicht kann sie dich abholen.« An der Tür drehte er sich noch einmal um. »Warst du allein dort?«

»Wassili hatte eine zweite Karte für mich.«

»Den werde ich mir vorknöpfen!«

»Machen Sie es gnädig«, sagte ich und versuchte versöhnlich zu grinsen.

»Das war gestern die Premiere. Ich habe seit zwei Wochen versucht, Karten zu bekommen, und dieser russische Muschik hat noch eine Karte zum Verschenken.« Er zwinkerte mir zu und verließ das Zimmer.

Ein paar Wochen später besuchten wir ihn noch einmal. Martchen war wieder gelb. Diesmal im ganzen Gesicht. Sie übergab sich ständig, und wenn sie etwas zu sich nahm, war sie schon wieder auf dem Sprung zur Toilette. Mutter überredete sie zu einem Besuch bei Doktor Cohen, statt unseren Wald- und Wiesenarzt zu befragen.

»Für Deutsche verboten«, sagte Martchen.

»Wer Deutscher ist, bestimme ich«, sagte Mutter und grinste.

Man wollte Martchen nicht hineinlassen, und Doktor Cohen mußte sich persönlich zur Pforte bemühen. Von mir wußte er, wer Martchen war. Am Abend nach der letzten Visite hatte er oft bei mir im Zimmer gesessen und sich die ganze Geschichte unserer Flucht vor Hitler angehört. Martha Schewe nahm da einen ganz besonderen Platz ein.

Wir wurden ins Wartezimmer geführt, und er verschwand mit Martchen in seiner Ordination. Es dauerte lange.

»Er ist gründlich«, sagte ich.

Mutter nickte. »Sie ist in den besten Händen. Wenn sie eine infektiöse Gelbsucht hat, können wir uns auch gleich hier einrichten.«

Endlich öffnete sich die Tür.

Martchen schaute heraus und sagte: »Er will mich hierbehalten. Das geht doch nicht.«

Doktor Cohen bat uns alle herein, schloß die Tür und erklärte, daß er ja eigentlich keine Deutschen hier aufnehmen dürfe, aber er werde sie einfach als entfernte Verwandte deklarieren und die Verantwortung übernehmen.

»Schlimm?« fragte Mutter.

»Ich denke, daß wir Frau Schewe ein paar Tage hier behalten werden. Ich brauche noch einige Untersuchungen, bis ich sicher sein kann. Sie werden so gut sein, und beim nächsten Besuch Zahnbürste und Nachthemd mitbringen. Am besten heute nachmittag«, sagte er heiter.

»Doktor, ich will wissen, ob sie eine infektiöse Gelbsucht hat«, fragte Mutter, als Martchen gerade von einer Krankenschwester hinausbegleitet worden war.

»Nein«, sagte Cohen, »nein, es ist leider keine Gelbsucht. Sie hat Leberkrebs.«

Ich sah, wie Mutter ganz weiß im Gesicht wurde, und fing nun an, furchtbar unruhig zu werden.

»Verflucht«, dachte ich, »sie muß operiert werden.«

»Wie lange noch?« fragte Mutter, und ihre Unterlippe fing an zu zittern.

Doktor Cohen sah sie ruhig an. »Höchstens sechs Wochen.«

Die ganzen sechsundzwanzig Tage saß ich bei Martchen. Man mußte mich oft hinauszerren. Erst auf Martchens Zuspruch verließ ich das Zimmer, flehte Doktor Cohen aber an, mir ein Bett in ihrer Nähe zu geben. Ich wäre auch mit einer Besenkammer zufrieden gewesen.

»Wenn du keine Sperenzchen machst, kann ich dich in einem Zweibettzimmer unterbringen, bei einem schwerkranken Amerikaner. Er redet kein Wort Deutsch.«

Ich war mit allem einverstanden. So saß ich denn an Martchens Bett, sooft ich konnte, schob den Infusionsständer ein paar Zentimeter hin oder her, wenn ihr die Armstellung zu unbequem wurde, und schlief nachts fast gar nicht, weil der Ami dauernd Alpträume hatte und von der hereinstürzenden Nachtschwester beruhigt werden mußte. Das geschah dreimal pro Nacht, aber ich schaute mir

Doktor Cohens professionelle Fröhlichkeit ein bißchen ab, und das tat Martchen gut. Mutter konnte mich nicht überreden, auch nur für ein paar Stunden nach Hause zu kommen, und ich hatte Martchen für mich. Nur unterbrochen von der medizinischen oder hygienischen Versorgung. Einige Male horchte Doktor Cohen mich ab und befühlte meinen Hals. Aber ich war kerngesund.

Irgendwann in diesen Tagen hatte Martchen erfahren, daß sie sterben mußte. Sie nahm es fast mit Erstaunen auf.

»Das hätte ich nicht gedacht«, meinte sie und griff nach meiner Hand, »da werd' ich ja wohl nach Hause müssen.«

Sie war aber so schwach, daß sie aus dem Bett hochgehoben werden mußte, wenn man ihr Bett richten wollte.

Sie redete ganz sorglos von ihrem Tod. »Weißt du«, sagte sie, »meine Schwester hat es da viel schwerer gehabt. Wenn ich daran denke, wie mit ihr umgegangen wurde. Selbst vor dem Tod hatten die Nazis doch keinen Respekt.«

Ich hielt ihre Hand und versuchte, meine Gefühle zu unterdrücken. »Wenn du jetzt losheulst, bringst du sie um.«

Ich legte meinen Kopf an den ihren, und sie griff mit ihrer anderen Hand nach mir.

»Wenn ich es nicht mehr richtig halten kann, wird sie mir so wenigstens nicht ins Gesicht sehen«, dachte ich. Ihre Nase wurde immer spitzer und länger und ihre Augen immer größer.

»Wenn du mal stirbst, mußt du darauf achten, daß du keine Angst bekommst«, sagte sie wenige Tage vor ihrem Tod. »Wenn du ganz ruhig bleibst, kannst du es richtig genießen. Nur Schmerzen darfst du keine haben.«

»Hast du Schmerzen?« fragte ich.

»Nein, fast gar nicht. Ich bin ganz zufrieden. Du mit deinen vierzehn, fünfzehn Jahren, denkst du schon an den Tod?«

»Manchmal«, sagte ich.

»In deinem Alter habe ich nie an den Tod gedacht. Das war vielleicht ein Fehler. Wir müssen ja alle einmal sterben. Wo ist denn der Unterschied zwischen dreizehn und sechsundfünfzig?«

»Da gibt's keinen.«

»Richtig, da gibt's keinen. Es braucht bloß einer tausend Jahre zu leben und auf uns hinunterzuschauen. Der müßte Mitleid mit uns haben. Der Tod ist was Feines, sag' ich dir. Wenn nur der Gedanke nicht wäre, daß man wieder zurückmüßte, als jemand anderer, und den ganzen Unsinn noch einmal durchzumachen hätte.«

Sie schlief ganz langsam ein. Ich merkte es gar nicht. Ihre Hand war noch lange warm, und man mußte sie mir mit viel Zureden aus der meinen lösen.

Ich saß eine Woche »Schiwwe«, wie wir Juden sagen. Eine Trauerhaltung. Auf einem möglichst niedrigen Schemel. Gebete murmelte ich keine, aber ich fastete, so gut ich konnte. Trank nur viel.

Ich war auch nicht auf Martha Schewes Beerdigung. Selbst auf eindringliches Zureden war ich nicht dazu zu bewegen. Mutter fürchtete, durch mein langes Fasten könnten meine Blutungen wieder auftreten, aber ich blieb gesund. Kerngesund. Nur einmal, als Mutter meinte, ich müsse, wenn ich schon »Schiwwe« säße, auch die dazugehörigen Gebete hersagen, konnte ich mich nicht zurückhalten. »Zu wem soll ich beten?« fragte ich. »Dem ist es doch scheißegal, wer stirbt. Hauptsache, es stirbt jemand. Der Kreislauf der Natur darf nicht unterbrochen werden.«

Ein paar Monate nach Martchens Tod zogen wir von Kaulsdorf-Süd in die Emserstraße nach Berlin-Wilmersdorf. Mutter hatte eine schöne Teilwohnung in einem halbwegs stehen gebliebenen alten Berliner Mietshaus aufgetan. Ludmilla Dimitrieff, zu der sie wieder Kontakt aufgenommen hatte, half ihr, im englischen Sektor ein paar Handwerker zu organisieren, die uns im vorderen Teil der Wohnung Holzstege legten, so daß wir bequem zu den bewohnbaren Räumen gelangen konnten.

Der ganze vordere Teil der Wohnung war ausgebrannt. Wir gingen ganz normal durch die Wohnungstür, liefen über den Holzsteg zu einer zweiten Tür und betraten dann erst unsere hinteren Räume, in denen sich dreieinhalb große Zimmer, ein riesiges Bad und eine große Küche mit dem typischen zweiten Ausgang für die Dienstboten befanden.

Mutter weitete ihren Textilhandel zusammen mit den Karfunkelsteins und meiner Tante Regina immer weiter aus. Gemeinsam besaßen sie einen Wagenpark, bestehend aus zwei Lkws und zwei Pkws – darunter Mutters ganzer Stolz, ein Mercedes V170 – und ein angemietetes Warenlager in der Düsseldorfer Straße.

Sigrids Schwager Radny wurde als Chauffeur fest angestellt, und es ging uns immer besser. Wir konnten sogar noch Hotze, Frau Ritter und den armen Redlich mit Lebensmitteln versorgen. Mutter ließ es sich nicht nehmen, ihn aufzusuchen und ihm, nachdem sie abgeladen hatte, seine Lieblingsspeise, die Piroggen, zu kochen. Sie schuftete wie ein Kuli, obwohl ihre Sorge um meinen Bruder immer größer wurde.

Es gab keine Verbindung nach Palästina, und als der Unabhängigkeitskrieg ausbrach, versuchte sie verzweifelt, über die englische Kommandantur, Kontakt zu entfernten Verwandten aufzunehmen, die ihr vielleicht Auskunft über ihren ältesten Sohn geben konnten. Es war nichts zu machen.

Die Engländer waren wütend auf die Juden, die unbedingt ihr eigenes Land haben wollten, unterstützten heimlich die Araber, obwohl sie offiziell den sofort ausgerufenen Staat Israel anerkannt hatten. Sie schnürten, so gut sie konnten, jede Verbindung dieses Staates nach außen ab.

»Warum haben diese Mistkerle eigentlich Hitler bekämpft. Sie wären doch seine besten Verbündeten gewesen«, jammerte Mutter.

Wir hatten den festen Entschluß gefaßt, dorthin auszuwandern, und warteten nur auf die passende Gelegenheit. Die kam erst 1949. Für mich war der Krieg endgültig zu Ende, und ich hatte Angst in ein Land zu fahren, in dem weiter geschossen wurde. Einzig die Aussicht, meinen Bruder wiederzusehen, ließ mich diese erste Gelegenheit wahrnehmen.

In Deutschland richtete man eine halblegale Organisation ein, die jüdische Menschen nach Israel bringen sollte. Alles, was aus den Vernichtungslagern noch zurückkam, wurde angesprochen, und man setzte sich auch mit meiner Mutter in Verbindung. Denn vor allem Jugendliche sollten so schnell wie möglich hinübergebracht werden.

Diese Organisation wurde hauptsächlich von Amerikanern finanziert und breitete sich über ganz Europa aus. »Dort wirst du eine Zukunft haben«, sagte Mutter. »Wir werden endlich wieder wie ganz normale Menschen leben können. Oder kannst du jemals vergessen, was man uns hier angetan hat?«

Nein, das konnte ich weiß Gott nicht. Aber konnte ich jemals die Hotzes vergessen? Lona, Redlich, die Niehoffs und Martchen? Selbst die Dimitrieff und die Teubers hatten allerhand riskiert. Aus welchen Motiven auch immer. Mir hätte es nichts ausgemacht, weiter hier zu leben, aber meinen Bruder wollte ich unbedingt wiedersehen. Und der Gedanke, ich würde der erste sein, der ihn sah, machte mich ganz kribbelig.

»Ich löse hier alles auf und komme nach«, versprach Mutter. »Das dauert nur etwas länger. Ich habe ja viel Arbeit in unseren Betrieb gesteckt. Aber ich lasse euch drüben nicht lange allein.«

Mit einer Gruppe von zehn Jungen wurden wir in eine Superconstellation gesetzt und flogen mit amerikanischen Hoheitsabzeichen auf den Flügeln nach München. In einem Lager bei Geretsried wurden wir von amerikanischen Soldaten sportlich getrimmt. Sie waren sehr nett zu uns. Die Pancakes mit Ahornsirup wurden uns zum Frühstück beinahe um die Ohren gehauen, und auch sonst bekamen wir allerhand Nahrhaftes hineingestopft, das nicht so ganz mein Geschmack war. Nach den sportlichen Folterstunden waren wir nicht wählerisch.

Als man uns aber die ersten ausrangierten amerikanischen Maschinenpistolen in die Hand drückte, war es mit meinem »Goodwill« vorbei. Mit mir randalierte auch ein Däne aus unserer Gruppe, mit dem ich mich angefreundet hatte. Er sprach ein sehr lustiges Deutsch, war ziemlich klein, sehr drahtig und hatte pechschwarze Augen, ebenso schwarzes Haar und eine Nase, um die ich ihn beneidete. Er sah gar nicht dänisch aus und hätte gern schießen gelernt, aber aus Solidarität ging er mit mir auf die Barrikaden.

Als ich einen Amerikaner anschrie, daß mich Krieg ankotzen würde und mich keine zehn Pferde dazu bringen könnten, eine Waffe in die Hand zu nehmen, klatschte Äddi Fichtmann, so hieß er, Beifall. Der Ami hob beschwichtigend die Hand, und obwohl ich sicher war, daß er nicht die Hälfte von dem verstanden hatte, was ich gegen ihn losließ, gab er sofort nach, und wir bekamen keine Waffe mehr zu sehen.

Unsere Transporte gingen von Bayern aus, das zur amerikanischen Zone gehörte, durch Frankreich bis nach Marseille, wo wir eingeschifft werden sollten. Da auch diese Transporte ohne englische Genehmigung vor sich gingen, zierten sich die Franzosen ein bißchen, und die Schiffe, die uns aufnehmen sollten, mußten oft tagelang weit draußen vor Anker gehen, bis sie in den Hafen einfahren durften. Wir wurden in primitiven Baracken nicht weit vom Hafen untergebracht, in Khakikleidung gesteckt und langweilten uns.

Äddi überredete mich eines Abends, durch den alten Hafen zu schlendern, in den man problemlos hineinkonnte, und den Nôtre-Dame-Felsen anzuschauen. Wir machten uns also, halb uniformiert, wie wir waren, auf die Socken. Mutter hatte mir vor meiner Abreise eine sehr schöne halbgoldene Armbanduhr gekauft, und Äddi trug sogar einen dicken Stopper, der alle Blicke auf sich zog.

Kein Wunder, daß wir in einem abgelegenen Teil des Hafens angesprochen wurden. Urplötzlich standen zwei ziemlich bedrohlich aussehende Typen vor uns, die entweder aus einer leeren Lagerhalle oder hinter den Stapeln von Stacheldraht hervorgekommen waren, die dort lagen.

Sie fragten wohl nach der Uhrzeit und zeigten auf unsere Uhren. Erst als einer der Männer auf mich zukam und mir ganz ruhig die Uhr abschnallen wollte, begriffen wir, was sie wirklich vorhatten. Ich trat sofort zurück, Äddi stellte sich leicht dazwischen und wurde augenblicklich zurückgestoßen. Dann sah ich den anderen Kerl auf Äddi zugehen.

Er hatte eine dünne Eisenstange in der Hand und zeigte damit auf Äddis Uhr. Beide Männer wollten Äddis Stopper haben und hatten mich offenbar ganz vergessen. Äddi nestelte an seinem Armband herum, und ganz plötzlich lag der Kerl mit der Stange am Boden, schaute völlig verblüfft auf seine wegfliegende Stange und versuchte, wieder auf die Füße zu kommen.

Äddi trat ihm blitzschnell zwischen die Beine, und der Mann schrie vor Schreck und Schmerz laut auf. Der andere Kerl, sehr viel größer als Äddi, kam brüllend in Fahrt, und Äddi tänzelte um ihn herum, schlug ihn überall hin, wo es weh tat, und forderte ihn auf, doch endlich mal loszulegen.

Immer wieder sprang Äddi wie eine Stahlfeder hoch und knallte dem Kerl seine Faust ins Gesicht. Der stand wie benommen da und blinzelte ungläubig zu dem kleinen Burschen herunter, der wie eine Stechfliege immer wieder auf ihn losging. Der zweite wollte inzwischen von hinten auf Äddi los. Ich schrie ihm eine Warnung zu und versuchte, ihn zu decken.

»Weg!« schrie Äddi und grätschte mit einem unglaublichen Sprung dem Kerl sein Bein an den Hals. Der Mann lag wieder am Boden, japste und versuchte, sich wieder aufzurichten. Äddi half ihm dabei und setzte ihn ziemlich unsanft in eine der Stacheldrahtrollen.

Als wir uns nach seinem Kumpel umsahen, war der verschwunden. Jetzt machten wir auch, daß wir wegkamen.

»Wenn du dich eingemischt hättest, würde ich dich morgen hier im Krankenhaus besucht haben«, sagte Äddi in seinem lustigen Deutsch, als wir später in unserer Baracke lagen.

»Wo hast du denn die Nummer her?« fragte ich ihn.

»Ich bin Boxer. Fliegengewicht.«

»Und die dolle Grätsche zum Schluß?«

»Judo war mein zweites Fach«, grinste er.

Das war Äddi Fichtmann.

In Israel wollten wir uns nicht zur Armee anheuern lassen. Ich war knapp achtzehn, Äddi wenig über zwanzig.

»Wir sind doch noch Kinder«, sagte ich, und Äddi nickte.

Er konnte jünger aussehen als ich, wenn er sich neben mich stellte und meine Hand nahm.

»Außerdem habe ich meinem Vater versprochen, ich würde nie eine Waffe in die Hand nehmen.«

Es nützte alles nichts. Alle Juden hatten Anspruch auf die israelische Staatsbürgerschaft, mußten aber auch sofort alle Pflichten eines Staatsbürgers übernehmen. Man akzeptierte zwar unsere Waffenallergie, steckte uns aber doch ins Militär: Transport und Verkehr.

So gut hatte ich es nie wieder. In meiner ganzen israelischen Zeit nicht. Ich konnte in aller Ruhe versuchen, meinen Bruder ausfindig zu machen, und dazu standen mir sogar teilweise Militärfahrzeuge zur Verfügung. Unser Wagenpark lag in der Nähe von Haifa, fast am Strand, und wir durften ihn auch benutzen. Äddi fuhr den Lastwagen, und ich stapelte Kisten. Wir transportierten Obst, Gemüse und andere Nahrungsmittel, die am Abend vorher angeliefert wurden, in die verschiedenen Militärlager der Umgebung. Meistens waren wir schon am frühen Nachmittag damit fertig und lagen dann in der Sonne.

Nachdem wir uns etwas akklimatisiert hatten, setzte mich Äddi eines Tages auf dem Hadár in Haifa, einer ziemlich noblen Gegend, ab. Mutter hatte mir einige Namen von Personen mitgegeben, nach denen ich mich erkundigen sollte. Es waren Verwandte einer angeheirateten Tante, die in London lebte. Ich verbrachte den halben Vormittag damit, mich zu einem von ihnen durchzufragen.

Es war schwierig, denn mein Jiddisch war mittelmäßig, und deutsch zu sprechen, traute ich mich nicht. Trotzdem erkannten sie sogleich den »Jecken« in mir. So nannte man hier die deutschen Juden, und ich hatte den Eindruck, in ein Nest getreten zu sein. Fast jeder in dieser Gegend sprach fehler- und akzentfreies Deutsch. Meistens in dem Dialekt, in dem er aufgewachsen war. Als ich später einmal einen Israeli aus Sachsen hebräisch sprechen hörte, fand ich das ziemlich grotesk.

Der Verwandte meiner englischen Tante hieß Klausner und betrieb ein Lebensmittelgeschäft auf dem Hadár. Als ich das Geschäft betrat, war nur sein Teilhaber da. Ich erzählte ihm, wer ich sei, und er fragte mich nach meinem Bruder.

»Gerade das will ich ja von Ihnen wissen«, sagte ich. Wir wurden von einem Kunden unterbrochen, der auf deutsch nach einer Gemüsedose fragte, und der Teilhaber kletterte auf eine Leiter, um sie aus dem obersten Regal zu holen. Plötzlich blieb er mitten auf der Leiter stehen.

»Das dauert jetzt ein bißchen«, sagte der Kunde zu mir, »er steht nun mindestens eine Viertelstunde so da. Wenn Sie wollen, können Sie ja inzwischen noch etwas anderes besorgen. Merkwürdig ist nur, daß es ihn meistens auf der Leiter erwischt, und viele von hier sich den Spaß machen, ihn etwas von oben herunterholen zu lassen.«

»Das haben Sie aber doch auch getan.«

»Aber nicht absichtlich«, antwortete er. »Als ich ›Maisdose‹ sagte, wußte ich, daß ich das Verkehrte bestellt hatte. Aus dem oberen Regal sollte man nur kaufen, wenn der Klausner da ist.«

Später erzählte mir Klausner, daß sein Partner an einer Krankheit leide, die keiner kenne. Sein Hirn bliebe einfach für eine Weile stehen. Es könne ihn auch mitten auf der Straße erwischen. Dann fuhren die Leute eben einfach um ihn herum. Man kenne ihn hier in der Gegend und habe sich an ihn gewöhnt wie an eine Verkehrsampel. »Für das Geschäft ist das auch nicht schlecht. Die Leute mögen ihn. Und warum soll ich ihn auszahlen? Er arbeitet gern, wenn er wach ist. Und er würde sterben, wenn er morgens nicht mehr ins Geschäft gehen könnte.« Klausner war einer der liebenswürdigsten, witzigsten Menschen und wackelte ständig ein bißchen mit dem Kopf. Er starb nach einigen Jahren an der Parkinsonschen Krankheit.

»Ist deine Mutter immer noch so schön?« fragte er mich.

»Was heißt immer noch?« fragte ich zurück.

Über meinen Bruder konnte er nichts sagen. Er hätte sich seit Beginn des Waffenstillstands nicht mehr blicken lassen.

»Kann ihm etwas passiert sein?«

Ich hätte ihn schütteln mögen, aber er blieb heiter.

»Unsinn! In Petach Tikwah lebt eine Kusine deiner Mutter, mit der wir in ständiger Verbindung stehen. Sie würde das sofort erfahren haben.«

»Kann ich die Adresse bekommen?«

»Selbstverständlich. Sie spricht aber nur hebräisch, wenn man deutsch mit ihr spricht. Ich übernehme das für dich.«

Wochen später habe ich sie kennengelernt. Eine wortkarge, abgearbeitet aussehende Frau, die meiner Tante Regina so ähnlich sah, daß ich glaubte, sie sei die ältere Schwester. Ihr Vater stieg jeden Morgen und jeden Abend einen zwei Kilometer langen Berg hinauf, um dort oben eine Synagoge zu besuchen. Er war über neunzig. Die Kusine war davon überzeugt, daß er auch das hundertzwanzigste Lebensjahr erreichen würde, wenn er seine Gebetsgänge bis dahin durchhielte.

Klausner tauchte schon zwei Tage später bei mir im

Fuhrpark auf. Es war noch sehr früh am Morgen, und er fragte, ob wir uns einen Augenblick draußen am Strand unterhalten könnten. Wir liefen nebeneinander her, und es fiel ihm offensichtlich schwer, seine Worte zu wählen. Schließlich brachte er mir vorsichtig bei, daß mein Bruder Adolf schwer verwundet sei und in irgendeinem Lazarett bei Tel Aviv liege. Er sei aber schon operiert worden und solle außer Gefahr sein.

»Er nennt sich jetzt Arié Dagan, mit Betonung auf den letzten Silben. Kann ich ihm nicht verdenken. Dein Vater muß einen Schlag gehabt haben.«

»Ich werde ihn finden.«

Ich reichte Urlaub ein, und Äddi durfte mich nach Tel Aviv bringen. Von dort aus klapperte ich sämtliche Krankenhäuser und Militärlazarette ab. Das dauerte. Nachts legte ich mich, in eine Militärdecke eingewickelt, an den Strand und versuchte zu schlafen. Das wenige Geld brauchte ich fürs Herumfahren und etwas zum Essen.

Einen Tag vor den Unabhängigkeitsfeiern fand ich heraus, daß er in einem Militärlazarett bei Tel-Litwinsky stationiert war. Aber als ich dort ankam, erfuhr ich, daß alle Verwundeten, die nicht mehr bettlägerig waren, sich schon auf dem Weg nach Tel Aviv befanden, um dort die Feiern mitzumachen und sich die Paraden anzusehen.

Es war Abend, ich war todmüde, und in der Ambulanz riet mir eine Krankenschwester, ich solle doch nicht so verrückt sein und versuchen, ihn in Tel Aviv zu finden. Sie führte mich zur Kantine, und ich konnte soviel essen, wie ich wollte. Krankenschwester Rachel lachte sich scheckig über meine plötzliche Freßsucht und trank einen Kaffee nach dem anderen.

Sie war eine »Zabre«, eine Eingeborene, und sprach ein komisches jiddisches Deutsch, das ihr sehr gut stand.

»Dein Bruder war ziemlich schwer verwundet«, erzählte sie. »Man hat ihm eine Fußsehne an der Ferse zerschossen, und er lag sehr lange auf dem Feld, bis man ihn bergen konnte. Dann hat man ihn auch noch falsch behandelt. Erst in einem Tel Aviver Zivilkrankenhaus konnte er fachmännisch operiert werden. Gehen wird er wieder können, aber ob sich das Hinken jemals so ganz verlieren wird, ist schwer zu sagen.«

»Wie sieht er aus?«

»Er sieht aus, wie er aussieht. Du kennst ihn doch.«

»Ich habe ihn über zehn Jahre nicht gesehen.«

»Wieso?«

Wir saßen sehr lange in der Kantine, und ich erzählte in aller Ruhe meine Geschichte. Ich vergaß nichts, erinnerte mich an jede Einzelheit, und Rachel trank weiter Kaffee. Am Ende rannte sie raus, rief mir zu, ich solle unbedingt auf sie warten, und kam nach einiger Zeit mit einem Offizier zurück. Sie setzten sich zu mir, und Rachel streichelte dauernd meine Hand. »Wir haben dir ein Bett neben dem deines Bruders freigemacht. Du kannst über Nacht hierbleiben«, sagte der Offizier. »Vor morgen vormittag werden sie nicht wieder zurücksein.«

Ich schlief vor Aufregung fast überhaupt nicht, saß schon am frühen Morgen wieder in der Kantine und trank heißen Tee mit Zitrone. Das sollte den Durst löschen. Essen konnte ich gar nichts mehr. Ich war so zappelig, daß ich immer wieder aufsprang, zur Toilette lief, obwohl ich gar nicht mußte, oder holte mir etwas zu essen, das ich dann stehenließ. Rachel ließ sich nicht blicken, und Leuten, die mich ansprachen, konnte ich nicht gut antworten. Ich sprach zuwenig Hebräisch. Gegen neun hielt ich es nicht mehr aus. Ich lief die Kieswege zwischen den Blumen- und Rasenbeeten entlang und fragte mich wütend, wie lange so eine Parade dauern konnte und was daran bloß so interessant war. Ich trat gerade wieder mal aus der Kantine heraus, als er mir auf dem Kiesweg entgegenkam.

Er schwang sich auf Holzkrücken vorwärts und war viel größer, als ich ihn im Gedächtnis hatte.

»Langer Lulatsch«, dachte ich. »Und dürre ist er! Warum ist er denn so dürr?«

Ich kämpfte verzweifelt gegen mein Losheulen an und bekam mich auch in den Griff.

»Im Gesicht hat er sich überhaupt nicht verändert«, dachte ich, während er an mir vorbeiging und brav »Schalom« sagte.

Völlig perplex sah ich ihm nach, wie er auf die Schlafbaracke zuging. Er war wirklich sehr groß. Im Gegensatz zu mir. Überlänge. Ich mußte lachen und war sehr stolz auf meinen großen Bruder.

»Adi!« rief ich ihm nach.

Er blieb stehen, als ob er ein Messer in den Rücken bekommen hätte. Ganz langsam drehte er sich um, sah mich an, sah dann in die Runde, als ob er jemand anderen suchte, und dann wieder zu mir zurück.

»Adi!« rief ich noch einmal und wurde nun selbst unsicher.

Ich ging zögernd auf ihn zu.

»Er kann mich gar nicht erkennen«, dachte ich. »In dieser Uniform und übermüdet.«

Und so klein war ich ja auch nicht mehr.

Als ich vor ihm stand, ließ er eine Krücke fallen und verlor das Gleichgewicht. Ich sprang auf ihn zu, faßte nach seinem Arm, kroch unter seiner Achsel durch, so daß er sich auf mich stützen konnte, und sah ihm von unten ins Gesicht.

Er mußte schon geweint haben, als ich noch gar nicht

bei ihm war. »Ich habe geglaubt, du bist tot«, stammelte er immer wieder.

Ich führte ihn in die Schlafbaracke, und wir setzten uns auf sein Bett. Langsam legte er einen Arm um mich, und wir lehnten die Köpfe aneinander.

Nach den Eltern wagte er gar nicht zu fragen, aus Angst, er könne eine böse Nachricht erhalten.

»Mutter ist noch am Leben«, sagte ich ihm später.